"我国基础教育未来发展新特征研究"系列

之二"追梦者的探索：读懂学校的变革性实践"系列论丛

裴娣娜　主编

勤学致博，笃行达雅

——四川省成都市娇子小学课程建设与学校发展研究

蒲春燕　等◎著

教育科学出版社

·北 京·

国家社会科学基金教育学重大（点）课题

"我国基础教育未来发展新特征研究"成果

论丛总序

基于学校课程建设的实践探索
—— 中国基础教育学校个性化发展之路

随着我国社会现代发展进程的推进，中国基础教育改革进入实质性的根本转型时期，处在一个走自主创新道路的关键转折点，目标是建构中国气派的基础教育未来发展的实践形态。 要实现这一目标，必须走出传统范式，寻求新的解释系统，真正切入理论的原点和实践的原点，重新认识面向未来的中国基础教育改革与发展的若干基本问题，唯有如此，才能真正构建立于世界之林的 21 世纪中国基础教育改革与发展的当代形态，并实现理论创新和方法创新。

"追梦者的探索：读懂学校的变革性实践" 研究论丛，是国家社会科学基金教育学重大(点)课题 "我国基础教育未来发展新特征研究" 的成果之一。 此课题研究成果共包括三个系列的研究论著，其他两个系列是： "基础教育区域性主体功能区发展战略" 研究论丛和 "学习力与学科课程建设" 研究论丛。 在课题研究过程中，由 15 所高等师范院校、16 个区域性教育行政部门、100 所中小学，组成跨学科、跨学校、理论工作者与实践工作者相结合的优势互补的科研群体，为揭示我国基础教育改革与发展的内在机制及其当代形态，经过近五年的艰苦探索，构建了中国基础教育发展的 "三力模型"。 这三个系列正是依据 "三力模型" 中的决策力、领导力和学习力分专题研究成果的集结，是我国教育工作者对基础教育未来发展所做的理性思考。

本论丛作为课题研究成果的第二系列，以学校领导力与学校个性化发展为中心议题，集中反映了项目成员校通过课程建设实现学校个性化办学方面的实践探索。 论丛中的每一本研究报告翔实地记录了项目成员校走过的课程改革发展之路，呈现了每个学校独特的办学特色。 这些学校的办学理念、课程改革的思路和举措，是经过时间积淀和实践检验的，是带有原创性且具有中国本土气息的生动丰富的创造。 我们试图通过这一系列来自中小学实践探索的研究报告，为进一步探讨学校改革发展实践模式或理论模型的建构奠定坚实的基础。 因此，我们将研究定位于"读懂学校的变革性实践"。

一、项目研究的重点及内容

学校领导力作为学校改革与创新的内在要素，是通过目标和价值系统、育人模式系统、制度与管理系统和资源系统等学校办学的核心要素展现的。 其中课程是学校育人系统的核心，课程建设和实施水平体现着学校人才培养质量和办学特色，是学校实现培养目标的基本途径和根本保证。 基于课程居于当前国家教育现代化发展核心地位的现实，我们的研究以校长课程领导力以及学校课程顶层设计为中心议题，以促进学校个性化发展为目标，尝试站在学校领导力高度对近五年课程改革的进程及初步认识进行反思总结。 因此，本论丛有着独特的时空定位，即限定在学校领导力背景下学校课程的改革与发展。

我们以专题研究的问题为主线，构建本论丛中各书写作的框架。 论丛从历史、现实和未来三个视角把握总体，专题研究报告内容框架基本由以下几个核心要点组成：(1)学校现代发展面临的矛盾、问题与困惑；(2)学校办学理念与培养目标；(3)学校课程的顶层设计；(4)学科课程群的构建及内容选择；(5)课堂教学改革，以及精品课程的建设；(6)课程建设的制度与管理；(7)课程资源的开发及应用；(8)课程领导力与教师的课程创生。 在此基础上结合各校实际写出各自的研究重点、风采与特色。 如何通过课程建设实现学校的个性化发展，这是根本立论点，也是各个研究报告撰写的重点和难点。

二、项目研究的共识与思考

我们以课程顶层设计与学校个性化发展为研究中心议题，依托北京市、四川省成都市、河南省郑州市、四川省阿坝藏族羌族自治州理县以及浙江省的项目成员单位及项目校的改革实践，在理论探讨和实践指导两方面获得了诸多认识成果。

（一）对课程领导力概念内涵的剖析

校长课程领导力，指按照一定的办学定位、培养目标进行学校课程开发建设，实现全面提升学校教育质量的能力，是一个校级团队决策、引领、组织学校的课程实践，从而实现培养人、发展人和学校发展目标的能力。 校长课程领导力是一种沟通、协调、凝聚的能力，又表现为敏锐地发现问题、诊断问题并及时解决问题的能力，同时表现为驾驭、调节权力因素和非权力因素的能力。

（二）现代学校课程观的内涵及课程设计的基本原则

通过研究，我们揭示了"以人为本""多元文化""自主选择"是学校课程改革发展的三个核心价值，是统领学校课程改革的三个基本观念；提出了重基础、高质量，多样化、有特色，分层次、可选择的课程设计基本原则，强调从本校实际出发，体现基础性、实践性、选择性、整合性和时代性。 我们认为，学校课程设计方案质量水平的标准根本在于能否体现学校办学鲜明的个性化发展特征，体现高发展性、高学术性、高选择性和高开放性特点。

（三）形成学校课程整体构建的六要素基本模式

这六要素指：学校发展理念及培养目标；学校课程结构体系；学科课程建设与课程内容的调整；课堂教学改革的思路和举措；课程建设的制度和管理（学分制、选课制、走班制、弹性学时制、评价制⋯⋯）；课程的政策与条件保障。 与之相应，我们提出了构建高质量学校课程体系的标准。

(四)建构学校课程结构体系的基本思路和策略

依据学校培养目标，通过课程顶层设计，对各种类型的课程进行整合，建构纵横结合、便于学生自主选择学习的立体开放课程结构体系，按照以下思路组成课程结构体系的基本框架。

纵向上，将国家规定的课程进行整合后，形成几大课程领域。

横向上，按照学生学习水平分为三个层次：面向全体学生的基础类课程；面向部分学生的分层拓展类课程；面向个别学生的研究、特长类课程（高中阶段还应考虑专业方向）。

体现整合、选择、开放和减法，是这一课程结构体系的特色。

(五)课程实施的高位思路和明晰举措

我们将学科课程建设及知识内容的调整、课堂教学改革，以及建设适合学生自主选择学习的教育资源基地和学习资源系统作为课程实施的重点。 通过知识模块重组、内容合并与增删，以及学科群的搭建，分层推进，形成学科系列并找到每门课存在的生命力，提高教学质量。 通过课堂教学改革研究域的再界定和实践探索，形成各校有特色的课堂教学改革思路和举措，同时形成教师教学风格和特色。

(六)体现学生自主选择、自我负责的课程建设的制度与管理

重新认识学校课程建设各种制度的价值功能，将其从学校办学的制度保障提升为课程建设的重要内容，从利用制度来规训、制约，转向立足学生，为学生自主选择和自主学习搭建平台。 这是近年来随课程改革的深化发展而开拓的一个新的研究领域。 目前争论的主要问题有：学分制的实施是真学分还是假学分问题；各教育年段课程开设与考试关系问题；对以"班"为核心要素的传统教学组织形式的挑战问题等。

本论丛的撰写是一个大工程，不仅推动了学校对自我办学理念举措的

反思，而且为基础教育未来发展、学科课程理论的建设提供了丰富坚实的思想资源。 研究具有开拓意义，研究成果具有原创性。

三、论丛撰写的特色

本论丛的问世前后历时五年，是一个不断探索、不断思考的过程。

我们认识到，要保证本论丛近三十本研究报告的质量，重要的问题是如何对丰富生动的实践研究成果进行梳理和升华，而不是材料的堆积和罗列。 这就需要处理好整理继承与超越发展、理论的概括提升与实际问题的阐述解释、共性与个性、科学化与规范化等关系。 我们要求每一个研究报告的撰写，努力体现以下特点：立论点高，代表改革前沿；有新视角，尽可能将事实经验进行理性思考和提升；重点突出，特色鲜明，立足现实，内容翔实丰富；具有规范性和可读性。

随着国家教育改革的深化推进，学校作为办学主体，面临前所未有的生存和发展的压力。 变革的时代要求学校通过变革进行根本性的转型。本论丛的出版，实际上是为我国学校教育的改革发展提供了一个交流、探讨的平台，为我国中小学教育家型的校长们提供了一个发展和展示自我的平台。

各研究报告的撰写，体现了以下特色。

（1）创新性。 呈现了各校进行课程改革的高位战略思想，呈现了各校改革实践中的创新亮点。

（2）草根性。 每一部学校研究报告均由各校独立完成，没有一丝一毫的文化包装，均是经过了一个艰难的反复修改提升的过程，是用"心"写出来的，是学校领导和老师们的智慧创造。

（3）个性特色。 各校的研究报告力显学校发展的差异性和个性。 我们认为，教育改革与创新需要宽容和理解，没有差异性就没有丰富性，而研究结论是否合理，实践是最终的检验，所以我们对校长们的独特看法持包容态度，尽量给各位校长创设自主发挥的空间。

值本论丛出版之际，感谢每位校长的敬业和执着、尽责和付出。 感谢顾明远先生领衔的专家团队，陪伴我们走过了五年的风风雨雨，倾全力给予我们关心、指导和帮助。 感谢全国教育科学规划领导小组批准立项和给予指导。

本论丛的出版得到了教育科学出版社李东总编辑的真切关注和大力支持，孙袁华、刘灿、刘明堂三位主任付出了巨大的辛劳，各册责任编辑尽心尽力，对书稿从内容到形式都提出了弥足珍贵的意见，谨在此致以诚挚敬意和谢意！

项目首席　裴娣娜
2015 年 10 月 10 日于求是书屋

美丽的府南河畔，古老的九眼桥边，曾经有一所很不起眼的学校——伴仙街小学。 2003 年，随着城市化进程的推进以及教育资源的整合优化，原成都市莲花池小学、伴仙街小学二校合并，更名为娇子小学，合并后的新建学校便承载着旧城改造区域学生的教育重任。 在合并之初，学校校舍简陋，师资力量不足，硬件配置水平低。 2004 年，我们在认真总结学校发展的优势与不足的基础之上，紧跟当前基础教育改革与发展的形势，立足娇子小学学生的自身实际，提出了"明确办学理念，构建学校核心价值观"的发展思路。 学校管理团队和教师们历经一次次的思维碰撞，经过一轮轮的集体商议，最终确立了"勤学致博、笃行达雅"的办学理念。 从 2007 年开始，我们抓住课程这一中介，将学校的办学目标和办学理念置放于课程建设的视野下加以系统落实。 我们娇子人，就是从这样的起点开始，脚踏实地、勇于创新。 经过十年的努力，学校已初具特色，逐渐崛起。 2012 年，学校圆满完成了新校址的设计、修建、搬迁的工作。 新校园一流的硬件设施和营建的雅致校园文化，为提升学校品质开拓了空间。 然而，就是这样一所低起点的学校，历经十余年的发展，其办学品质已日趋呈现，美誉度逐渐提升，如今已成为锦江区乃至成都市一颗冉冉升起的明星。 十余年间，娇子小学先后被评为成都市艺术特色学校、成都市首批新优质学校、成都市红领巾示范学校、成都市心理健康教育示范学校、全国语言文字工作示范学校和锦江区素质教育基地。

应该说，过去的十余年中娇子小学积淀了宝贵的历史与文化资源，这为娇子小学未来的发展奠定了良好的基础。 系统梳理与反思过去十余年的学校发展，不仅有利于帮助我们明白"我们曾经做了什么"，而且有利于帮助我们寻找学校未来发展的起点、目标与方向。 倘若学校过去十余年的发展经历还能对其他同类学校的发展有所启发与助益，那也算是学校本身的一大存在价值。 为此，我们将娇子小学十余年来的发展历程加以梳理，著成本书，以此献给同行与我们自己。

蒲春燕
2015 年 12 月 1 日

目　录

Contents

［导　言］

当今社会，随着网络的普及、技术的发展、学习工具的智能化、价值观念的多元化，学校教育面临前所未有的挑战。作为一所建校时间不长的普通学校，如何适应社会对学校提出的新要求，如何在飞速发展的社会中寻找自身的定位、积淀内在文化？这就需要我们回归教育本身，去追问并重新思考新的社会条件下的小学教育之"教育"、小学阶段的基础教育之"基础"本身所包含的规定性内涵究竟是什么？进而从中寻找符合学校特质的文化内涵，并在此基础上展开由选点突破到整体优化的实践探索。

一、研究的缘起

当今时代，面对工业社会和信息社会发展的新要求，承受着多元的文化价值取向及观念的冲击，我们深切地感受到当下基础教育所面临的严峻挑战与变革的势在必行。在这样的关键时期，我们不得不开始思索：究竟如何把握当今小学教育的发展轨迹？在新的历史条件下究竟应该如何定位小学生的培养目标？如何在教育教学实践中去寻找与挖掘小学课程、教学创新的生长点？要在实践中对这些问题做出实质性的回应，我们还得回到教育的本源，去反思、追问最根本的原初问题：小学教育之"教育"是什么？小学阶段的基础教育之"基础"是什么？娇子小学之"娇子"意味着什么？

（一）小学教育之"教育"是什么？

正如被誉为现代"中国儿童教育之父"的陈鹤琴（1981）先生所说，"只有了解儿童，才能教好儿童"，任何对教育的理解和认识总是蕴含对教育对象（即人）的前认识。就小学教育而言，其首要特殊性就在于"小学"二字直接规定着作为受教育对象的人的年龄阶段。无论是可追溯到古希腊、罗马的小学教育早期模式，还是始于我国夏代、西周的学校教育，小学阶段的年龄均为 7—15 岁，即人的童年期。

然而，要真正回答"小学教育之'教育'是什么"，就必须澄清儿童观，这主要是缘于不同的儿童观始终蕴含不同的教育内涵或教育方式。比如，在西方，古代"小大人"式的儿童观暗含"训练"式的教育，儿童存在的价值和权利被完全忽视；在文艺复兴时期，"自由者"的儿童观则强调"自由的"教育才是符合儿童的；在夸美纽斯眼中，儿童被看作"具有学问、道德、虔信的种子"，这意味着教育能够促进"种子"的苗壮成长；卢梭则更加明朗地指出，真正的教育就是发展儿童的自然本性，他说："大自然希望儿童在成长之前就要像儿童的样子。如果我们打乱了这个次序，我们就会造成一些早熟的果实，它们长得既不丰满也不甜美，而且很快就会腐烂：我们将造成一些年纪轻轻的博士和老态龙钟的儿童。儿童是有他特有的看法、想法和感情的；如果想用我们的看法、想法和感

情去代替他们的看法、想法和感情，那简直是最愚蠢的事情。"（任钟印，2001）

近代以来，随着信息技术、心理学及脑科学的不断发展，我们对儿童的认识也更加全面和深入。在新的历史条件下，我们认为：第一，儿童是完整的人，这意味着儿童和成人一样拥有自身存在的价值，拥有被尊重和平等对待的权利，但又具有不同于成人的自身特征。第二，儿童是独立的人，即儿童不是任何成人的附属品，他是不同于成人的独自存在，和成人一样享有作为人的权利。第三，儿童是自主学习的人，这表明，一方面，作为生命个体的儿童先天具有主动探索未知的愿望和能力；另一方面，儿童的学习内含于其探索他眼中的未知、新鲜事物的过程之中。第四，儿童的发展具有多种可能，即处于儿童时期的人具有向多种方向发展的可能，其最终结果则取决于后天环境的引导。基于上述对儿童的基本认识和观点，我们认为，教育即促进生长，小学教育之"教育"则是呵护、促进儿童这棵刚刚长出来的"新苗"苗壮成长。具体来说，它包括以下三个方面。

1. 保护儿童天性

好奇心的本能论和驱力理论告诉我们：对新鲜事物的注意与主动接近以及随之主动展开的认识活动及探究行为是儿童的天性。这是儿童之所以存在发展可能的内在源泉，也是亟须我们保护的儿童天性。那么，在当今的工业社会和信息时代，究竟如何保护儿童这种天性？首先，要尊重儿童发展的自然规律和节奏，不可为追求效率而"揠苗助长"，正如蒙台梭利（2004）[34] 所说，"在儿童的心灵中有着深不可测的秘密，随着心灵的发展，它逐渐展现出来，这种隐藏的秘密像生殖细胞在发展中遵循某种模式一样，也只能在发展的过程中被发现"；其次，要及时鼓励儿童主动探究，宽容地对待他们的发现，即使这些发现在成人的眼中是多么的不成熟，甚至荒谬；再次，要如农夫用心呵护每一棵幼苗般地平等对待每一个儿童，发现他们的闪光点，不可"批量生产"；最后，就如自然环境"润物细无声"地促进作物的生长一样，我们要少一些说教，用无声的行动、语言潜移默化地影响儿童。

2. 激发内源力量

正如前面所述，作为人的儿童不仅本身具有探究事物的内在欲望，而且还具有探究周围事物的能力。因此，教育的责任就在于激发儿童的内源力量，帮助、促进其自主生长。这里，内源力量是指作为生命个体所拥有的内在的生机勃勃的先天动力和在后天环境中形成的内驱力。之所以强调教育的这一内涵，主要基于以下两个方面的理由：一是反思当下教育，儿童普遍处于一种被动状态，很少看到儿童自身内在力量的迸发，其根本原因在于教育中"人的缺失"，科学、经济、高效、实效成为当今时代多数人的价值追求，于是就催生了教育中的"超前"、"批量生产"、"机械操作"等现象；二是小学阶段不仅是儿童探究欲望最为强烈的时期，同时也是其探究能力发展的关键时期。

3. 提供适宜条件

蒙台梭利（2004）[116]说："我们的教育体系最根本的特征是对环境的强调。"从这个意义上讲，为儿童的发展提供适宜条件是小学教育之"教育"的又一个内涵。究竟怎样的条件才称得上是适宜的？一言以蔽之，即提供儿童发展所需要的支持。那么，在小学阶段，儿童又需要哪些方面的支持呢？归纳起来，大致包括以下几个方面：一是提供产生探究欲望和探究行为的情境；二是提供探究行为中所需要的知识和材料支持；三是给予儿童自主选择的机会；四是提供儿童勇于尝试的氛围和机会，即要宽容地对待儿童的错误，甚至是失败；五是要给予儿童进行交流、争论的机会。

（二）小学阶段的基础教育之"基础"是什么？

要回答"小学阶段的基础教育之'基础'是什么"这一问题，就要先回答"基础教育是什么"的问题。

基础教育是什么？《中国小学教学百科全书：教育卷》对基础教育做了如下阐释："对公民进行的普通文化科学知识、社会基本道德品质和思想观点等方面的基本素质教育，也称'公民素质教育'或'国民基础教育'，它与各国的义务教育和普及教育的含义基本相同。我国的基础教育包括小学教育和中学教育两个阶段，其中小学和初中阶段是义务教育。基础教育既是各类合格劳动者的基本素质教育，也是为高一级学校培养各类专业技术人才的基础教育。基础教育是关系到民族素质提高和国家兴旺的大事。"可以看出，基础性是基础教育的根本属性，集中体现在以下几个方面：从内容方面来说，基础教育是对公民进行包括普通文化科学知识、社会基本道德品质和思想观点等方面的基本素质教育；从目标方面来说，基础教育是为学生升入高一级学校做准备，为高一级学校培养各类专业技术人才奠定基础；从其影响来说，基础教育关系到整个民族素质的提高和国家的兴旺；从其所处阶段来说，基础教育包括小学教育和中学教育，处于整个教育体系中的基础水平。

那么，处于小学阶段的基础教育之"基础"又意味着什么呢？简单地说，即是为每个学生潜能的充分发挥、个性的和谐发展，最终形成适应社会发展所必需的终身学习的愿望和能力奠定基础。具体来说，小学阶段的基础教育之"基础"主要包括两个方面的含义：一是全域性的基础准备，这是由小学阶段的教育目标所决定的；二是多维度的素养基础，这是由小学阶段的教育内容所规定的。

1. 全域性的基础准备

全域性是小学阶段的基础教育之"基础"的根本属性，它意味着全方位、多方面以及多种可能性。这里，全域是相对于职业教育、高等教育等专业教育而言的，它属于非定向、非专业的。也就是说，小学阶段的基础教育不是为某一种或者某一类行业做基础准备，而是为培养全社会所有行业人才奠定基础。

基础准备则是从纵向水平来阐述小学阶段的基础教育之"基础"的，它包含两个层面的含义：一是从个人终身发展的水平来说，它是为学生一生的发展做基础准备；二是从基础教育的阶段水平来说，它是为学生升入中学、适应初中的学习生活做准备。

2. 多维度的素养基础

概括地说，多维度的素养基础主要是指学会做人的基础、学会学习的基础以及学会生活的基础。具体来说，主要包含以下几个方面：一是身体素质的基础，小学阶段是儿童身体迅速发展的重要时期，这一时期应该帮助儿童养成锻炼身体的习惯，掌握锻炼的基本技能、技巧和方法；二是道德品质的基础，科尔伯格的道德发展阶段理论告诉我们，小学阶段是儿童道德品质形成和发展的关键时期，再加上当今社会背景下，儿童在未来生活中也会遇到多元道德观念的交互影响和相互冲击，这就更加凸显帮助小学生形成基本的道德观念、道德判断并做出恰当的道德行为的重要影响；三是智力品质的基础，加德纳的多元智力理论告诉我们，每个儿童都有属于自己的优势智力品质，这就要求小学阶段基础教育应超越传统观念中的基本知识、基本技能，而要将视野拓宽到关乎终身学习能力形成的基本过程、基本方法、基本思想；四是个性心理品质基础，即是我们平常所说的非智力因素，主要包括学生的意志力、道德修养、克服困难的勇气和能力，以及自信、自立、自强等良好的心理素质。这也正是三维目标所强调的核心要素之一——情感态度与价值观，它同样在很大程度上决定着儿童未来的发展方向和水平，也应得到和知识与技能同等的重视。

（三）娇子小学之"娇子"意味着什么？

无论是教育本身还是作为教育场地的学校，都有其自身的独特性质和特殊使命，秉承"娇子"在品牌塑造和发展过程中形成的价值取向和不断丰富的"娇子"文化内涵成为我们必须肩负起的责任和使命。基于此，结合小学教育之新语境，我们对娇子小学之"娇子"做出了这样的诠释：从学校整体发展的定位方面来说，娇子意味着品牌；从如何看待学生方面来说，娇子意味着珍宝；从学生的发展水平方面来说，娇子意同"骄子"。

1. "娇子"意味着品牌

这是从学校整体发展的角度来说的。也就是说，"娇子"意味着学校应该而且必须要发展成为一所品牌学校。这既是"娇子"赋予学校的历史使命，同时也是对学校未来发展方向和目标的定位。

这里，品牌学校包含两个方面的含义：其一是影响力，这是从外界对学校的认识程度方面来说的，即学校要在学生、家长甚至一定区域内的社会群体中形成充分的积极影响。具体来说，就是要将学校的名字、理念、价值取向等深深地印到人们的观念之中。这种影响大致分为由低到高的四个层次：一是知道，即人们都听过这所学校的名字或者对学校的大概情况有所了解；二是认可，即对学校教育理念、价值取向、具体做法等方面持赞同的态度；三是信任，即人们相信学校所秉承的理念、做出的实践探索能有利于学生的发展并能带来预期中的效果；四是认同，即人们对学校的教育理念、价值取向、教育教学实践等持信任的态度的基础上，还愿意通过做出某种行为来支持学校的发展，并进一步扩大学校的影响力。其二是个性特色，这是从学校自身的内在建设方面来说的，即要形成明显区别于其他小学的独具特色的风格及特征。它是决定学校影响力层级及范围的核心内在因素，包括如下由内而外的三个要素：一是学校的理念系统，它反映学校的管理者对如何理解教育、如何实施教育以及达成怎样的目标的基本认识；二是学校的文化氛围，它是以学校管理者为主导，由学校里的所有人共同营造而且推崇的特定传统、习惯、行为方式的精神格调；三是学校的特色课程或活动，这是前两个因素的外显反映，同时也是在人们心中留下娇子印记的重要载体。

2."娇子"意味着珍宝

"娇子"成了所有学生的别名，意味着每个学生在老师眼中都应成为值得珍惜的宝贝；教育的过程也应该是呵护幼苗般的保护过程，保护学生的好奇心、求知欲望，并为其发展提供必要的条件。这也正是娇子小学在教育实践中尝试改变当前中小学教育中的功利主义倾向、"忽视人"的弊端，努力实现学校教育中"人的回归"的认识基础。

3."娇子"意同"骄子"

骄子，意味在某方面杰出的人。它是对学校学生发展水平的目标定位。一方面，"骄子"意味着每个学生的个性特长都获得充分的发展；另一方面，它意味着学校应该保护每位学生的多种发展可能性，为每个学生个性特长的发展提供支持条件。

如何让我们的小学生有所不同，进而成为娇子小学的形象代表和名片？我们紧密结合作为教育领域中"娇子"的独特内涵来构建学校中的娇子文化。"雅"不仅是当时的学生群体所急需的，还是家长群体甚至周边居民所需要的，更是教育在追求功利主义的大流中所需要找回的，于是，"雅"的气质和品质成了我们赋予"骄子"的新特质。

二、研究的进程

为了使学校发展在持续的实践探索中实现质的飞跃，我们从基于现实问题和实际需要的课题研究出发，寻求学校整体优化、凸显特色的发展之路。自2010年起，学校采取"构建顶层、找准方向—课堂创新、寻求突破—课程建设、建好中介—统筹整合、整体优化"问题导向式的研究推进思路，通过"校内构建研究共同体，校外整合资源引进"的立体协作机制，来持续推动学校的一系列变革性实践。纵观五年来的研究历程，大致可以分为全局规划、重点突破及整体优化三个阶段：一是从学校发展顶层设计到学科课堂教学创新的依次双向联动；二是从校本课程开发到"1＋X"课程群建设的循序渐进；三是从课程教学到学校发展整体优化的多维联动。事实上，这三个阶段并非相互独立、截然分开的，而是前后持续相连的。

（一）从学校发展顶层设计到学科课堂教学创新的依次双向联动

前期的实践经验告诉我们，博雅教育理念的确立不仅吸引了同行及社会的目光、凝聚了全体教师的力量、明确了未来发展的取向、凸显了学生发展的个性，而且还打开了全体教师的视野，为他们的教育实践指明了探索的新方向。然而，随着时间的推移，我们的教育理念在学校的教育教学实践中发生异化，逐步变成了只存在于校长头脑中的教育理想，只放在了学校发展规划中的文字，只是留存于校园墙上的符号，只是学校对外交流时的口号。实践也在不知不觉中回归到了原来的轨迹。在反思中，我们逐步明确，要打破教育理念的空中楼阁现象，我们必须做到以下几个方面：化校长头脑中的理想为师生的共同认识；化学校发展规划中的文字为师生共同认可的目标；化校园墙上的符号为影响师生行为方式的文化氛围；化对外交流时的口号为师生实实在在的行动。

可是，究竟怎样才能使教育理念深入到师生的认识中并转化为实实在在的行动？答案即是，构建学校发展顶层。它既是对教育理念的深化解读，又是全校师生的行动纲领。具体来说，它包括以下两个方面的内容：一是影响教师教育教学实践、学生学习发展方式的办学理念；二是直接指导教师教育教学实践和评价学校探索成效的目标体系，主要有培养目标、课程建设目标和教师发展目标。

1. 学校发展顶层设计

2007 年，学校在锦江区率先进行了学校三年发展规划的制定，为学校发展顶层设计的逐步成熟与完善提供了依据和基础条件。于是，在第一个三年规划即将结束和新的三年规划即将开始之际，我们着力于学校发展顶层设计的体系化建构，它既是对上一个三年规划实施过程深入反思的基础上的新思考，也是制定下一个学校发展三年规划的指导纲领。通过自上而下的深入解读与自下而上的意见征集相结合的方式，一个独具娇子特色的顶层设计及详细定位基本成型（见图0-1）。

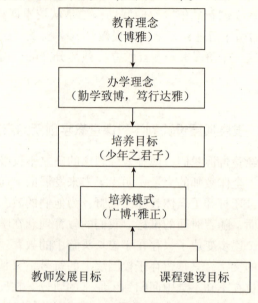

图0-1　学校顶层设计结构图

其中，教师发展目标为：形成博采众长、雅惠施教的教师文化，打造"博雅型教师"团队；课程建设目标为：为学生提供多元的、整合性、精致化的课程群，形成均衡性、综合性和可选择性的课程体系。

2. 学科课堂教学创新探索

学校发展顶层设计的完善与成熟并非意味着理念的真正落实，它仅仅是理念走向实践的第一步，属于认识转化为实践的第一中介。从实践的视角来看，顶层设计相当于学校全体师生的总体行动纲领。虽然它已经由遥不可及的理想细化为清晰且明确的规格与要求，然而要使这些认识真正落实到实践中，就必须在学校顶层设计的指引下从实践层面予以突破。于是，我们将目光聚焦到课堂教学上来，期望以此来突破传统的教育教学实践，推动价值理念的内化和特色文化的逐步构建与外显。

从"中小学生学习负担过重"的普遍现实出发，我们着重探究如何突破已有的传统教学观念，克服传统教学实践中过分关注零散、庞杂及浅表的知识点的弊端，致力于帮助学生提升学习效率和学习能力的新型课堂教学模式。在学科课堂教学创新探索过程中，我们主要采取了两大策略：一是重心下移、课题推动，它不仅引导教师实现了由课堂教学的被动实施者到课堂教学的主动研究者和实施者的双重角色的根本转变，而且还以课题研究为媒介，推动教师在实践中不断实现新突破；二是"1＋N"的带动策略，这是教师团队构建、协同参与的方式，其中，"1"代表在课堂教学方面有突出成就的骨干教师，"N"代表 N 个仍处于成长发展期或是适应期的普通教师。

依据学科性质的不同，我们立足于各学科的核心素养，确立了不同的课题研究，来帮助教师实现各学科课题教学实践的突破与创新。其中，语文学科的"基于教材结构的整体性教学研究"致力于学生整体意识的增强和阅读素养的提升；数学学科的"基于学科思想方法的整合性教学策略研究"着重于引导学生去感知、领悟、学习和运用解决问题背后的基本思路、方法及思想；以美术学科为主同时涉及音乐、信息技术学科的"数字化环境下美术名作欣赏教学策略研究"则注重引导学生充分运用现代信息技术去解决问题，旨在提升学生的综合运用各学科知识的能力和综合信息素养。

以主题式的典型课例研讨为载体，我们在课堂教学方面已逐步形成了以下特色：一是形成了"三研修"的校本研修模式——研究教材、研究学情和研究课堂。其中，研究教材是指个性化地解读教材，主要包括语文解读教材结构和数学解读学科思想方法；研究学情旨在于引导学生变学习方式由被动为主动，使学生学会学习；研究课堂即是探索不同学科的教学思路或模式，比如，语文学科探索出基于教材结构的整体性教学基本思路，数学学科抓住了实施基于学科思想方法的整合性教学的内在主线，美术学科则基本形成了数字化环境下美术名作欣赏的教学模式。二是形成了具有娇子特色的课堂教学新样态——生长课堂。三是教师实现了三大转变：从研究教材到同时研究教材、学生及学习的转变；从仅仅聚焦于零散、孤立的知识点到关注建构和知识层级练习的转变；从"教教材"到"用教材"的转变。四是学生学习实现了从浅表到深层的提升：实现了从对文字符号所代表的意义到问题的解决思路、方法和策略的提升；实现了从知识点理解到知识结构构建的层次提升；实现了由平行迁移到灵活运用的提升。

正是基于上述显著成效，"基于学科思想方法的整合性教学策略研究"在成都市第二届优秀教学成果评选中荣获二等奖，学校也成为成都市语文骨干教师培训点之一，为成都市内骨干教师培训提供了具有前沿性的教学改革范例。

（二）从校本课程开发到"1＋X"课程群建设的循序渐进

随着新课程改革的纵深推进，学校拥有了自主开发校本课程的权力和空间，同时学校的特色发展需要促使学校进行校本课程的开发。初期的校本课程开发主要由学科老师完成并予以实施，分为两类：一类是以学生的兴趣爱好为基点，逐步将一些兴趣活动拓展、延伸、完善并逐步形成课程，并以社团活动的方式实施；另一类是根据培养目标的需要，深入挖掘学校的特色文化内涵，对相关学科进行拓展延伸，如"雅行册"就属于这一类。然而，随着时间的推移，学校的校本课程门类增多，学生的业余时间却在减少，参与的热情与兴趣也在不断递减，开发校本课程的教师们不仅感到任务重、压力大，而且还在课程的实施过程中遇到了很多问题。之所以会出现上述现象，其根本原因在于当时的课程开发各自相对独立、各自为政，导致学校课程处于一种零散的、孤立的、叠加的状态，缺乏系统体系。经过反思我们发现，丰富多样的课程并不意味着不同的课程要相互叠加，而是要基于学校的博雅办学理念和整体发展思路，有机地组合在一起，才能达到促进学生发展的目标。于是，我们开始尝试打破不同学科教师之间的壁垒，采取全员大讨论的方式来对已有的校本课程进行梳理，在梳理的过程中，教师自然地生成了新的团队。随着持续的实践探索，整合的思路逐步形成，整合、梳理的范围也逐步由校本课程内容扩展到校本课程的体系建构，进而扩展到对学校全部课程的梳理与体系建构，最终构建了具有娇子特色的"1＋X"课程群。在从校本课程出发到学校"1＋X"课程群的建设过程中，我们主要采取了以下策略。

1."总—分"策略

博雅教育理念下的校本课程的开发与实施，不是校本课程各个部分的随意相加，而是基于学校的博雅办学理念和整体发展思路，有机地组合在一起，旨在促进学校整体的、综合的发展。依据学校整体的办学理念和培养目标，校本课程的开发与实施最终都是为了实现"广博＋雅正"的人才培养模式和育"少年之君子"的人才培养目标。也就是说，博雅教育理念下的校本课程正是在学校整体发展的总体思路下研发出来的，它属于学校整体的课程体系中的一部分。

基于学校系统化、整体性发展的办学思路，学校依据"广博＋雅正"的人才培养模式，相继开发了"蜀蚕吐绣"和"雅行册"等富有学校生命力的校本课程。在此基础上，我们借鉴学校已有课程开发与实施的思路，整合学校的物质资源、环境资源、人力资源和文化资源，开发了"幽篁竹韵"、"龙舟竞渡"、"蜀酿飘香"等校本课程。

2. "集—成"策略

娇子小学以"1＋X"的整合性课程群建设为课程建设的总体思路，旨在将学校各种课程资源有机地进行整合，使其产生聚集效应，从而真正实现优化。在实践过程中，通过跨学科的整合性眼光和思路来对校本课程进行开发与实施，使各门看似独立的学科能够相互关联、相互渗透，使学校的课程资源达到充分共享，实现课程资源的集中性和高效性。

【案例】"蜀蚕吐绣"课程介绍

在对课程资源进行选择、改编、整合和创新后，我们以小学科学三年级教学内容"养蚕"为切入点，在美术学科中教孩子利用蚕茧制作工艺品、蜀绣；在语文学科中引导孩子们用手中的笔记录下养蚕、制作工艺品等过程中的成功与喜悦、失败与悲伤；在信息技术学科中指导孩子们将体验过程中的点滴记录、些许感悟制作成一幅幅电子小报；在综合实践活动中带领孩子们走出校园参观蜀锦博物馆、锦里等地……科学、语文、美术、信息技术等多学科整合在一起，成为娇子小学一门富有特色的校本课程——"蜀蚕吐绣"。通过学科的整合，使校本课程不再以课外活动的形式呈现，不再处于学校主流课程的外围，而是能够进入学校课程的主渠道，为学校的特色办学提供一个试验平台。

3. "放—收"策略

在确定学校整体的办学思路和整合学校的各种课程资源后，我们对教师在校本课程开发中的主体地位有了进一步的认识：当教师对校本课程有了认同以后，就会产生很大的潜力和活力，我们就应该把校本课程开发放手交给教师。同时，我们坚信教师的自主能动性和行为自觉性，充分肯定教师的努力和成果。因此，学校通过设计多元参与、自下而上的途径，让全体教师根据学校办学理念和学生发展目标自主开发第二课堂的校本课程，真正实现让教师放手去做，从而使教师对校本课程的开发形成初步的认识。在此基础上，我们以博雅教育理念为宗旨，对教师个人或群体申报的课程进行筛选和确定，旨在对原有的第二课堂活动进行勾勒、增补，使其逐渐结构化。校本课程通过多次"放手教师操作—收归进行梳理、分析、改进"的操作步骤逐渐形成了比较完善的整合化课程体系。

【案例】"蜀蚕吐绣"课程在"放—收"中逐渐形成特色

娇子小学科学教师周乐佳立足本学科，在学校"放手"中开发养蚕的校本课程，当周老师的养蚕课程实施到一定程度后，她开始思考："受气候等条件的影响，我们只能在每年四、五月份开展养蚕活动，余下的时间里学生就只有枯燥地查资料，而且年年养蚕，也让学生开始感到厌烦。围绕养蚕活动，学生是不是还可以在其他学科老师的指导下开展一些更丰富的活动呢？"当周老师在科任组内表达了自己的困惑后，立刻得到了科任组其他学科教师的响应，大家集思广益，初步形成了各学科围绕同一主题开发校本课程的思路。

（三）从课程教学到学校发展整体优化的多维联动

如果说抓住课程教学这一核心要素是以点突破的方式，旨在快速构建并通过一定的形式凸显学校特色，那么，实现学校发展整体优化则需要以"整合"思想为指导，采取多维联动的方式，对包括队伍建设、教育教学活动、过程管理等方面予以关注，只有这样，才能助推学校持续地走内涵式发展道路。同样，整合的思路始终贯穿于其中。

在教师队伍建设方面，依据教师发展水平的不同，我们采取分层次分群体的方式对学校教师进行培养。其具体方式主要有以下三种：一是目标引导，依据教师所处的层次的不同，引导不同层次和群体的教师明确自身定位，帮助教师"发现特点、发展特长、形成特色"；二是"师带徒"，通过一个师傅带一个徒弟的方式，提升青年教师的教学实践能力及课堂管理能力；三是以"小专题"研究为载体，通过小专题研究，帮助教师积极主动地解决教育教学实践中的问题。

在学校管理方面，我们打破学校中自上而下的"金字塔形"传统管理结构，致力于扁平化管理模式的构建。所谓扁平化管理，是指通过减少中间管理层次、扩大信息沟通的范围而增加管理幅度，并通过实施权力、目标和任务分解，强化责权对等的分权式管理。扁平化管理是调动基层的积极性、创造性，达到降低管理成本、提高管理效率的一种管理方式。鉴于此，我们在管理层中增设各类教师群体组织，使教学管理在原有轨道上运行的同时，将教导处权力下放，重心下移，以校长工作室、教导处为中心，通过教研组、备课组、年级组、骨干教师指导站共同管理教学日常工作。

在德育改进方面，我们坚持整合的实践思路，通过课堂学习、学科渗透、社会实践及家校合作四大途径，致力于通过学生的体悟来帮助学生树立初步的权责意识、参与意识、民主意识和公德意识，促进学生思考能力和实践能力的发展，并最终发展成为真正的少年骄子。

第一章

学校发展的历史审视

无论什么时期、发展水平如何，学校的每一次变革都离不开对自身发展历史的回顾、梳理和审视，以进一步增强学校的文化积淀，明确学校发展阶段的定位及未来发展思路，进而从中寻找、挖掘新变革的生长点。在立足现实的前提下，娇子小学也正是在不断审视学校发展历史的过程中，明确不同发展阶段的自我定位，寻找改革突破口，以坚持不懈的探索精神和务实求新的探索行为助推学校实现一次又一次的变革和办学取向的转型。

一、学校的创立：二校合并而成的娇子小学

初建的娇子小学地处莲花村、新桂村低洼棚户区，周围是一些濒临破产的企业，校舍简陋、教学设备配置水平低、师资普通且缺乏凝聚力、生源水平一般。如今的娇子小学，不仅拥有一流的教学硬件设施、颇具娇子文化特色的环境布置、业务精湛的教师队伍以及文雅的学生群体，而且它的周围均是环境优美、生活设施上乘的宜居小区。事实上，这种变化并非仅仅停留于表面，更是娇子在坚持不懈、严谨求实的创新探索过程中带来的内在文化特质的改变。

（一）二校合并

2003 年，伴随城市发展规划及改造不断加快的趋势以及随之而来教育资源的重新整合、优化的需要，原成都市莲花池小学、伴仙街小学合并为娇子小学。从外部来说，新的学校承载着旧城改造区域学生的教育重任。在合并之初的学校内部，同样面临重重困难：一是校舍简陋，办公家具均是20世纪80年代其余学校多余而转入娇子小学继续使用的旧家具；二是师资普通，不仅缺乏在区域内有广泛知名度的教师，而且教师之间的素质差异较大，还有部分教师过早地出现职业倦怠，工作流于形式，缺乏自主发展的内在动力；三是凝聚力不足，由于来自不同的学校，教师们在观念、行为方式等方面存在较大的差异，表现出一种人心涣散、缺乏主导引领的状态；四是生源水平不高，学校当时地处莲花村、新桂村低洼棚户区，周围是一些濒临破产的企业，学生主要来源于当地居民和企业职工子女，家长对孩子的教育基本上是采取放任自流或者单纯依赖于学校，甚至个别家长还给孩子以负面的影响；五是硬件配置水平低，在学校里唯一一幢建成于1990年的陈旧教学楼里，除了一间计算机教室外，没有多余的学科功能室，学生的科学、艺术课程均在教室里完成，教室里也没有多媒体设备。

（二）企业参与

虽然外在条件有限，加之内部重重障碍，但是我们并没有因此妥协，

而是在反思问题、评估学校现有状况基础上，通过深入名校取经、内在寻点突破的双向推动模式探索符合学校实际的发展之路。

然而，我们并不是孤独的奋斗者和探索者。在这条道路上，不仅有上级教育行政部门的关注和教育领域专家团队的专业支持，还有幸获得了社会人士和团体的帮助与无私奉献。2003 年，川渝中烟工业公司向成都市锦江区教育局捐资 100 万元，希望用于改善教育设施和场地。经过对区域内各学校的全面考察和综合评估之后，教育局决定将这笔经费用在了当时正处于起步阶段的伴仙街小学，对学校办公设施、教学设备以及运动场条件进行了全面的改造和调整。同年 9 月，学校正式被冠名为成都市娇子小学。新校名的确立，不仅给学校的未来发展提出新的希望和定位要求，而且还为我们寻找学校发展的文化内核——教育理念提供了新的思路和方向。更为重要的是，在构建独具娇子小学特色的价值体系的过程中，娇子在十多年的品牌建设过程中塑造和培育的品牌形象和文化内涵给我们以深深的启发。

（三）社会期望

随着对莲花村低洼棚户改造工程的启动、政府的拆迁工程推进及府南河治理工程的实施，学校周边区域的一个个环境优美、住宅精良、生活设施上乘的宜居小区已初具成型。区域规划及环境的极大改变也使居民群体结构发生了极大的改变：从家长群体来说，居民群体的文化素质普遍较高，对孩子的教育问题十分关注和重视，而且关注的内容不再局限于学习成绩方面，而是拓展到了学生综合素养的提升；从生源群体来说，其总体水平有了大幅度的提升。这些变化意味着社会对学校的发展提出了更高的期望。与此同时，教育局为娇子小学引入 100 万元改造资金，这不仅是上级行政部门给予学校现实条件改善的有力支持，同时也蕴含对学校取得突破性发展的极大期望。

2012 年年初，娇子小学迎来了办学历史上的一次华丽转变——搬入设备设施一流、办学条件现代化的新校区。该校区是在区政府、区教育局的大力支持下，以"顺应学校特色发展、促进学生发展"为宗旨进行设计和修建的。在新的环境和新的条件下，学校既面临着发展的机遇，又承载着新的期望。新课程改革的纵深推进，国家课程的校本化实施、校本课程的自主开发虽然给学校的特色发展提供了一定的自主决策空间，却也使学校面临前所未有的挑战。同时，校址的变迁带来了以下改变：学校周边区域小区的风格、形态各不相同，由此导致居民结构也更加多元化；生源群体总体特征并不明显、个体的个性化较为凸显，而且发展水平上存在差异。这些改变对学校教育提出了更加多元化、高水平的需求。

二、发展历程：从规范化办学向个性化办学转型

回顾学校十多年来的发展之路，从建校之初的校舍简陋、教师个体素质差异大且缺乏自主发展内驱力、教师团队凝聚力不强、家长和生源群体总体水平不高，到如今拥有一流的教育教学设备设施，业务精湛、积极进取且具有共同价值取向的教师队伍以及总体素质较高的家长和生源群体，它既是我们在重重困难中逐步规范、自立的历史，又是我们不断聚力、追求持续发展的探索之路。在这条道路上，我们紧紧抓住"人"这一核心要素，并以此逐步实现了以下突破：通过构建制度规范人的行为，通过研究评价机制激发人的内在动力，通过共同认同的核心理念凝聚人心，用顶层设计撑起学校的未来，用课程群建设和课堂创新凸显学校特色，用文化氛围积淀学校品质内涵，用整体优化发展助推学校实现新的飞跃。

（一）第一阶段（2002—2006年）：在规范化办学中寻找学校发展的顶层

1. 新校运行的开端：选点突破，全面规范

合并之初，面临简陋的校舍、简单的设施设备、个体素质差异大且凝聚力不强的教师队伍、家长及生源群体的总体素质不高以及旧城改造区域学生的教育重任，如何确保新学校各项工作的顺利开展、协调运行并逐步规范成为我们必须解决的首要问题。经过一次次对比、权衡、讨论，我们发现，要使学校各项工作的运行进入规范的轨道，选点突破是解决之道。可是，这个突破点究竟在哪里？统观整个学校，无论是人员的组成结构，还是各项工作的具体实施，又或者是各项工作之间的协调分工，教师都处于整个学校的主体地位。一方面，教师素质差异大，教育教学情况均衡失调，部分教师表现出职业倦怠、工作停留于表面形式，缺乏内驱力等是学

校的突出现象；另一方面，教师个体的积极主动与否、教师团队是否富有凝聚力直接决定了学校的整体氛围，而且还在潜移默化中影响着学生群体。于是，我们开始探索如何激发教师团队的内驱力、规范教师的行为，并期望以此从内部改善学校的环境和氛围。在区进修校的引领和指导下，学校确立了"发展性教师评价模式研究"课题。

随着学校发展性教师评价机制的逐步推进，我们将教师专业发展的内容纳入教师评价中，完善、改造传统的教师专业发展管理制度和制度创新，比如，通过改造原有的教师教学评价体系，使其不仅包括课堂教学，还包括诸如学科知识、教育科研、专业精神等教师专业发展方面的内容，进而实现从多维度来评价教师。教师管理制度的创新也是课题研究中的重要研究工作，学校先后建立了教学反思制度、教师专业发展的个别指导制度、教师成长档案袋制度、多方参与共同协商的教学反馈制度等，通过教师管理制度的完善和创新，学校教师的专业发展被自觉地纳入学校管理的各项工作中，从而实现了学校有意识地管理教师专业发展的新格局。

该课题研究为学校教师专业发展提供了很多策略性经验，让我们逐渐清晰了教师专业发展的需求以及培养方向。

该课题研究不仅对教师个体的发展方向起到了引导作用，还帮助教师对自身的发展水平进行预测。它的核心研究成果——新的教师评价体系，不仅提升了教师的积极性，引导教师将优秀教师作为自己的发展目标，而且还帮助教师诊断自己的不足，使教师明确发展方向。随着研究成果的逐步推广与完善，学校逐渐造就了一支蓬勃向上、对未来充满信心的优秀教师队伍。

2. 学校发展的内力：寻找理念，设计顶层

教育改革的深入发展，把每一所学校推到了风口浪尖上，办学如同逆水行舟，不进则退。如何保证学生、教师和学校的可持续发展，把学生和学校的发展导入良性循环的轨道上，是学校面临的首要问题。通过全校教师的努力，学校在办学规模和办学质量上都有了一个质的飞跃，但同时我们也清醒地意识到潜在的危机。面对机遇与挑战，学校清醒地意识到理念的重要，领导班子的文化底蕴、思维方式决定一个学校主流文化的价值取向。

办学理念是一个学校的生存之本。娇子小学在追求可持续发展的道路上，战略性地提出了"博雅教育"的办学理念，竭力打造一个全新的

"博学多才，文明高雅"的学校，这一理念如奇迹般绽放在成都市的教育领域。

2003—2006年，我们开始研究一些知名度高、办学成功的学校案例，发现这些学校之所以得到社会、家长、学生的高度认可，是因为他们都具有鲜明的教育理念和显著的办学特色，这是他们源源不断的生机和活力。我们认真分析娇子小学的办学经历、办学条件、生源情况、教育教学现状，以及未来发展的机遇与挑战后，提出了"博学多才，文明高雅"的办学理念。应该说，博雅教育理念的提出，是很多人的结晶，它离不开上级部门领导办学理念的指引，离不开各位专家的指导，更离不开全校教师多次的思想碰撞。

素质教育进行得"轰轰烈烈"、应试教育仍搞得"扎扎实实"是当今基础教育的突出现象。主要表现在教师的"教"和学生的"学"更趋向于功利主义，学生的全面发展受到了严重的束缚，甚至畸形发展。以娇子小学为例，虽然我们不断地强调要培养学生各方面的素养，但在实际的教学中，仍然是语数为主，忽视对学生其他技能的培养，更谈不上对学生内在品质的丰盈；学生在这种教育的长期影响下，也是出现一边倒的现象。通过我们的问卷调查，我们发现，学生普遍认为，只要学习好了，其他的都无所谓。娇子小学的学生生源大多来自周边的工厂或个体商户，家长的素质普遍不高，比如我们就经常听到家长来接孩子时"出口成脏"，来学校找老师了解情况也是满嘴的脏话；再来分析学校的教师队伍，从整体上说，学校的教师队伍专业素质较高，但是也存在部分教师的知识结构单一、教师个体之间的素质差异大等问题。这些都是学校现存的一些具有普遍性的问题。

综合上述分析，我们达成了共识：教育首先应该是培养学生的德行，教会学生做人，在学会做人的基础上，进而进行文化知识的学习和传承。正如《周易》中所讲的"天行健，君子以自强不息。地势坤，君子以厚德载物"，意思是说，以深厚的德泽育人润物，今多用来指以崇高的道德、博大精深的学识培育学子成才。在为建设和谐社会而努力的今天，我们需要的正是这样的教育，即教师有高尚的德行、博学的知识，以其身体力行，培养具有同样素质的学子。这样的教育不但植根于中华几千年文明的土壤之中，从传统的文化精神中汲取丰富的养料，而且与时代精神相呼应，具有鲜明的时代意义。

　　在这样的认识基础上，我们提出了博雅教育，学校将博雅教育理解为"博学多才，文明高雅"。其中既含有从学的标准——具有广博的知识和多种才能，又有做人的要求——具有高尚的德行，追求智、德、美、体的统一，使求知与做人、外表美与心灵美相一致。

　　我们对"博雅"的诠释是："博"本义指量多、丰富，在此，我们将其引申为广博的知识和学问，即人类历史上一切促进社会进步与发展的文明成果及蕴藏在其知识本体内的价值观。"雅"，即合乎规范，高雅不粗俗，在这个意义上，它和"美"是相通的。引申意义为言谈举止的优雅，品德高贵，品行端正。

　　"博雅"，取自《诗经》，解作"学问渊博，品行端正"。比如："博雅多通，称为任职相"（《周易》）；"默博雅有才辩，以气自豪"（《明史·李默传》）；"不知海内博雅君子，以为如何"（《朝花夕拾》）。可见，博雅教育的提出，有着深刻的哲学基础，第一，知识对于心灵的重要性，心灵的独特活动正是追求知识，知识的成就会满足和充盈心灵；第二，知识和实在的关系，知识成就不仅能够达到心灵的充盈，也是发现幸福生活的主要工具。通过博雅教育，教师和学生在其发展特定阶段由内（知识的积淀）向外（正直的品性，高雅的行为）地转化。在之后的实践探索中，社会的需求也给学校提出了更高的发展要求，学校的办学理念也随着学校的发展进行着动态调整，有了更深的诠释。

　　在传承学校已有文化的同时，不断通过自上而下与自下而上相结合的方式总结提炼，慢慢去完善一种具有相对稳定性、延续性和指向性的理念体系。

　　●学校办学的核心理念

　　博雅，从字面意思上看，包含"广博"与"优雅"、"渊博"与"雅正"之义。学校的核心理念是"勤学致博，笃行达雅"。通过勤奋的学习来培养学生广博的知识和综合性学习能力；学生通过坚持良好的言行举止来真正达到高尚儒雅和培养学生的优雅气质。

　　●学生培养目标：少年之君子

　　通过实施博雅教育，为学生奠定发展的"三个基础"：学会做人的基础、学会学习的基础、学会生活的基础，最终实现"少年之君子"。这种人才表现在"博"上，是基础厚、能力强；表现在"雅"上，是品质正、气质雅。

● 人才培养模式：广博＋雅正

既有广博的知识与能力，又有优雅的品质与气质。学校的人才培养模式是"博＋雅"。通过这种博雅教育的人才培养模式，培养出"少年之君子"。

（二）第二阶段（2007—2011 年）：以博雅教育课程建设与教学创新为核心

课程是实现教育目的的中介，是促进学生发展的基本条件，建立与特色建设相适应的博雅教育课程体系是学校特色建设的重要突破口。要实现"博雅"办学理念和人才培养目标，博雅教育的课程必须打破以课堂为唯一形式，以传授书本知识为唯一内容的单一课程结构体系，代之以社会需要、学科体系和学生发展为三个基本点，构建具有均衡性、综合性、可选择性的课程体系，以此来培养具有基础扎实、特色鲜明、个性多样的娇子学子。

1. 课程建设

从总体状态上来说，学校的课程建设大致经历了三个时期：混沌期、自省期和尝试期。

（1）混沌期

2007 年，学校开始落实"博雅"办学理念，但是办学理念要以什么样的载体来落实？如何落实？当时的我们完全处于一种混沌的状态，没有可借鉴可参照的，仅仅凭单方面的理解，我们找到了"营造优雅校园文化、打造博雅教师队伍、塑造文雅学生群体、创设高雅教学内容"这一载体，开始尝试性地落实"博雅"办学理念。

要落实"博雅"办学理念，理所当然应该进行"博雅"文化教育。在初步落实"博雅"办学理念的几年间，我们开始尝试进行主体课程和综合课程的建设，希望以这些课程的建设培养师生的内在气质。

（2）自省期

2007 年年底，娇子小学在锦江区率先进行了学校三年发展规划的制定，教学、课程、科研、总务的分管行政领导跨越自己分管的领域多次聚到一起，共同讨论学校究竟要给学生提供一种怎样的教育？培养他们的什么能力？一次次直到深夜的讨论让我们逐渐认识到，课程是搭建教与学的重要桥梁，丰富多元的课程资源能够促进学生的自在成长与全面发展，使学校的教育和每一个教师的日常工作联系起来，成为师生共同参与的常态性的学校生活，这样的课程文化可以丰厚师生的素养。因此，我们明晰了学校发展的方向与目标——"提供雅致的多元的课程、多样的活动，让每一个孩子都自在成长"。

在保证完成国家课程和地方课程计划的前提下，娇子小学根据培养目标的需要，注重挖掘学校特色文化内涵，对学科进行拓展延伸，开始进行"蜀蚕吐绣"、"雅行册"以及各种社团课程的研究与实施。但是，这个时期的课程开发属于零散的课程开发，缺少一个整体的体系，缺少一种引领。虽然如此，这一时期的课程开发与实施仍然具有极其重要的作用，它成了学校有目的、有方向地落实办学理念的开始，当时所积累的经验为后来的整合式课程体系的构建奠定了基础。

（3）尝试期

在"博雅"办学理念的践行中，我们认为，如果墨守成规，那么我们理念的落实始终会表现为浅表化和点状，始终不会有质的突破。随着新课程的实施，我们对课程的内涵有了新的认识，我们认为，受教育者在学校范围内所获得的知识技能的增长、文明行为的养成、身心素质的发展、积极的情感态度价值观等很大程度上是课程带来的，也就是说，在学校中"时时处处皆课程"。在这样的课程视野下，我们突破点状的常规思维，抓住课程这一载体，以学校课程体系的重构为落实学校办学理念的抓手，在课程的话语系统中来谈学校办学理念的落实。在此过程中，我们成立了课程规划研发共同体，对学校整体课程进行规划，实施课程管理、开展课程评价、建立课程保障机制，将通常的静态的课程转变为动态的课程。2009年，德育课程体系建设拉开了娇子小学课程体系建设的序幕，在德育课程实施的过程中，我们主要采用以下四大策略，即以国家、地方课程的校本化，德育活动课程化，德育科研制度化，学生评价多元化来促进"博雅"办学理念的有效落实。

2. 课程群建设

在实践操作过程中，我们以"1＋X"课程群作为实践特色学校建设的突破点。概括而言，学校的课程建设历经了零散式的初级阶段、块状式的发展阶段和框架式的成熟阶段，在这个发展过程中，"1＋X"课程群的特点与特质越来越清晰。在零散式的初级阶段，课程建设还处于萌芽状态，这一阶段的课程建设主要还是国家课程与学校兴趣活动的开发，校本课程开发缺乏体系。在块状式的发展阶段，新课程改革让我们意识到学校"时时处处皆课程"。我们不再囿于课堂教学的限制，转而以突破点状的常规课程思维和重构学校课程体系的方式，将国家课程做得更加精致，与此同时不断开设更多的校本课程，以简单的加法来实施"博雅"办学理念。在框架式的成熟阶段，我们突破现有的国家课程与校本课程分离的壁垒，对学校课程体系进行整合，不仅是内容上的整合，而且从结构方面进行整合，通过整合，将过去简单的加法变成整合性的减法，让课程体现均衡性、综合性和选择性。

3. 课堂教学创新探索

为了让课堂更适合学生的学习和发展，我们聚焦常态课堂，基于北京师范大学监测的大数据分析，着力于国家课程的校本化实施。国家课程的校本化实施提升了教师的教学水平，更为学生的学习打开了广阔的视野。以语文学科为例，要促进学生深度参与的理解性学习，就需要培养学生的整体性思维。在前一阶段"基于教材结构的整体性教学研究"的基础上，语文组在学校课题之下深入开展"基于教材结构的大单元整体教学策略研究"，致力于解决北师大版语文教材在编排体例上出现的语文知识结构、篇章结构上的割裂以及学生能力迁移困难的弊端，努力探索大单元整体阅读教学的策略，让学生在整合化的实施中形成整体性思维。要实现以上目标，关键在于要打破教材中的单元界限，依据单元整合点，整合教材和课外阅读材料，重组教学内容，精选优化学习资源，构建大单元整体阅读教学，真正实现"减负、增效、提质、优化"。

（1）结构清晰的研究框架

①确定整合的实施途径

在此课题的研究中，我们采用以下整合的方法进行研究实践：一是整合目标与内容，重组教材；二是整合过程与方法；三是整合阅读与写作。

②开展点线面结合的教材结构分析

●点上横向解读教材，解读出每一课的能力训练点，使教师对于学生必须掌握的知识、达到的能力做到心中有数。

●线上纵向梳理教材，梳理出重点训练点在一到六年级的不同要求及前后联系，使教师对知识能力的前后衔接、回顾拓展做到心中有数。

● 面上根据文体归纳教材，归纳记叙文、说明文、散文三类主要文体的教材结构，使教师在实施单元整体教学时合理重组教材，做到心中有数。

③借助整合点重组教学内容

整合点是大单元构建的基础，它决定了设计大单元教学时对课文和阅读材料的选取，决定了采用怎样的教学方式进行突破。语文组尝试用多元化的整合点来构建不同的大单元整体教学。例如，选取同一主题的比较阅读、识字中积累、关于写人文章的选材、抓要点概括、说明文准确提取信息等整合点，通过对各类整合点的梳理，老师们发现了整合点的选择的规律性，即可以从有关语文学习的知识结构、篇章结构、表意结构三方面进行确定。根据确定的整合点，再在教材中、教材外选取合适的篇目，重组教学内容，这样的教学内容突出年段特点，教学重点凸显，学生更加明确学习的目标、过程、方法。

④顺应认知规律，构建教学模式

在课题研究中，语文组也逐步明确了各年段的研究重点和单元整体教学的表现形式。一、二年级以识字为重点，保持教材中原有的单元组合和单元主题，补充一些课外拓展文章，加强识字体验，把更多的字集中在一起，通过分析比较，让学生了解汉字构字规律，对汉字的特点有更深的认识，同时在比较词句中理解与朗读，初步增加语文学习体验。中、高段年级以阅读能力和写作方法的提升为重点进行大单元教学。整合点可以按同一类文体的结构来确定，也可以按训练点进行教学，使阅读教学变得线条清晰、逻辑性更强，学生能力提升更明显。

通过对教材、教学内容的整合性处理，学生对知识的掌握和运用能力得到提升，展现较好的学科素养。以四年级语文北师大学业监测为例，2012 年，学校四年级监测成绩位于全区 13 位，我们通过对数据的认真、反复分析，找准薄弱点、突破点，将不可控因素转变为可控因素，立足于语文课堂教学的研究和改革，有针对性地培养学生的学科素养。2013 年的四年级语文学业监测成绩位于全区第 6 位，有了很大的进步。2014 年监测成绩位于全区第 8 位，基本保持了较好的水平。同时，从监测结果各分数段学生的比例来看，学生的进步较大。

（2）启动思考的学习情境

学生发现知识、理解知识、运用知识是理解性学习的三大基本行为。在进一步深化课程改革的过程中，我们着力于改变传统教学理念下"授—受"的单向知识传递方式，致力于为学生发现、理解、运用知识提供适宜的环境。在这个过程中，我们集中为学生的积极、高效学习提供充分的外部条件支持，由此，我们探究了基于学科思想方法的整合性教学、数字化环境下的教学。然而，实践探索过程中，我们发现，这些研究虽然在一定程度上促进了学生的学习，但还未达到我们的预期目标。为探究其中的成因，我们将目光聚焦到学生发现和建构知识的过程上，最终发现，之所以未达到预期目标，是因为学生在建构知识的过程中，缺乏个体之间的充分的合作与交流，从而导致学生个体所建构的知识缺乏完整性。由此，我们开启了探索合作学习的历程。在这一过程中，我们层层深入，为加强学生个体建构知识过程的充分交流与合作提供支持。

①三维引导，聚焦合作

在管理方面，我们集中从培训、观课、评价三维引导教师聚焦学生个体之间的合作。一是教师现身说法，聚焦合作的意义。在开展合作学习探索之前，我们特地邀请了成都市芳草街小学在合作学习方面取得突出成果的赖杉老师到校为全校老师进行现场讲座和交流。赖老师从自身的实践经历出发，不仅为我们介绍了合作学习探究的成功经验，而且还让我们意识到了"合作"对于学生的学习与发展的必要性与重要性，更让我们发现了"合作"对于学生个体本身的影响已经超出我们的预期。二是监测量表开发，聚焦合作过程。在探索合作学习的过程中，提升学生课堂合作学习的实效性是我们关注的重点。于是，学生的课堂合作学习过程成了我们的焦点，由此，我们还专门在课堂观察量表中增加了与课堂合作学习相关的项目。一方面，它有助于我们对学生的课堂合作学习过程进行实时监测；另一方面，我们也引导教师在课堂教学活动设计时重视学生个体间的合作与交流。三是评价标准导向，聚焦合作效果。评价标准不仅是教师设计课堂教学活动的重要依据，而且是检验教师教学和学生学习的基本尺度。因此，为切实提升学生课堂合作学习的实效性，一方面，我们引导教师将小组的总体成绩作为评价学生的重要依据；另一面，我们也在教师课堂教学评价标准中增加与课堂合作学习相关的项目，注重对学生的课堂合作学习效果的反馈。

②教研互促，落实合作

为了切实落实学生课堂合作学习，我们并不是只注重孤立的实践，而是关注从实践中发现问题，并从中提炼课题展开研究。3—6 年级语文、数学学科的教师分年级将此项研究申报为区级小专题，开展专题性研究，在实践过程中初步总结适合学生的合作性学习的方式。由此形成了"实践探索—发现问题—研究问题—提出策略—实践检验—发现问题……"的教研整合模式，从而最大限度地实现了"教研互促"。

③挖掘题材，生成合作

随着课堂合作学习探究的逐步深入，我们发现，合作与交流虽然是学生个体建构知识不可缺少的环节，但是它的有效展开需要满足一定的外部条件，其中处于学生认知最近发展区的学习任务、有趣的交流主题就是其中核心的因素。因此，在近期的研究中，我们着重引导教师从教材中挖掘相关题材，促使学生在课堂学习活动中产生合作与交流的需要，进而自然生成课堂合作学习活动。

（三）第三阶段（2012—2015 年）：向学校特色发展的整体优化推进

除课程建设与课堂教学创新探索外，我们将在探索中总结出的实践思路——整合，用到学校特色发展的整体优化推进中。主要包括德育的实施、课程保障机制的建立以及教师队伍建设。

1. 德育活动的实施——德育活动课程化及德育科研制度化

（1）德育活动课程化

精彩纷呈的德育活动是提高学生综合素质、养成良好道德品质的重要载体。我们在对原有活动进行分析后，针对国家课程的不足，按照学校的培养目标需要，对德育工作进行通盘的思考和设计，搭建了德育课程框架，对原有的随意、零散的活动进行重组和改造，将特色活动、社会实践活动、日常教育活动和校本节日活动进行了课程化实施，使之更有序列，更为规范。

①特色活动课程化

学校基于自身的教育传统、特色与办学理念，对国家与地方课程进行重新架构与组合，来体现博雅教育的内涵。以具有特色的"蜀蚕吐绣"校本课程为例，我们认为，课程是搭建教与学的重要桥梁，丰富多元的课程资源，能够促进学生的自在成长与全面发展，能够丰厚师生的素养。

我们在原有的养蚕社团的基础上进行了跨学科的联合开发，由各学科教师自下而上地分析、讨论，形成了科学、语文、美术、音乐、信息技术、社会实践等学科整合的综合性特色课程。语文老师指导学生撰写养蚕日记，提高写作能力；信息技术教师指导学生利用软件将养蚕过程中的图片及文字素材制作成电子小报；在美术教师的指导下，学生用美术语言记录蚕宝宝成长的历程，并且参加"蜀蚕吐绣"课程的学习，感悟其深厚的文化底蕴；在音乐教师的指导下，学生们欣赏有关蚕的音乐或编排情景剧；在社会实践活动中，我们带学生到成都蜀锦工场、锦里等地参观专业人员抽丝剥茧、制作蚕丝被的过程，使学生了解蚕茧的价值。通过学科的整合，使校本课程不再以课外活动的形式呈现，不再处于学校主流课程的外围，而能够进入学校课程的主渠道，为学校的特色办学提供一个试验平台。

②社会实践活动课程化

教育是一项复杂的系统工程，需要学校、家庭及社会多方参与、协调行动。学校充分挖掘和利用散落于社会的各类资源，以生动活泼的社会实践活动推动学生综合素质的养成。我们将常规的春游、秋游活动转化为对学生进行博雅教育的载体，将各年级每年的活动内容进行整体规划，形成序列，有目的地带领学生走向社会，了解中国本土文化，培养民族精神。

③日常教育活动课程化

将学生日常教育系列化和课程化，建立集体朝会、班会、年级活动三个层面的日常教育体系，教育内容根据每个年级的特点形成系列，分年级培养"少年之君子"的分级目标，即培育具有君子怀刑、君子易事、君子和而不同、君子三省吾身、君子劳谦、君子大志的学生。并推动全校各年级根据分级目标的需要策划并实施多样的德育活动，让学生在参与活动的过程中，逐步达成"少年之君子"的发展目标。

④校本节日活动课程化

开发校本节日活动课程服务于博雅教育，让师生都能获得人文精神的涵养与充实。在学校以往开展的全校性活动的基础上，对具有学校传统特色的活动进行梳理归纳，形成娇子小学每年固有的博雅特色校本节日课程：10—11月为体育节、12—1月为迎新嘉年华、3—5月为文化艺术节、4月为科技节。这样的校本课程不仅显现了学校的特色办学思想，同时涵盖了上级部门落实到学校的各项活动，避免了学校德育管理工作中的无序性和杂乱性。

（2）德育科研制度化

培养"知诗书，晓礼仪"的"少年之君子"是我们追求的育人目标。但是学校地处区域决定了学生的行为习惯有待规范与提高。在分析国家课程在此方面不足的基础上，我们以德育专题研究的形式引领德育工作，各年级的班主任申报了德育小专题研究，开发并实施了"雅行课"。

首先，时间制度化。全校各班每周开设一节礼仪课，在思想与品德、班朝队会等课程中适时渗透礼仪教育，将《雅行册——校园礼仪篇》作为学校特色德育校本教材进行研究与开发。

其次，活动制度化。我们梳理在各班学生和老师中收集到的对礼仪教育内容的意见，制定"博雅校园礼仪教育分级目标"，并根据各年级学生年龄特征组织"校园礼仪"主题活动。

最后，研究制度化。各教师课题组学习相关文章，进行讨论、交流，及时分析活动的有效性，进一步改进德育工作方式。每月在学生中开展礼仪之星评比，并且将研究的成果资料进行梳理，整理成为校本教材《雅行册——校园礼仪篇》。

在此基础上，我们正在进行"雅行册——家庭礼仪篇"、"雅行册——公共礼仪篇"的课程开发和实施。

2. 课程保障机制的建立

（1）课程管理

在课程管理上，我们立足细节，实施精细管理。在总结一期工作的基础上，提出改进措施，对下期工作进行策划；在实施规划的过程中就在不断地思考，提出新的发展规划。同时，将学校的办学理念预设到部门每周工作计划中，保证了管理的有序性和针对性。对于每天生成的工作以工作日志的形式进行记录，每周五对一周工作进行反思总结，力求在下周工作中改进。在这样的管理之下采用人文激励，逐步达成教师的自主化管理。在早读、课间休息、午休、清洁巡视等常规管理中，教师有目的地引导学生实现自主管理，为学生创造亲切、自由、和谐的教育环境，培养学生自我管理、协作能力以及团结协作的团队精神。

（2）课程评价

在课程评价上，我们以建立促进教师专业发展的评价体系为基础。在市级课题"发展性教师评价模式研究"的基础上，为更好地发挥评价对教师的激励和导向的功能，给教师搭建自我发展的平台，营造让教师主动成长的氛围，学校构建"博雅星级教师"评价体系，设立礼仪、教学、科研和教育四颗星，鼓励教师根据自身实际情况确立争星目标，参与"博雅星级教师"的竞争。

（3）师资培训

在师资培训上，学校制定适应性、提高性、拓展性课程，有针对性、有序地推动教师队伍发展，从而保障课程的顺利实施。为提高新教师对工作意义和价值的认识，使新教师尽快掌握学校日常教育教学工作的一些基本方法，实现"新教师入职零缺陷"管理，学校进行了教学工作九个第一次、德育工作七个第一次的适应性课程培训；为培养有一定工作经验教师的教育创新思维能力、学科知识拓展能力、信息技术运用能力和教育科学研究能力，发挥教师的主体作用，变学校管理为教师自我管理，学校开发了提高性教师培训课程；为培养"博雅星级教师"服务，激发教师全面提升素质，满足教师自身可持续发展的需要，学校为教师开办了心理团队辅导、礼仪培训、读书论坛、舞蹈、健美操、声乐等拓展性培训课程。

三、办学传统：勤于求实，尚新达雅

在学校的发展历程中，我们不仅树立了学校的新形象，探索了符合娇子学子发展需求的课程群和课堂教学新途径，而且还塑造和培育了具有娇子特色的学校文化。在这一过程中，属于娇子的一些传统也逐步清晰和明了。无论是学校管理团队、教师队伍，还是学生群体，都在用自己的行动诠释着这一传统，同时，也在用这种传统影响着周围的人。

（一）勤奋

从字面意义上理解，勤奋与懈怠、怠慢、懒散相反，是指坚持不懈、积极、努力地做事。可以看出，勤奋不仅意味着一种积极、主动的态度，还蕴含一种坚持不懈的精神。然而，具体来说，角度不同，勤奋的意义也有所不同。第一，对作为组织的学校而言，勤奋即指需要依靠全体师生共同营造的一种氛围、一种风气。第二，对作为个体的教师来说，勤奋是教师获得专业发展、学生获取知识所必须具备的一种品质。第三，从持续时

间方面来说，勤奋不是暂时的或者断断续续的，而是一种持续不断的状态。第四，就意愿方面来说，勤奋是个人或团体因为某种目标而自发、主动地表现出的一种积极、主动、进取的态度，而非被动消极的。第五，勤奋是一种精神，它不仅仅表现在行动上，而且是行动背后的意志品质。

作为学校的一种氛围、风气，勤奋的传统体现在每一个娇子人身上。就教师来说，踏踏实实做好每一件事的态度、持续不断的探索、积极进取的精神都是娇子人勤奋的写照。就学生群体来说，一件件的作品、一个个报告、一个个埋头读书的背影都是他们勤奋的体现。

从观念层面来说，勤奋是全校师生共同认同的一种观念，勤奋不仅是学校发展的前提，也是促进学生发展和进步的学习品质；从行为层面来说，勤奋根植于每一个体的行为之中，踏踏实实地做事，认认真真地思考，坚持不懈地多方寻求问题的解决之道；从结果方面来说，丰富的成果和逐步扩大社会影响力均是勤奋给我们的回馈。这些在校本课程"蜀蚕吐绣"的开发中体现得淋漓尽致。

【案例】关于"蜀蚕吐绣"的故事①

我是一名科学老师，引领孩子们在动物、植物、大自然、科学小实验的神奇世界中尽情遨游，充满了幸福与快乐。尤其是每年的阳春三月，都要带领三年级的孩子们养蚕，了解小动物的一生。看着蚕宝宝一次次蜕皮，变白变胖，孩子们的成就感、自豪感荡漾在每张小脸儿上……

孩子们对"蚕"异乎寻常的兴趣既让我激动又令我为难：想给孩子们拓展，满足他们的渴望，可限于自身素质而爱莫能助。这样的问题年年困惑着我：仅仅只让孩子们观察蚕的成长历程吗？孩子们又能透过养蚕了解哪些经典诗文？自己的劳动成果——蚕茧该如何利用？

作为老师，不能满足孩子对知识的需求是多么痛苦啊！请求外援！在一次教研活动中，我把烦恼一股脑儿都说了出来。一位老师说："你可以请语文老师教学生写养蚕日记。"另一位老师说："还可以让信息技术老师教学生在网上收集蚕的资料、制作电子小报。"美术老师自告奋勇地说："我们可以尝试在蚕茧上画

---

① 本文作者：娇子小学科学老师周乐佳。

脸谱。"

我把这个想法告诉学校管理团队，得到了大家的一致认同。在其他学科中融入蚕桑文化的元素，既可以满足孩子们的求知欲，发展多方面能力，又可以整合资源，实现国家课程校本化。

于是，在学校的组织下，各年级、多学科老师聚在一起，挖掘语文、数学、美术、音乐、信息技术、综合实践等学科课程中的蚕文化资源，组建了"蜀蚕吐绣"校本课程研修共同体。

俗话说"说者容易，做者难"。不能专门增加课时，共同体如何运作？如何开展研究？在老师们一次次的思维碰撞中，我们有了主意：组建社团。科学、美术、音乐、语文、信息技术学科的老师们向全校孩子发出了社团招募邀请，每周五下午，丰富的社团活动开展得如火如荼：蜀绣、蚕宝宝创意画、养蚕、蚕茧工艺品制作、电子小报制作、观察日记写作……

每月一次的共同体聚会，我们交流、碰撞，教学能力提高了，对跨学科教学的方式也逐渐了解，有时还能够越界，为其他学科的教学提供一些合理的建议。

随着社团的开展，越来越多的孩子选择加入。

我们一起梳理科学、语文、美术、音乐、信息技术、综合实践等学科的教学目标和教学内容，决定将各学科教学内容与"蜀蚕吐绣"课程内容进行整合，把社团活动变成校本课程，引入学校课程的主渠道。在此过程中，不同学科老师从最初的"各自为政"逐渐融合成具有相同目标的群体，共同承担开发、建设校本课程的重任。

语文课堂出现了这样一幕：这节作文课是要写"可爱的小生灵"，你们想写什么？"蚕！""蚕！""蚕！"……孩子们争先恐后地说。"蜀蚕吐绣"就这样走进了语文课堂，孩子们把观察主角确定为"蚕宝宝"，用真情实感写出了一篇篇美文。

随后，"蜀蚕吐绣"相继走进了美术课堂、信息技术课堂、音乐课堂。

每次回顾"蜀蚕吐绣"校本课程三年来的发展之路，就仿佛是一个母亲呵护自己孩子慢慢长大的过程。"蜀蚕吐绣"校本课程在我们的困惑中诞生、生根发芽，又在我们新的困惑中繁衍出了"丝绸之路"的寻访，并继续华美的前行。

如今的"蜀蚕吐绣"已经成为娇子小学一张闪亮的名片，在校园内，每一个孩子都参与到课程的学习和实践活动之中，在市、区范围内也产生了不凡的影响。

（二）平实

平实，即平稳踏实、平淡实在。在娇子小学的传统中，首先，平实是一种平淡而充实的生活态度，是一种能让一项项平凡与朴实的工作具有不平凡意义的追求，在这样的追求里，没有浮华的喧嚣，只是心平气和、循序渐进、孜孜不倦的持续行动。其次，平实是一种风格，在这种风格里，没有一朝得志的沾沾自喜，只有"到了，到这里的"淡定从容；从来就不曾通过口号呐喊来宣扬自己的目标与决心，也不过度张扬地显示自己的辉煌成就，只是默默地用行动演绎着属于自己的故事，只是悄悄地将所有都交给时间去沉淀，静静地等待发现。最后，平实是一种氛围与心境，不仅是学校所有师生追求的一种类似"不以物喜、不以己悲"的心境，更是我们努力营造的一种氛围，更是期望尝试能影响更多的人。我们始终相信，在教育的情境中，轰轰烈烈、大张旗鼓的宣言终究有点空洞，贴近生命生活本身才拥有真正的影响力量。形象地说，普雅花就是它的代言，它的故事始终在激励着我们，影响着我们。

【案例】关于普雅花的故事

在南美洲安第斯高原海拔 4000 多米人迹罕至的地方，生长着一种花，名叫普雅花。普雅花的花期仅有两个月，开花之时极为美丽，花谢之时也是整个花株枯萎之时。然而谁能想到，普雅花为时两个月的花期竟然需要等上 100 年！用 100 年的时间等待一次花开，等待一次两个月的美丽，值得吗？也许坚定、执着的普雅花从来不曾思考过这个问题。它只是静静地伫立在高原上，默默地用叶儿采集阳光的温暖和芬芳，默默地用根儿汲取大地的养料，默默地努力营造自己的花事，默默地等待了 100 年，只是为了用 100 年一次的花开来证明生命的美丽和价值。

这就是普雅花的故事。100 年的等待不过为一次优雅极致的盛放。也许花开的美丽永远都不会有人欣赏。信念很简单，张扬也好，独特也罢！短短的花期之后生命终归于平淡。抛开尘世的繁华，普雅花三万多个日夜的坚持与执着完成了对生命最好的祭奠。

普雅花寂寞地生长，悄悄地绽放，带给了我们震撼与启迪。默默地生存，即便开出灿烂的花朵也不为人知不为人见，静静地走完自己静美的一生！摇曳着百年一次的美丽，用一生去换取一次的开放。或许它们只是在丰盈自己的一生，并不是为了灿烂世人的眼睛。它的等待是一种信念，是一种坚持，由此我们想到了学校，学校的发展其实也需要像普雅花一般有一种信念和坚守。普雅花攒足了百年的颜色，在一个世纪的期待后，以坚挺、庄严的姿势绽放出它的惊天一色。我们也希望在坚守中，也能在娇子小学发展历程中留下我们的足迹。在一个个目标实现的过程中，走向我们的理想——践行博雅教育理念。

（三）立新

作为娇子小学传统的"立新"，在不同的时期有着不同的内涵：在建校初期，我们集中致力于确立新规范，力争新突破；在探索学校特色发展的道路上，我们勇于开创新的方式，并从中摸索新的思路；在追求整体优化发展的过程中，我们大胆进行改革尝试。

1. 确立新规范，力争新突破

依据学校教师队伍中素质差异大、凝聚力不强、内驱力不足等突出问题，学校以此为突破点，通过课题研究引领的方式，在深入反思成因的基础上，从多方予以突破。一是重新构建推动教师专业发展的发展性教师评价模式——"三四五"模式；二是建立各项工作制度，规范行为，我们先后建立了教学反思制度、教师专业发展的个别指导制度、教师成长档案袋制度、多方参与共同协调的教学反馈制度等基本规范制度；三是鼓励教师自发地组建团队，围绕学校重点工作申请项目；四是建立教师发展的三段模式，对处于不同时期的教师进行相应的培训和指导。

2. 开创新方式，探索新思路

虽然娇子小学是一所新的学校，但是我们勇于开创新的实践方式，并从中探索新的实践思路。为建设和谐的家校关系，学校在 2002 年首开先河，创办了第一个校级家长沙龙，引起了教育界及多家媒体的关注。沙龙内摆放有家庭教育方面的书籍、学校特色活动介绍和学生综合实践活动的资料，还有家教展示栏，介绍学习型家庭，推广成功的家教经验。它的创办为家长提供了学习交流的场所，改变了以前"秧田式"、"倾听式"的单一家长会形式，给家长和教师提供了一种自由交流的形式，营造了一种平等交流的氛围。2007 年，学校在锦江区率先进行了学校三年发展规划的制定。随后，进行学校的顶层设计，并率先开始了课程群的建设以及课堂教学创新。

3. 发现新思维，尝试新改革

回顾已经走过的实践之路，我们逐步清晰了博雅教育理念下的核心实践思路——整合。第一，整合是教育的价值取向，主要追求学生的整体发展与综合发展；第二，整合又是一种教育思想，其核心是学校的系统设计与整体优化；第三，整合还是一种实践方式，其关键是实现以下三个方面的整合：其一是办学目标与教育理念的整合，即用博雅教育理念统摄学校办学目标与课程目标，使课程成为落实学校办学理念的重要途径和主要表现，直接指向学生的未来发展方向；其二是校内资源与校外资源的整合，以此促进课程实施共同体的建设，为学生提供更加丰富的课程资源，直接指向学生跨学科综合实践能力的培养；其三是三级课程的整合，即在课程内容上强调国家课程、地方课程与校本课程的整合，使其在整体优化的基础上产生聚集效应；其四是学科教学的整合，即实现学科内和学科间目标与内容的整合，并指向学生综合学习能力的发展。

（四）雅致

雅致，意为优雅与精致、清雅与别致、雅正与精细。"雅致"不仅是学校管理团队的追求风格，还是学校教师队伍的气质，更是对学生群体素质和校园环境营造的一种期待。具体来说，它集中体现在以下几个方面。

1. 优雅的校园环境

当我们走进娇子校园，能尽情欣赏莺飞草长、杂花生树的自然风情，文雅、清秀的卡通形象波波和丫丫在大门口就在向你招手，他们出现在校园的每一个角落，嬉闹时他们提醒孩子注意安全，文明休息；上下楼梯时他们提醒孩子轻走靠右，不要追逐；如厕时他们提醒孩子爱护卫生，节约用水；走在走廊上他们用经典名句感染孩子的一言一行；阅读时他们提醒孩子做一个文雅的阅读者……波波和丫丫贯穿于我们整个德育活动，以可爱、直观的动作展示着每一个娇子娃娃博学多才、文明高雅的气质。

那一块块源于学生心田的文明标语牌，在绿草间渗出诗意；在这里，你能看到五颜六色的旗帜在风中飘舞，不禁让人想起"赤橙黄绿青蓝紫，谁持彩练当空舞"的诗句，那些都是各个班级的班旗，孩子们根据自己中队的名称和特点，用手中的彩笔在旗帜上绘上美丽的图案。除了班旗，孩子们还为自己的班级选择了班歌，每个星期的朝会时间，是孩子们最期待的日子，因为在那一天，表现最突出的班级可以在班歌声中升起自己的班旗，望着徐徐上升的班旗，那是一个多么值得骄傲的时刻！在这里，你能领略到书香四溢的文化之美，这里有"博雅书吧"，有"博雅驿站"，孩子们读书的身姿在阳光下成了一幅美丽的剪影。看，走廊上悬挂着博雅吊牌，《三字经》《尚书》《礼记》《论语》中充满智慧和哲理的语言让孩子们在潜移默化中学会如何做人，怎么学习，怎样与人相处。校园里最引人注目的当属"祥瑞壁"了，上面挂满了老师和孩子们的手工作品——中国结。在学校开设的博雅校本课程中，孩子们特别喜欢美术、音乐和体育这三门课程。美术课中特设了传统工艺课程，比如像编织、雕刻、剪纸等，学生们常常沉醉其中，爱不释手。

拾级而上，我们走进一间间教室。"老师您好！""老师好！"迎面走来的孩子们彬彬有礼、温文尔雅，展示着娇子小学学生特有的灵气和风采。每一间教室窗明几净，富有特色，它们都有属于自己的名字：诚信中队、儒智中队、博雅中队……水粉画的黑板报色彩艳丽，内容丰富，是孩子们增长知识、锻炼能力的又一个小世界。

"春眠不觉晓，处处闻啼鸟。"闻声寻去，在音乐教室里我们看到了正在吟唱的孩子们。他们是学校"唱诗班"的成员，说起学校的唱诗班由来已久，自从学校提出了博雅教育理念后，各学科的老师们就开始群策群力，编写自己本学科的特色教材，开展特色活动。音乐组的老师们提出了在每个班建立唱诗小队的建议，把历代传世诗歌用唱的形式加以学习和传承。唱诗小队组建成立了，可教材从哪儿来呢？正在大家为此一筹莫展的时候，岳飞将军的第二十六代孙岳朝亮先生从媒体上了解到学校的博雅教育理念后，免费为我们提供了他为小学课程中古诗词所谱的曲子。今年的六一儿童节，学校开展了各年级唱诗活动，比如《满江红》《游子吟》《茅屋为秋风所破歌》……还有众多歌咏祖国大好河山的绝句，使学生对祖国的眷恋和自豪感油然而生。

音乐和美术都有了自己的特色，那么体育的特色在哪儿呢？那就是太极！每周三的课间操，学生们都会在操场上打太极拳。他们或"立如秤准，活似车轮"，或"蓄劲如开弓，发劲如放箭"。我们的孩子也许现在仅仅只是在招式上像样了，但古人常说"拳打万遍，其义自现"。孩子们从小学习打太极拳，在经历了强身健体、充沛精力的阶段之后，会渐至圆转如意、从容不迫、挥洒自如的境界。其精妙之处，也正是在勤学苦练中得以体味，一层深一层，练习日久，自然感觉神舒体静。

每当清晨，阵阵清脆悦耳的诗文诵读声传出教室，这就是我们娇子小学独特的晨读风景。学校自开展"博雅诵读"活动以来，老师们采取从浅入深、由易到难的原则，选择适合不同年段学生诵读的诗词。从《三字经》中的"人之初，性本善"到《论语》中的"三人行，必有我师焉"，从杜甫的"随风潜入夜，润物细无声"到苏东坡的"不识庐山真面目，只缘身在此山中"，孩子们畅游在中华经典的海洋里，吟唱着，诵读着，品味着，成为校园一道独特的风景线。

在家长沟通方面，学校突破传统的"秧田式"、"倾听式"的单一交流方式，通过创办"家长沙龙"，为教师和家长的交流提供一个平台；通过环境布置，给教师和家长的交流营造了一种轻松自在的氛围；教师和家长通过提供资料和相关资讯，提高了家校沟通的效率。

2. 精致的师资队伍

为了培养一支博学多才的教师队伍，学校启动了"三大工程"，即师表工程、教育科研工程和校本研训工程。一是师表工程。学校组织教师学习《教师职业道德规范》，不断提高教师的人格修养，使教师们以高雅的形象影响每一位学生，促进了文雅学生群体的形成，并以积极向上的精神风貌在家长中、社会上传播着娇子人的精神文化。二是教育科研工程。2003 年在两校合并后，我们对影响老师成长的因素进行了初步的分析，在进行了科学的分析、论证后，学校与锦江区教师进修学校、盐道街小学东区（原莲新小学）共同申报成都市"十五"课题"发展性教师评价模式研究"，并获准立项。三是校本研训工程。它分为校本教研和校本培训两部分。在校本教研方面，我们认为它是对教师以分析教材、了解学生以及研究教材教法、学法为主体内容，以集体备课、说课、动态上课、评课、议课、诊课活动为载体，旨在实现课堂教学优化的系列教研活动的培训。在此基础上，我们构建了研究共同体的有效机制——对话。

（1）教师与文本的对话

与文本对话，要求教师首先应该深研教材，将单纯地阅读教材变成解读教材、重构教材，使之成为提升自己专业能力的必要过程。在语文组的教研活动中，我们拓展了与文本对话的主体，将过去一对一的对话形式演变成多对一的形式，所有教师共同解读一些文本，丰富了对话内容的外延和内涵。

（2）教师与教师的对话

学校一直在进行"发展性教师评价"课题研究，建立旨在促进教师专业成长的评价制度，包括对教师个人评价的"教师成长档案袋"制度和以校本教研为载体评价教师参与备课组、教研组的"动态说课"制度。

（3）教师与专家的对话

在校本教研中，专家的参与起着重要的专业引领作用。在学校的日常教研活动中，我们邀请专家和教研员参与到教师们前期的理论学习、集体交流，中期的听课、评课以及后期的总结反思中来，共同进行分析探讨。其中不乏有许多宝贵的意见和建议，也有善意的争论和分歧，彼此不分校内校外，是教研员、专家还是教师，大家敞开心扉，每个人都能充分陈述自己的观点和见解，都将对方视为知识的源泉。在活动中，教研员和专家并不是作为理论的传授者，将教师作为接纳的容器，在活动一开始就对问题进行定向、定性的分析，而是尊重教师的经验、见识和才智，以平等的态度参与共同研究，和教师们一起，相互倾听，知无不言，言无不尽，充满着浓厚的学术民主气氛。

3. 高雅的品味培育

在校本培训方面，学校自从提出"塑博雅型教师队伍"以来，我们不仅关注教师的专业化成长，更将焦点放在了教师品位提升上来。在开展"书香满校园"活动的过程中，读书已成为学生和老师们的一种习惯。

学校开辟了"博雅书吧"，为教师们提供了一方读书的净土。各教研组更是以文会友，在各种研讨活动中加强以读为本、以说为主的读书交流。教科室还将教师们的读书心得编辑成册，收入我们自己的集子《沐浴书香》。读书，正在成为娇子小学的一种习惯，并最终成为一种传统得以传承。读书活动同时也体现了娇子小学"雅化"管理的价值观。

除了读书，学校还注重丰富教师业余文化生活，开拓教师文化视野。学校由教科室负责，将每周星期五下午 4：00 — 5：00 定为教师博雅特色培训时间。教科室挖掘本校教师资源，安排有健美操、太极、武术、编结、剪纸、手工制作、国画、书法等特长的老师授课。

老师们追求"博雅"的过程，就是在追求一种人性中的真、善、美。"桃李不言，下自成蹊"，我们的教师在不断完善自己、雕琢自己生命的同时，也在无意中把这种生命不息、追求不止的精神传给了我们的学生。

4. 精细的管理

美国管理学家德鲁克认为，管理不只是一门学问，还应是一种文化，它有自己的价值观、信仰、工具和语言。我们的管理文化是一种"雅"文化。我们知道管理的"雅"能够促进校园环境的优雅、领导班子的清雅、教师队伍的儒雅、学生群体的文雅。管理的"雅"能使优雅的校园更加和谐，教学更加精彩，管理品质得以提升。为此，我们提出一种注重"雅化"管理的制度文化建设策略。

"雅化"管理首先体现为领导团队文化。我们以制度文化建设促进领导团队文化建设，树立领导团队"细节决定成败，态度决定一切"的雅化管理意识，努力建设一支"一身正气，胸襟坦荡，身正为范，情趣高雅"的领导团队。

"雅化"管理追求一种精致、精细的制度文化。学校努力健全制度文化，坚持以"博雅"为原则，以制度为准绳，制定《娇子小学教师评价制度》，根据我们对教师评价模式的理解，在开展"发展性教师评价模式研究"课题的研究过程中建构了发展性教师评价的"三三六"模式。在此主要介绍"六个评价主体"对评价者的评价，即学校管理者、校外专家、教师同行、教师自我、学生、家长。

在评价的过程中，面谈和教师成长档案袋的建立成了两大亮点：面谈是学校行政对教师进行评价的有效形式。通过实践，学校建立了面谈的三个层次：评价者与被评价者的每月面谈；教科室与被评价者的总结性面谈；校长与被评价者的促进性面谈。三个层次的面谈可以帮助管理者了解教师工作成就和才干，感受他们辛勤的劳动，及时发现问题、解决问题，促进教师专业化发展，从而提高学校的办学效益。目前，面谈内容包括教师个人职业生涯规划、教师的教学实践和表现、教师参与课题研究情况。

另外，我们还制定了《娇子小学博雅办公室制度》，办公室的布置清新、雅致，符合学校博雅教育关于校园文化建设的要求。《娇子小学博雅教师制度》规定教师要注意仪容仪表，服饰打扮要庄重大方，保持良好风度，举止言谈要大方得体；《娇子小学博雅教研制度》规定每月要有一次围绕"博雅"活动开展的研讨活动。总之，种种制度促进了"博学多才，文明高雅"为特色的博雅校园文化建设顺利进行。

"雅化"管理追求一种民主、平等的人本管理。作为学校的管理者，我们把学校内的所有成员看作平等的工作伙伴，不但从思想意识上认识到管理是一种服务、一种沟通、一种挖掘、一种创新，而且在行动中与老师们打成一片，通过组织各种活动，促进全校干部和教师的沟通和交流；同时，通过经常性的干群谈话，融洽干部与教师的关系，畅通行政渠道，使每一位教师对学校产生归属感，真正把学校当成一个大家庭。

"雅化"管理更是一种"上善若水，厚德载物"的绿色心态文化。老子说："上善若水，水善利万物而不争，处众人之所恶，故几于道。"（《道德经》）这里实际说的是做人的方法，即做人应如水，水滋润万物，但从不与万物争高下，这样的品格才最接近道。而当今社会上浮躁之风盛行，功利之心蔓延，在这样一种大环境下，在有文化的校园这一片土壤，也难免会沾染这样一种风气。我们定期组织学习、领悟"八荣八耻"，倡导用一种绿色的心态对待工作中的人、事、物，多研究物，少研究人，保持一种健康的、绿色的心态，让快乐成为一种习惯。

四、办学特色及成效：正在崛起的新星

经过多年的默默耕耘和坚持不懈的踏实前行，娇子小学的特色越发凸显，成效也越发显著，集中体现在以下几个方面：博雅教育的实践诠释、"1＋X"课程群的构建、生长课堂样态的形成、体悟式德育的实施以及"少年之君子"的塑造。也正是因为上述特色的逐步显现，我们不仅越发受到关注，而且也在影响着周围的居民，启发着前来交流的同行们。

（一）博雅之教育

1. 优雅校园文化的营造

要落实博雅教育，首先，要营造一个雅致的校园文化环境。为此，学校积极营造人文景观，发挥育人功效，建设科学精神与人文素质相统一的特色校园文化。对于可塑性大、正处于世界观和人生观形成时期的儿童来说，优美的校园文化是他们健康成长、成才的摇篮和沃土。走进娇子小学，一幢灰白相间的教学楼清新雅致，与周围的葱郁相映成趣。尤为可贵的是，在学校里，走到哪儿，都看不到一片纸屑；走到哪儿，都能听到学生们真诚的问候。除此之外，整个校园充满了雅致气氛——"国粹脸谱"、"民间剪纸"、"小憩书袋"、"书画长廊"……无不给学生以潜移默化的熏陶，使学生初步感知中华国学之悠长，感悟中华文明之雅趣。

其次，必须要以师立校，充分调动教师的积极性，发挥教师的师表作用，使教师安居乐业，这样，才能为学校营造一个人文与环境和谐统一的美好景象。为此，学校领导十分关心教师的生活，积极创造条件为教师解决工作及生活中的后顾之忧，让他们在心理上有一种安全感和向心力，在行动上乐于为学校服务、为学生服务，从而为实施博雅教育奠定了雄厚的师资基础。

2. 博雅教师队伍的打造

"腹有诗书气自华"，没有一流的教师就没有一流的学校。作为贯彻学校办学理念的生力军，教师首先应该具有广博的学识、高雅的情趣和优雅的气质，给学生以审美示范性。我们的具体做法是，与校本研修相结合，对教师进行多种素质的培养，一是提倡多读经典名著，倡导博学广识；二是提高鉴赏能力，倡导知美习美；三是学习书法绘画，倡导躬身力行；四是研习武学，倡导修身养性。

3. 文雅学生群体的塑造

学校的办学目标是"塑博雅型教育，育少年之君子"，在学生的培养上，我们清醒地认识到养成教育的重要性，倡导在人文精神的熏陶下，通过博雅教育，将知识和心灵的相互作用过程化，树立智力和非智力因素协调发展的教育观念，把做事教育与做人教育有机结合起来，从而不断提高学生的品格。因此，学校根据实际对养成教育做了这样的诠释：第一，以遵守校规校纪为目标的日常行为规范的养成；第二，以中华民族的传统美德和人类进步文化为基本内容的道德品质的培养；第三，以举止文雅为核心的处世规范培养。在学生的培养上，学校将显性（知识的传授）与隐性（潜移默化）教育相结合，将学生的培养与"树人重德"的中华优良传统相结合，力求塑造文雅多才的学生群体。

4. 高雅教学内容的创造

"读史使人明智，读诗使人灵秀，数学使人周密，科学使人深刻，伦理使人庄重，逻辑修辞之学使人善辩，凡有所学，皆成性格。"可见，读书对于培养"秀外慧中"型人才的重要性。当然，"博"并不仅仅局限于读大量的书籍，还在于广泛地涉猎，还在于"于无字句处读书"。为了真正实现"博学多才"，学校将课堂教学与课外教育进行了合理整合，大刀阔斧地进行了校内课程改革。通过第一课堂和第二课堂相结合、耳濡目染和身体力行相结合、校内资源与校外资源相结合，增强学生对诸多文化认识的广度，并转化为自身的内在修养。比如，"博雅教育"课程包括雅言（听）、雅诵（读）、雅持（行）、雅典（观）四个篇章。具体内容包括：听——以第一课堂为主，根据每一个年级学生的智力及心理发展特点，创设校本教材，增设校本课程；读——由教师或教育专家推荐适合小学生阅读的读本；行——举办各类专题欣赏、沙龙、书画苑等；观——学校设立艺术节，与社区相结合，给学生以展示的平台。通过听、读、观、行等教学方式，让学生领略中华优秀传统，博采世界文化精华，从而增强人文底蕴，促进人才培养。

（二）"1＋X"课程群

自 2005 年起，我们在全校范围内进行了学校课程规范的动态调整，逐步推进学校课程规划的优化完善。在实践操作过程中，我们以博雅教育理念为总体依据，历经了"基础课程＋特色课程"的"1＋X"课程群结构建设、"核心＋外围"与"主题＋模块"的"1＋X"课程群结构建设、"基础课程＋拓展课程＋融合课程＋创生课程"的"1＋X"课程群结构建设、"'博闻强识'课程＋'博雅多通'课程＋'大雅宏达'课程"的"1＋X"课程群结构建设四个阶段。在学校管理者与老师们进行的一次又一次协商、实践过程中，学校整体的课程结构越来越清晰。

（三）生长课堂

1. 生长课堂的提出

美国教育家杜威就教育的本质提出了"教育即生长"的基本观念。他认为，"教育是生活所必需"，"生活即教育"；"生活即是发展，不断发展，不断生长即是生活"。从上述两个命题中，杜威推导出"教育及生长"。的确，教育是培育生命的事业，是对生命的浇灌和养护。

作为锦江教育人，我们不懈追求教育的品质，追求品质给孩子们奠定的未来幸福生活的基础，追求品质给孩子们带来的持续生长的能力。学校在"博雅"办学理念下制定的育人目标是："提供雅致的多元的课程、多样的活动，让每一个孩子都自在成长。"为使我们的课堂真正成为有效课堂，能够促进师生的共同生长，促进学生在知识的学习和运用中生长，在成功和挫折中生长，我们坚信教师能教，学生会学，课堂能够体现博雅教育对学生全面发展的追求。为此，我们提出"生长课堂"的理念，通过构建"生长课堂"，促进教师教力、学生学力的提高，打造特长教师，让一部分优秀教师形成自己的教学风格，成为特色教师，更好地服务于学生的成长。

2. 生长课堂的概念

这里的"生长课堂"是指基于学科思想方法，创造性地将课堂教学的各个要素及环节经过相互融合和优化组合，实现知识、智慧、生命的有效整合，促进师生共同生长的课堂。教师为知识而教，为智慧而教，为生命而教；学生为知识而学，为智慧而学，为生命而学。生长就是发展，既有教师的生长，又有学生的生长；既有个体的生长，也有群体的生长；既有能力的生长，也有聚合效应产生的整体性生长。

生长课堂应体现两个创造和四大特征。其中，两个创造有两层含义：其一，用学科整合的方法来提高课堂教学效率；其二，打破只为知识而教的传统教学意识，要为智慧和生命而教。四大特征包括以下四个方面：一是过程性与生成性，即聚焦于学生的学习过程，重视学生的思维过程，并以此为依据调整教学，在此基础上特别关注学生在课堂上所生成的新内容；二是整合性与整体性，整合性意味着注重对教学内容的整合，整体性意味着注重教给学生完整的知识；三是思想性与方法性，即在教材内容研读过程中重视对思想和方法的挖掘和提炼，教学过程中注重对思想的渗透和方法的总结；四是能动性与创造性，即注重学生内在力量的激发，提升学生的兴趣，鼓励学生大胆尝试与创新。

3. 生长课堂的内涵分析

生长课堂的核心在于致力于"促进生长"，这里，生长的主体不仅仅限于学生，还包括教师。生长的对象即是教力和学力。从发展层次上来讲，教力与学力都包括基础性和发展性两个不同的层次。按不同主体的方面来讲，包括学生和教师两个方面：一是学生的学力，包括基础性学力和发展性学力。基础性学力包括基础知识、基本技能、基本习惯。学生的发展性学力包括：学生良好的学习习惯和学习兴趣；学生自主学习能力、收集信息和处理信息的能力；问题解决和实践运用的能力；学生合作意识与探究技能的发展；创新意识与探究能力的发展。其核心在于：培养学生的实践能力和创新意识。二是教师的教力，主要包括基础性教力和发展性教力。基础性教力主要指基本的专业知识和基本的教学技能。发展性教力主要包括：对自己教学实践反思的能力；持续的学习能力；与其他教师分享、合作、交流的能力；对某些环节有突破和创新的能力；形成了自己的教学特点甚至形成教学风格；能准确解读学情的能力。

（四）体悟式德育

在不断摸索和长期的实践中，娇子小学的德育工作不断得到完善，并形成了指向明确、持续作用、相对稳定的德育课程结构。在不断的实践中，我们越来越清晰地认识到"立德树人"是教育的根本任务。立德树人，入心为要。多元的价值观，日新月异的社会，海量信息的包围，让德育面临前所未有的挑战和机遇。然而，我们始终秉承博雅教育理念，以整合为基本思路，以课程为中介，以体验和领悟为核心，对学生实施道德影响。我们不仅将教养与课堂教学整合起来，在"雅行课"和学科教学中渗透德育内容，而且将核心价值观教育与课程活动整合起来，以"主题＋模块"整体推进学校课外活动的实施，在参与、合作、反思、实践四种德育方式中加强学生的德育素养。

2013 年成都市教育局和成都市教科院品格教育项目的出现，让我们找到了回归教育本质的有力途径和体悟式德育的实践方式。它同时也正好成了娇子小学少年君子养成"品质正、气质雅"的载体和改变传统德育教学方式的途径。于是，我们从结构调整入手，用整合的思想、互动的方式，在走向更优的道路上让品格教育与德育课程相互融合。

1. 结构调整

在结构调整方面，我们经历了从目标结构调整到内容结构调整这一过程。首先进行的是目标结构的调整。在德育课程构建之初，我们围绕学校博雅教育理念与"育少年之君子"的人才培养目标，提出了"君子六育"的德育总目标。如何让"君子六育"落地扎根，让所有的德育活动、德育工作能更加集中地指向学生的发展？在进行了生源性分析之后，我们开始梳理、整合品格教育所提出的"24 个品格"，保留了符合办学理念、德育课程目标的品格，增添了"育少年之君子"所必要的品格，经过这样的整合重组，最终提出了 18 个关键词（专注、有序、友善、诚实、感恩、责任、坚持、守时、忠诚、宽容、勤奋、节俭、尊重、勤劳、创新、合作、思辨、实践），让"君子六育"目标落地扎根。在目标层面实现了二者的互动融合。

其次进行的是内容结构的调整。我们在德育课程下增加了品格教育门类，并将品格教育整合进"君子安雅"、"总角启蒙"、"鸿鹄高翔"等课程之中，让德育课程内容与品格教育充分融合互动，为品格教育的实施找到了载体。

2. 整合实施

在实施过程中，我们不仅组建品格教育异质性教师研修共同体，而且还研发了教师、家长实施品格教育时可选择的校本工具《品格教育教师操作指南》和《少年君子品格成长营承诺书》，内容涉及品格目标、学习者分析、教育活动建议等内容，从而为德育的整合实施提供了可操作的指导建议。概括起来，整合实施包括学科整合、学生一日生活整合以及校园环境整合三个维度。

第一步是学科整合。在学校博雅团队文化的作用下，全校 100% 的教师参与，覆盖 100% 的学科教学，让每一位教师参与并在学科教学中实施。这种方式为每一位教师找到了德育工作的落脚点。全校教师全程参与不仅能有效地落实人人都是德育工作者的美好愿望，而且这种来源于每一位教师的共同认知所形成的合力更能有效地触动每一位学生，作用于每一位家长，真正实现学生与家长的全覆盖。

第二步是学生一日生活整合。为每一位学生提供充满期待的校园生活是我们的责任。比如，我们打破原有课程单一时间实施的模式，采用全时空覆盖的形式进行每天早晨的品格游戏推荐、课间的品格游戏挑战、每月的品格节日活动，等等。不仅如此，我们打破空间的限制，将品格教育的实施场所由单一的教室空间转向了多维空间，从课堂延展到学生空间、操场、校外……让品格教育萦绕在学生生活之中，覆盖学生在校一天的时间，让其充分沐浴在品格的氛围之中，形成校园品格的教育场。

第三步是校园环境整合。让校园处处充满品格的气息，覆盖全校校园空间，让每一面墙壁都留下品格教育的痕迹。一走进校园，品格教育的主题内容映入眼前，主席台上本期的主题、一楼品格的宣传栏、每个楼层学生自我探究的品格作品、每个楼道品格的提示语、每个空间品格的游戏区、每间教室品格专栏……校园的每一处每个角落处处有品格的身影。不仅如此，每天的波波丫丫电视台等媒介都在传播着品格教育，学生、家长都沐浴其中。

3. 多形式的教师培训

培训的目的在于更新教师的认知，促进教师教育思想和教学行为的转变。在培训方面，我们为教师搭建了三条路径：一是专家指引。学校为教师搭建市级培训平台，已有 50 人次的教师参与了市级的品格教育培训，聆听了美国专家、市级专家等的培训，让教师深入了解了品格教育的意义，更新了教师的教育行为与方式，为品格教育的实施奠定了基础。二是校本研修。学校开展了三个层面的品格教育校本研修：每月一次的全校品格教育实施培训会，每月一次的年级组品格教育实施专题讨论会，每月一次的教研组品格教育实施讨论会。从三个层面、三个渠道落实品格教育实施的策略方法，让品格教育在娇子小学扎根。三是网络学习。学校为教师提供"品格成长营"市级 QQ 平台和微信公众平台，让教师们利用网络、足不出户随时了解品格教育的动向，吸收他人的经验，为教师在实施中提供了更广阔的操作建议及教育资源。

随着品格教育的实施，我们欣喜地看到学生的行为发生了迁移和改变，曾经凌乱的教室，现在每一件物品都井然有序地摆放着；曾经到处乱扔的衣服，现在有人会主动将它挂好；曾经乱扔的哑铃，现在能整齐摆在那里；曾经看到他人有困难漠然地走过，现在能主动地帮助他人……不仅如此，教师的道德教育观念与行为也在悄然地变化着，每一位教师都有了班主任的意识与责任，每一位教师都能针对学生年龄特点，运用多元的教育手段与方式（如故事、情景表演、学生讨论）来引导学生思考，转变学生的行为。品格教育的实施不仅影响着孩子和老师，还深深地影响每一位家长，潜移默化地转变着家长的家庭教育观念，从关注成绩转向关注成绩背后的行为，从关注孩子转向自身榜样的树立，我们可喜地看到，到校开会时他们会自动地按照专注的要求规范自己，开会时下雨，他们会自觉地将一把把雨伞整齐排列，为校园又增加了一道亮丽的风景！

学生成长了，教师发展了，学校的影响力也随之扩大。两年来，学校先后在锦江区德育现场会和成都市德育现场会上进行了德育课程建设工作交流，承办了成都市品格教育现场培训会，在锦江区艺术体育现场会上全面展示了学校的体育艺术教学成果，每一次的交流都是在帮助学校再次梳理经验，便于我们在实施中进行动态调整。

（五）少年之君子

作为娇子小学培养目标的"少年之君子"是小学毕业生人才规格的概述，这种人才表现在"博"上，是基础厚、能力强；表现在"雅"上，是品质正、气质雅。事实上，"少年之君子"也是一个合格社会公民的儿童阶段样态。具体来说，其核心素养是"四大意识、两大能力"。其中，"四大意识"包括权责意识、参与意识、民主法制意识和公德意识。其中，权责意识包括权利意识和责任意识，前者是指人们对于一切权利以及实现权利的方式的认知、理解和态度，以及当其权利受到损害时，以何种手段维护自身合法的权利。后者指学生能够对自己的选择、行为负责任，以及能够在社会生活中主动承担相应责任的观念与态度。参与意识是指个体具有积极主动地参与集体、社会活动的意识，主动积极地参与集体活动或社会活动的管理与监督。民主法制意识既指个体在参与集体活动或社会活动的过程中对他人及其观点的态度与观念（如平等、尊重），又指个体能积极主动地支持、帮助与促进集体或社会决策的民主性。公德意识是指个体遵守一定社会条件下规范人与人之间在社会公共生活领域交往行为的规则的意识。"两大能力"包括思考能力和行动能力，其中前者主要包括辩证思考的能力、质疑的能力、想象的能力；后者包括沟通、合作、规划、实践、自我调适的能力。

从更为微观的层面来看，"少年之君子"应该达到以下三个方面的目标。一是情感、态度与价值观：学生能够爱亲敬长，爱集体、爱家乡，具有中华民族的归属感和自豪感，尊重不同国家和民族的差异；学生能够珍爱生命，热爱自然，树立保护生态环境的意识；学生具有规则意识，逐步树立民主法制观念，崇尚公平与公正；学生喜欢动手动脑，乐于想象与创造；学生勇于承担责任，懂得感恩与回报，成为一个有责任心的人。二是过程与方法：学生逐步养成良好的生活习惯和文明的行为习惯；带领学生开展劳技活动，提升学生自我服务的能力，使其感受参与公益活动的过程，体验集体生活的快乐；学生体验提出问题、探究和解决问题的过程，学会几种简单的调查研究方法并尝试应用。三是知识与技能：学生初步了解生活中的自然、地理和社会常识；初步具有参与社会实践活动的能力；学会自我规划，具有逐步实现目标的行动能力；学会从不同的角度提出见解，逐步形成独立思考和质疑的能力；掌握自身生活必需的基本知识和技能，遇到危险时能够自我保护；学会与同伴友好交往、合作的基本方法。

第二章

学校发展的顶层定位

着眼于学生的成长和学校的发展，娇子小学在挖掘学校传统优势和凝练课程文化特质的基础上，基于对历史和文化的传承，学校对"博雅"办学理念进行了更加深入的诠释。在追求品质课程的过程中，学校在区域内已逐渐具有一定的美誉度和知名度。为了让学校在原有基础上有可持续、跨越式的发展，我们制定了2007—2010年、2011—2013年、2014—2017年学校三年发展规划。在制定过程中，我们采取了全员参与、自下而上与自上而下相结合的方式，在三轮规划制定与实施中逐渐明晰了学校的顶层定位。

一、发展愿景

学校发展愿景是学校对未来理想和长远战略目标所描绘的纲领性蓝图，是学校的发展目标，也是全体师生的共同愿望。

《现代汉语词典》将"愿景"解释为"所向往的前景"。"愿景"与"远景"的区别在于："远景"是关于未来的蓝图和目标，是可以实现的；而"愿景"强调的是人们内心的向往与憧憬，其力量源于可实现而又不可实现的模糊状态，它是宏伟的，又是激动人心的，是一个预见未来的美景，这个美景给人以动力，给人以奋进。

"学校愿景是一个特有的、全体教职工对未来希冀的共同景象，它创造了众人一体的感觉，并使这个感觉遍布于学校的各类活动中，从而使整个学校的各项工作、各项活动融汇起来。它有三个基本要素：大家愿意看到的（期望的）、大家愿意为之努力的（主动的）、通过努力可以一步一步接近的（可接近的）。"（王玲，2005）因此，要实现学校高效、健康、持续地发展，必须形成学校的发展愿景。学校只有拥有了明确的发展愿景，其发展才能拥有内在的灵魂，发展的方向和路径才能更加清晰。

朱永新（2004）先生在《朱永新教育文集》中构建了当今社会条件下学校发展的总愿景："理想的学校，应该是一所有特色的学校，应该是一所有品位的学校，应该有一个富有人格魅力、有远大理想的校长；理想的学校，应该有一支创新型、有活力的教师队伍；理想的学校，应该有一批善于探索、具有良好习惯的学生；理想的学校，应该有一个面向全体学生的校本课程体系，应该有永远对学生开放的图书馆和计算机房。"

（一）学校发展愿景的勾画

2012年，娇子小学被评为成都市首批新优质学校，拥有了更加宽广的发展平台；同年，学校搬入设施一流的新校址，为学生创造了更为优质、优雅、人本的教育条件。

近年来，学校课程建设在成都市已具有较高的知名度，形成了较为清晰的课程框架和丰富的课程序列活动，教师已初具开发和实施课程的能力。以上成绩的取得，源于我们明确了学校的发展愿景。

办学目标：运用整合的理念、思想、方法把娇子小学建设成成都市知名度高、拥有一定社会影响力的品牌学校。

发展目标：娇子小学的博雅教育理念是以儿童为中心展开的，追求的是儿童行为上的规范、思维上的开放与创新。博雅教育是以儿童和教师为中心的教育，是关注儿童成长、教师发展的教育。具体包括以下三个方面：一是着眼于对学生身心健康的深度关注，在新学校的校园文化中体现对学生的人文关怀；二是着眼于学校育人目标的聚焦，进行课程再规划，聚焦"1＋X"课程群中各项课程对学生的培养指向，形成具体的学科课程纲要，指导课程深入推进；三是着眼于每位学生综合素养的提升、个性发展的需要以及教师队伍的整体提升，建立一支能够支撑学校特色发展和课程教学创新的教师队伍。

（二）实现发展愿景的探索

在这条探索道路上，我们通过构建以"博雅"为核心的个性化文化，全面提升师生的人文素养。我们将个性化管理文化贯穿于教育教学管理全过程，将服务渗透于管理各环节，积极发现每个人身上的真、善、美、乐因子，从而激发教师的科学思维和进取精神。不断提高他们的思想道德、文化修养、创新能力、服务质量和专业能力，从而成就学生、成就教师、成就学校。具体包括以下三个方面。

1. 学生个性化——塑造"坚韧雅正"的完美人格

娇子小学多年来形成的深厚人文积淀，深深地熔铸在学校的生命力、创造力和凝聚力中，为学生提供了强有力的精神支柱。学校坚持以真、善、美、乐为教育理念，充分发挥"博雅文化"精髓（教育的真谛是让每个人每天都享受教育的快乐，感恩亲人、社会、自然，塑造完美人格的自我）的导向和激励功能，通过学风、校风的建设，以及校训、校规、文明公约行为规范的落实等一系列文明创建活动，加强学生的健康人格、社会规范、政治文明的教育，使学生养成"坚韧雅正"的完美人格，努力把学生塑造成具有探索精神和创新精神的个性化人才。

2. 教师个性化——传承博雅文化精髓

教师是博雅教育理念的主要传播者，是博雅教育的组织者和实施者，在引导学生成才方面有重要的导向作用，教师队伍建设更是关系到学校的教育与发展。学校鼓励教师锐意进取，大胆改革创新，把教育学生当作自己毕生的崇高事业，把投身教育作为自觉行动，以耐心、爱心、全心对待学生。学校积极为教师争取机会、创设条件，鼓励他们参加各种业务学习、进修、教研活动，承担各级公开课、展示课。通过"师徒结对"和抓校本教研，内化学校文化，培养了一批有影响的名师，逐步建立一支创新型、研究型、学者型的个性化名师队伍。

3. 学校个性化——绽放"博雅教育"光彩

学校充分利用已有的文化资源优势，在创建优质教育的同时打造特色学校，使办学体制更具生命力。学校调动集体智慧去实践学校的办学理念和办学目标，围绕学校发展的总体目标，在建设高素质的教师队伍上下功夫，在优化教学教育管理上做文章。通过构筑发展愿景，激发全校师生对学校未来发展的憧憬，增强全体师生的自豪感、责任感和使命感。教师拟订自身专业发展计划，学生确定成材目标，把学校的发展、教师的专业成长和学生的成材结合起来，逐步形成学校的办学特色，打造"博雅教育"品牌，形成广泛的社会影响力。

二、培养目标

（一）教育目的对培养目标的规定性

教育目的对小学培养目标的规定性决定了小学生的最终角色，应该具备怎样的素质。结合教育理念、办学理念，我们应生成适合学校校情、学情的培养目标，然后再确定具体的培养目标。

就小学阶段来说，旨在发展学生的基本表达能力和基本技能。其具体培养目标包括以下方面：一是在重点学科方面培养学生的知识、技能和能力，促进他们的生活质量和对社会的贡献。二是培养学生了解国内外的社会环境和自然环境。三是帮助学生懂得国家的历史和历史上出现的重要人物、重大事件。四是增强学生对世界各国文化的了解和对本国文化的了解，培养具有本国社会民主制度知识的公民。五是通过说、听、阅读、书写、拼写和写作等各种手段进行交流和表达技能的培养。六是训练学生的思考能力、运算能力、演绎能力和解决问题的能力。七是加强对学生的有效交往和沟通能力的培养。八是使学生具有良好的品德，严格要求自己，增强自信心和自尊心。九是懂得和体会公民的责任义务。十是学会尊重他人，遵守规章制度，善于与人合作。十一是能感受、欣赏和创造多种美的形式。十二是形成良好的心理素质和健康的体魄。

（二）"君子"来源与内涵

1. 关于"君子"的来源和内涵

"君子"一词，出现于先秦典籍。《易经》《诗经》《尚书》广泛使用"君子"一词。然而，对"君子"一词的具体说明，则始于孔子。

在孔子之前，"'君子'一语主要是从政治角度进行立论的，君子的主要含义是'君'。'君'，从尹，从口。'尹'表示治事；'口'，表示发布命令。合起来的意思是：发号施令，治理国家。"（罗安宪，2009）到孔子时代，"君子"一词开始具有道德品质的属性。"君子"一词的含义也由最初的有位之人，演变为具有理想人格之人。

从广义的角度来说，"君子"是一个泛称。事实上，"君子"一词的含义相当丰富，有以下具体的含义：一是对有才德的人的称谓，如"博闻强识而让，敦善行而不怠，谓之君子"（《礼记·孝经》）；二是对在位的人的称谓；三是竹、莲花、菊花的别名；四是指梅、兰、竹、菊四君子；五是妻子对丈夫的称谓，如"未见君子，忧心忡忡"（《诗经·召南·草虫》）；六是对先人的尊称；七是指男子，"关关雎鸠，在河之洲，窈窕淑女，君子好逑"（《诗经》）；八是指上位者，如，"无君子莫治野人，无野人莫养君子"（《孟子》）；九是对好学者的统称，如"君子食无求饱，居无求安；敏于事而慎于言，就有道而正焉，可谓好学也已矣"（《论语》）。可以看出，君子的含义大致分为两类：一类是指特定对象或者对特定对象的称谓；另一类是指一定人格品性的理想形象，例如，君子以行仁、行义为己任等是君子所应具备的品格。总之，君子重在德行之真，与绅士不同，且有其自身的人格内涵，又非一般泛称的知识分子群体所能及，因而，当今君子多指在人格和品性上较完美之人。

2. 君子修养

（1）言行要求

在有关"君子"的论述中，既有从正面提出对君子言行举止的要求，又有从反面强调君子言行禁忌的事项。其中，前者主要是指"君子九思"，后者则主要是指"君子四不"，同时也是对前者的具体强调。

孔子曰："君子有九思：视思明，听思聪，色思温，貌思恭，言思忠，事思敬，疑思问，忿思难，见得思义。"（《论语》）上述"君子九思"就是孔子从看、听、脸色、容貌、言谈、做事等九个方面对君子的言行举止提出的要求和规范，其核心要义是认真思考和自我反思，这是君子的基本品格。

"君子四不"主要包括：第一，君子不妄动，这里的"动"不仅是指行为，还包括语言。正如"君子道人以言，而禁人以行，故言必虑其所终，行必稽其所敝"（《礼记·孝经》），这句话的基本含义是：君子要用言论、道理来教导他人，同时用自身的行为做榜样来达到禁止他人不良行为的效果，因此，在说话时要考虑到后果，行动时要思考可能的结果。其核心要义在于强调君子要"谨言慎行"，切忌凭一时冲动而鲁莽行事。第二，君子不徒语，语必有理，即君子不随便发表言论。正如"非礼勿言"（《论语》），君子不说空话，不发表不实在的言论，但在该说的时候也必定会说。因为应该说时而不说，是有失于人，不应该说而说，则为失言。由此，既不失言又不失人是君子的基本品格。第三，君子不苟求，求必有义。即君子爱惜自己的名誉，对于欲望有所节制，不贪取妄求不属于自己的东西，不会以苟且心态妄想获利，更不会落井下石，不通过豪取强夺的方式谋求私人利益；君子如有所求，一定是为了国家，为了社会，为了正义。第四，君子不虚行，行必有正。即君子的一言一行不随意，凡事经过再三思考，思考清楚了才会有所行动，而且，君子的行动必定合乎正义和道德。

（2）行为准则

为了明确君子的行为准则，孔子还通过将"君子"与"小人"相对比的方式来进行阐述。其具体内容包括以下七个方面：一是"君子周而不比，小人比而不周"（《论语》），即君子会以公正之心对待每一个人，小人则会根据自己的喜好来区别对待，从而结党营私。其核心要义在于强调君子能够始终坚持原则，而小人则以自己之喜好为标准。二是"君子和而不同，小人同而不和"（《论语》），即君子在与周围的人保持和谐融洽的关系的同时，仍然保持自己的独立思考和见解，小人则是一味赞同、附和，缺乏自己的主见，而不讲求内在的和谐。其核心要义在于强调君子追求内在和谐，而小人则追求表面的相同。三是"君子喻于义，小人喻于利"（《论语》），即君子看重的是道义，而小人看重的是利益。其核心要义在于强调君子做事时主要思考该做与不该做，小人则思考事情能否给自己带来利益。四是"君子坦荡荡，小人长戚戚"（《论语》），即君子心胸宽广，小人则斤斤计较，患得患失。其核心要义在于君子拥有宽广的胸怀，而小人则是斤斤计较。五是"君子成人之美，不成人之恶，小人反是"（《论语》），即君子成全别人的好事，而不助长别人的恶处，小人则与此相反。其核心要义在于强调君子乐于助人成功、勇于遏制坏事，而小人则妒贤嫉能。六是"君子固穷，小人穷斯滥矣"（《论语》），即君子安守穷困，小人穷困便会胡作非为。其核心要义在于强调君子能够固守自己的道德与志向，而小人遇到窘境时则会丢弃道德。七是"君子求诸己，小人求诸人"（《论语》），即君子凡事要求、反思自己，小人则要求别人、推脱责任。其核心要义在于强调君子和小人在遇事时的两种态度，前者依靠自己、反思自己的行为，后者则习惯依赖于别人、推卸责任。

（3）君子之德

孔子认为，君子的最终追求目标是仁义。要达到仁义，既需要知（同"智"）又需要勇。因此，仁、智、勇被统称为君子之德。这些都在其言论中有所体现。例如，"君子道者三，我无能焉：仁者不忧，知者不惑，勇者不惧"（《论语》）；"知、仁、勇三者，天下之达德也"（《大学·中庸》）。

古人们不仅提出了君子之德的内容，而且还对其具体含义进行了探讨与阐述。部分内容如下：

"樊迟问仁，子曰：'爱人。'问知，子曰：'知人。'"（《论语》）

"樊迟问知，孔子曰：'务民之义，敬鬼神而远之，可谓知矣。'问仁，曰：'仁者先难而后获，可谓仁矣。'"（《论语》）

"孔子对子路曰：'知之为知之，不知为不知，是知也。'"（《论语》）

可以看出，孔子将"仁"解释为关爱每一个人，遇到难事敢于抢先，对于获利的事能退居他人之后；将"知"解释为明白事理、知晓他人，他还强调知道就说知道，不知道就说不知道同样是智慧的表现。

此外，孔子还强调君子务必做到中庸。何为中庸？程颢、程颐曰："不偏之谓中，不易之谓庸"[《程氏遗书（卷七）·二程集（上）》]。可见，中庸意味着不偏不倚、是无过无不及，是一种恰到好处的适中。怎样做到中庸？并没有确切的法则，而是需要当事人根据当时的具体情况予以灵活运用。

（4）君子态度

古人不仅从外在行为上对"君子"提出了规范要求，而且更加重视君子的内在修养。从已有论述来看，更多地从君子态度这一方面进行了阐述，因为它既反映外在规范的内化程度，又是指导外在行为的根本。

考察相关文献，对君子态度的典型阐述主要有如下几种：其一，"贫而乐"，这里并不是指君子必定会处于贫的状态，也非贫困本身有什么应该让人乐，而是强调君子身处贫困境遇而能不改变志向并保持快乐的精神状态。例如："子贡曰：'贫而无谄，富而无骄，何如？'子曰：'可也，未若贫而乐，富而好礼者也。'"（《论语》）其二，"见贤思齐焉，见不贤而内自省也"（《论语》），也就是说，看见有贤德或才干的人就要向他学习，看见在某一方面表现不好的人，自己就要在内心检查、反省是否也有类似的想法或者行为，以此告诫自己要杜绝此类的行为。正如孔子所说："三人行，必有我师焉。择其善者而从之，其不善者而改之。"（《论语》）其三，为仁行义是一种内在的自觉行为。例如："为仁由己"（《论语》），"我欲仁，斯仁至矣"（《论语》），即实行仁义之事完全是由自己决定的，我想拥有仁德、行仁义之事，仁德自然会到来。更深一层地说，为仁行义是人内在的品性，而非由于外在的命令或者鼓励而来。究竟如何才能达到将"为仁"上升为内在自觉的状态呢？孔子还给人们指明了努力的方向和途径，即"知之者不如好之者，好之者不如乐之者"（《论语》），也就是说，懂得学习的人比不上喜爱学习的人，喜爱学习的人比不上以此为乐的人。虽然这里所论述的对象是学习，但是它也从侧面透露出要让"为仁"成为一种内在的自觉行为，就需要喜欢上"为仁"的过程，并且以此为乐。

3. 君子标准

已有对君子的探讨和论述中，虽然各学者的视角存在差异，但他们的观点中仍然存在诸多共同之处，我们将其称为大家认同的君子标准。

归纳起来，为众人所认同的君子标准大致有以下三个方面：第一，做一个善良的人，做好自己的事。它所强调的是要拥有一种从容淡定的内心修养，清晰地认识自己的角色与位置，进而专注于做好属于自己的每一件事情，不追求功利，不因为利益的得失而欢喜或者沮丧。第二，胸怀大志，心胸宽广。君子拥有远大的志向，并能在任何境遇下坚持原则，不会因为追求成功而违背道义。而且，君子能宽容地、乐观地看待人和事，不因为自身的经历或者遭遇而失去思考和判断的能力。第三，恰当地处事。君子能友善、融洽地处理人际关系，而且能在团队中做出自己的贡献，因此，孔子曾指出君子跟小人的一个很明显的区别就是在群体或者团队中是不争名夺利的，不跟别人有太多的纠纷争执，君子有自己的独立思考和判断，内心有自己的特质，或骄傲，或矜持，但是他决不结党营私。

（三）"少年之君子"教育的探索

1. 济宁学院第二附属小学的探索

坐落于孔子家乡曲阜圣地的济宁学院第二附属小学根据小学生成长的需要和身心发展的特点，把"少年之君子"活动分设六个单元：一是衣冠整洁做少年君子；二是文明礼貌做少年君子；三是孝亲敬老做少年君子；四是诚实守信做少年君子；五是树刚毅品格做少年君子；六是知荣明耻做少年君子。这六个方面分析每个年龄段德育教育现状，结合每个年龄段学生的特点，主要考虑是要让学生"文质合一"、"内外兼修"、"知行统一"，培养学生形成健康的心理素质和高尚人格，建立和谐的人际关系，形成恰当的礼仪行为，使君子之德蔚然成风。

2. 唐山市丰南区第一实验小学的探索

在实践探索中，丰南区第一实验小学探索出了"少年之君子"评比标准，即品德高尚：自信开朗，诚实守信；自理自立，孝敬感恩；宽容善良，爱心助人。广博高雅：遵规守纪，语言文明；知情达理，礼貌待人；穿着得体，讲究卫生。身体健康：热爱运动，坚持锻炼，养成良好的运动习惯。

（四）对"少年之君子"的解读

可以看出，已有论述中对"君子"的界定、解释、要求均是从成年人的视角出发的，而我们培养的目标是"少年之君子"。很显然，少年中的君子和成年人中的君子是有所区别的，因此，我们有必要以博雅教育理念为前提，以小学生为视角，以已有相关论述为依据，以一些学校对君子的解读及教育实践探索为参考，来确定我们对"少年之君子"的解读。

简单地说，"少年之君子"实际上是博雅小学生的具体形象。从小学生的视角来讲，其核心任务是乐于学习、学会学习、养成习惯。已有论述启迪我们应从外在和内在、德行和行为等多维度去界定"少年之君子"的形象；已有教育实践告诉我们，小学阶段的核心在于培养习惯和能力。由此，我们从两个方面来明确"少年之君子"的突出表现：一是在"博"上，表现为基础厚、能力强；二是在"雅"上，表现为品行正、气质雅。

三、核心理念

我们认为，学校办学理念是一所学校的办学哲学，理念是否清晰是学校办学成熟与否的分水岭。理念的确立标志着学校对于学校办学目的、办学理想的追求及围绕学校办学形成的观念体系的成熟。

（一）博雅教育理念的提出：现实和需要的双向契合

博雅教育早已有之，考察相关资料，国内外的一些学校实施博雅教育，其初衷在于，针对过分地重视专业教育之弊端，有意识地倡导通识教育，在学校教育中贯穿人文理念，增加人文学科（文、史、艺）的内容，以增强学生的人文底蕴，使其既有世界眼光，又具有民族自尊心和自豪感。

古希腊时期倡导的博雅教育，旨在培养具有广博知识和优雅气质的人。当代一些地区和学校所倡导的博雅（博大而高雅）教育，有通识教育的含义，由于其重点在于补充人文教育的不足，所以也有"博雅教育就是人文教育"的认识。

在参阅了国外的一些关于博雅教育方面文献的基础上，我们从本土文化中去追根溯源。历来被儒家奉为"群经之首"的《周易》中所讲的"观乎人文，以化成天下"，是我们中华民族辉煌的人文教育传统。即使到了近现代，人文精神也是光芒四射的。五四时期，出现了如胡适、鲁迅、蔡元培、朱自清、闻一多等如雷贯耳的文化大家。

然而现在呢？在应试教育的挤压下，我们发现学校人文教育有形无实，人文精神的丧失已成为不争的事实。学校和家长都认为，学生只有学好数理化，才能走遍天下，出人头地。所以，在学校教学中，科学技术与社会文化、伦理之间不能沟通和联系，因而科学教育也就缺失了科学的真正精神，应试教育使教育成了冰冷冷的强制性义务，知识成为奴役人的工具。人文精神的丧失，即使经过训练成为高度科学化的人，也不可能是真正完整的人。

（二）博雅教育理念的解读与诠释

"博雅"，即"博学多才，文明高雅"，我们的诠释是："博"本义指量多，丰富，在此，我们将其引申为广博的知识和学问，即人类历史上一切促进社会进步与发展的文明成果及蕴藏在其知识本体内的价值观。雅，即合乎规范，高雅不粗俗，在这个意义上，它和"美"是相通的。引申意义为言谈举止的优雅、品德高贵、品行端正。"博雅"，取自于《诗经》，解作为学问渊博，品行端正。如："博雅多通，称为任职相"（《后汉书》）；"默博雅有才辩，以气自豪"（《明史·李默传》）；"不知海内博雅君子，以为如何"（《朝花夕拾》），也可理解为文章内容丰富，言辞优美。博雅教育理念的提出，有其深刻的哲学基础：第一，知识对于心灵的重要性，心灵的独特活动正是追求知识，知识的成就会满足和充盈心灵；第二，知识和实在的关系，知识成就不仅是达到心灵的充盈，也是发现幸福生活的主要工具。

在之后的发展中，社会的需求也给学校提出了更高的发展要求，学校的办学理念也随着学校的发展进行着动态调整，并有了更深的诠释。即："博雅"——勤学致博，笃行达雅。我们将学校的人才培养模式定位为"广博+雅正"，即既有广博的知识运用能力，又有优雅的品质与气质，其目的是培养"少年之君子"。"少年之君子"表现在"博"上，就是基础厚、能力强，表现在"雅"上，就是品质正、气质雅。

四、办学方略

确立理念仅仅为我们指明的方向，是学校发展的第一步。学校真正的发展则依赖于理念的落实。理念属于观念层面，实践属于具体的行为，它们之间不能直接沟通与连接，而是需要一个既能体现理念又能指导实践的中介，于是，我们基于学校实际状况，结合当今社会对小学教育现实要求和学校未来发展的内在需要，制定了办学方略：顶层统领、科研兴校、涵养特色以及教师主体。

（一）顶层统领

"顶层设计"原本是一个工程学术语，现已成为一个被各行各业广泛使用的概念，并在国家"十二五"规划中首次出现。随着国家新课程改革向以课程建设为核心的学校整体改革推进，"顶层设计"也逐渐成为一个新的教育名词。

从字面意义上讲，"顶层设计"就是自顶层到底层展开设计的理念与方法。那么，"学校顶层"又是什么呢？尽管人们对顶层设计的理解略有不同，但学校发展的顶层设计至少具有三大共同的实践特征：一是自上而下，即从高端出发，依次向低端展开设计，体现的是顶层决定底层、高端决定低端的设计思路。二是整合统筹，即在顶层和高端的统领下，对学校课程建设的各个层次、环节和要素进行统筹规划，体现的是总体规划和整体设计的理念。三是具体可行，即将居于顶层的理念、目标、思想、方向或思路不断地向底层的实际操作转化，体现的是系统规划和整体理念的具体化。"顶层"在认识层面揭示的是事物的本质、灵魂和核心，而对实践又起着两个方面的指导作用：一是对发展的根本方向进行规定；二是对系统的各个方面进行整合。

（二）科研兴校

从建校开始，我们尝试用课题研究的方法来寻求问题的解决之道。从那时开始，科研就在学校的探索之路上留下了深深的脚印，我们也以此为途径破解了一个个难题。在这个过程中，我们深深地感到，教育科研是学校突破问题、创新发展的基础，良好的氛围和宽松的环境是科研的基本条件，创新是科研的生命所在。

1. 更新观念，使科研兴校成为学校发展战略

实践使我们认识到，一所学校的科研和学术水平标志着学校的总体发展水平。历史经验也告诉我们，教育教学思想、教育体制及教学方法的每一次变革无不与教育科研及学术研究进展同步。经过十多年的教育改革实践探索，我们得出以下结论：重视教育科研和学术研究，学校就发展；校长亲自领导与管理教育科研和学术活动，改革就有成就；教师参与教育科研和学术研究，自身素质提高就快。因此，在学校发展总体规划中，我们把"科研兴校"确定为学校发展战略，列为学校发展规划四项内容之一。做到以下几个方面：一是校长亲自抓科研和学术研究；二是每位管理人员均参与或主持课题研究；三是全体教师通过多种方式参与改革实践和教育研究。由于科研和学术研究被列为学校发展规划主要内容，并在学校行政团队及教师评价中占主要权重，所以，逐步形成了行政管理人员积极主持科研实验，教师积极主动参与学术研究的良好氛围。"科研兴校"也很快地落实到学校的教育实践中。

2. 冲破误区，走"教科研合一"之路

长期以来，教科研被蒙上一层神秘的面纱。例如，有人认为它深奥莫测，可望而不可即；还有人认为科研和学术是尖端学问，与实践无关。这些观念在很大程度上挫伤了广大教师的积极性。

20 世纪 90 代后期，教育科研和学术研究被普遍提倡，在声势上远远超过传统教研活动的影响，然而，在实践中遇到了如下三个方面的突出现象：一是研究异化为"文字游戏"，闭门三天可以完成一项实验，一篇实验报告可替代 3—5 年的实践操作；二是改革与实验变成了学校管理团队的事，许多一线教师误认为教育改革只是理想规划，与己无关，与实践无关；三是为科研而科研。于是，就出现了亟待解决的两个问题：一是给教育科研定位，让科研的"脚"落在教改上，落在现实工作这块沃土上，成为解决问题的途径；二是落实全员参与的原则，使广大一线教师能真正参与到科研实践中来，用科研来指导自己的实践。

要真正解决上述问题，促进一线教师突破固有的传统观念，就要重新认识学校科研。总的来说，学校科研的研究对象是具体的教育问题，而这些问题又都是存在于自然状态下，运作在教育实践中，应用在育人过程上，由广大教育工作者直接参加的，这就决定了学校科研主要是研究教育过程、教育问题和教育行动。

教育科研需要在过程中发现问题，在过程中研究问题，在过程中实施行动，在过程中研究行动。因此，行动研究是学校科研的主导性方法，是总的方法。我们将学校科研定位在以下五个方面：一是促进教师学习，促进教师接受新事物，促进教师建立新观念；二是直接推动教师理论水平和业务技能提高；三是使教学改革和教学研究异彩纷呈，更具活力；四是增强领导及教师总结经验教训、宏观规划学校发展目标的理性和自觉性；五是有利于学校办出特色和提高整体办学水平。教研是学校最基础、最基本、最主要的工作，到任何时候学校都不可以没有教研，也决不可以脱离教研开展科研。因此，学校科研的基点是教研，指导思想是"源于教研，服务于教研"，目标是实现"教科研一体化"。

（三）涵养特色

特色不是一所学校随意自贴的标签，它是一所学校在长期教育实践中，遵循教育规律，发挥本校优势，选准突破口，以点带面，实行整体优化，逐步形成的一种独特的、优质的、稳定的办学风格和样式。学校特色具有如下特征："学校特色是办学的独特性（个性）和普遍（共性）的统一；是办学的独特性和优质性的统一；是办学的独特性与稳定性的统一。"（闫德明，1966）可见，特色不是暂时的口号与宣言，而是在长期实践中形成的稳定的办学风格和样式；特色也不仅仅是某一方面的凸显与出色，而是整体优化的发展以及学校独特性的突出体现；学校特色不是外在的形象保障，而是内在积淀与文化氛围气质的外显。而这种内在的积淀和文化氛围需要师生共同奉献和创建，简单地说，需要我们共同去"涵养"。

何为"涵养"？涵养即滋润、养育。具体来说，它包含两层意思：第一层是指在清晰的目标追求的指引下坚持不懈地行动，但不是急功近利地达成目标的行为；第二层是这种达成目标的行为是以一种润物无声的方式，而非轰轰烈烈的改革探索。这集中体现在以下几个方面：一是构筑全校师生共同认同的核心理念及学校发展顶层设计；二是用核心理念及明晰的顶层设计指导和规范人们的行为；三是培育一种简单、轻松的博雅文化氛围。

（四）教师主体

教师是学校发展的主体、课程开发的主体、教学实施的主体、教学评价的主体、专业发展的主体，因此，突出和充分发挥教师的主体作用对学校的发展起着至关重要的作用。在近十余年的实践中，我们主要从以下几个方面来落实"教师主体"这一方略。

1. 确立教师主体地位，唤醒教师主体意识

只有确立了教师在学校教育中的主体地位，才能唤醒他们自我实现的意识，激活他们的进取心，激发他们的主人翁精神。学校的发展方向，只有得到教师们的认同，他们才会具有真正的内在动力；学校只有给教师们创造了发挥的条件和成长的环境，教师才会拥有归属感，才会因学校而转变。只有教师团队不断发展，学校的发展才有真正的根基。得到发展和张扬的教师主体性，才是推动学校不断向前的第一动力。

如何凸显教师在学校中的主体地位，如何唤醒教师内在的主体意识？我们确立两条基本思路：一是学校确立"以师为本"的基调，学校的所有管理机制都在听取教师意见后、以"整合工作，方便教师"为宗旨来建立与实施，所有资源的开发与管理都以为教师服务为核心。在管理方式上，我们突破传统的约束型管理为服务型行政，变限制式管理为资源式支持。总之，行政服务于教学，行政管理围绕教师的教育和教学来展开，为之提供服务、创造条件、营造环境。二是建立合理、科学的教师评价、考核制度，落实教师各项待遇。一方面，在合理配置教师资源的同时，提升培训频次和实用性，促进教师专业发展；另一方面，建立科学的激励机制，深入挖掘潜力。

2. 革新管理机制，凸显每一位教师的主体性

我们在革新制度中始终贯彻一点：变革过去校长、行政管理层与教师之间管理与被管理的关系，转换为同伴协作共进的关系，培养主体意识、主体能力和主体人格统一的教师，确立教师的主体地位。

首先，对标准化的教学管理制度进行变革。改变过去过于整齐划一，强调教学要求、进度、质量、评价的教学管理模式；改变统一要求教师怎样备课、怎样上课、教师怎么教、学生怎么学，忽视教师的个性与创造性，束缚教师教改积极性的固定模式，鼓励教师不按部就班教学，提倡教师个人发挥，激赏创新教法，突破旧范式。对采取新教法、新进度的教师，给予高度重视，组织教研力量支持配合，从创新方面做出肯定评价。鼓励教师突破常规性教学，达至反思性教学。

其次，改变以升学为目的奖惩性评价制度。现实中，因为片面追求升学率的局面并没有从根本上得到转变，以升学为目的的教育状况和奖惩性的教师评价制度成为制约教师主体性发展的重要障碍。学校对教师不再单从根据学生的学习分数、升学率做评价，而是结合尝试新的教学方法，从是否形成教师个人的风格和个性，是否有利于学生的可持续发展，对学生品德、品格与人格的成长是否打下良好的基础等方面综合评估。由此，我们已经建立对学生毕业后的追踪制度，为学生建立了追踪档案。

再次，变革教师成长重外在社会评价而轻内在的主体价值的教育目标体系，以及重学科课程而轻教育类课程的课程设置。我们高度重视教师岗位素质提高和内在价值提升的培训工作，在给予教师时间支持的同时，我们还提出具体的要求；在支持教师取得学历的同时，我们还要求他们学到真本事，学成回校要担责任，挑大梁。比如，我们争取到一个到边远地区支教扶贫的名额，让一位年轻的教师前往，经过一年的历练，这位理论基础扎实的教师逐步成熟起来，回校后，他不仅在教研中发挥了非常重要的作用，还主动把自己的锻炼经历整合到教学和管理中，教学水平迅速提升。

最后，贯通教育教学与教育科研，建立"教学促进科研，科研推动教学"的良性互动关系，着力提高教师的教研能力，促进教师的专业成长。我们要求教师在对自身实践进行反思的基础上，逐渐积累与形成富有个性的教育实践的见解和创意。学校积极探索整合性教学范式，将教师的反思这一主体性觉醒作为教师专业化的前提。调动教师对自我教学实践的考察，对其行为的回顾、诊断、自我监控和自我调适，达到对不良行为、方法和策略的改善和优化，提高教学能力和水平，并加深对教学活动规律的认识、理解，从而适应不断发展变化的教学要求。通过要求教师学会学习、学会反思和学会创新，以主体身份投入到专业化运动中，进而改善教师个体的专业素养。

3. 标本齐抓，提升每一位教师的主体功能

在突出教师的主体性、个性成长的同时，我们没有否定学校教育教学的整体性，而是强调个体应在集体中成长。在教师职责分工中，我们针对不同年龄、特点和个性的教师，加强备课组之间、年级组长与班主任、班主任与科任老师的协作，让团队中的"带头人"和成员和谐共处、协调动作、共同进步、共同成长，把团队精神作为教师个体成长的一项基本素质。

4. 行而思之，深化对教师主体性的理性认识

（1）强化教师的教育主体意识

主体意识是教师对于自身的主体地位、主体能力和主体价值的一种自觉意识，是自主性、能动性和创造性的观念表现。教师主体意识的强弱，决定对自身发展的自知、自控、自主的程度，从而决定其主体性在学校教育发展的推动力度的大小。在实践中，我们主要从以下三方面着手唤醒、形成和增强教师的主体意识：第一，鼓励教师从个体备课、集体备课和说课的阶段就提出自己的主张和见解，在教学中逐步形成并坚守自己的教育观念，使每一位教师的教育观念具有鲜明的个性化的特征，进而唤醒其主体意识。第二，开展教师自我发展规划活动，明确目标方向，促使其形成强烈的内在成就动机。在"评教评学"的过程中，我们特别强调教师在教学育人的环节上要充分凸显个性的表现，促进教师的自我发展观的形成，培养教师将教育工作视为发展自我事业的激情，为其发展提供巨大的原动力。第三，鼓励创新，激励教师不满足于现状和教学常规，锐意进取，追求个性化的教学风格、人格魅力的彰显以及个体价值的体现。为此，我们继续探索更好的方式、方法、途径、策略来提升教师的教育主体意识。

（2）提升教师独特的教育主体能力

一个人的主体能力越高，就越能充分利用外部条件发展自身。为此，我们通过不断加强评教评学，着重培养和提升教师的教育决策能力、支配和调控各种主客观条件的能力、处理偶发事件的能力以及利用各种方法途径、创设各种环境以取得好的教学效果的能力；同时，我们还着重开发教师的拓展能力，即系统设计教改方案和完善教育理论、重构经验的能力。

（3）塑造教师和谐的教育主体人格

教师不仅要具有现代教育科学知识和技能，还要在教育的情感、信念、直觉等知性方面有充分的发展。教师主体地位的确立与主体性的发挥，来源于理性因素和意志情感因素的相互作用，其中意志情感因素是教师主体性发挥的催化剂，具有主体性的教师应该成为一个情感与理性协调的人。因此，我们坚持以下做法并予以创新实践：第一，通过管理人员以身作则、树立榜样等方式，激发教师热爱教育事业、热爱学校、热爱学生的情怀以及增强自信心；第二，通过外出学习交流、主题演讲等活动，增强教师自尊自爱、自立自主的非智力品质；第三，通过教师社团、户外拓

展等活动磨砺乐观向上、积极进取、敢于创新、勇于承担和团结协作的意志品质；第四，充分发挥教师工会的职能，将校内多数主要事项交付工会组织教职员工评议、协商决定，充分发扬民主，在教师中倡导民主、公正的作风。

第三章

学校课程建设的
顶层设计

课程是学生成长、发展的养料，学校课程建设的顶层设计是围绕学校办学理念、为实现办学目标而对学校课程建设的整体设计，它对学校课程的建设与实施具有重要的指引作用。为了保证课程建设的有效推行，我们基于政策依据和学校的现实依据进行了学校课程的顶层设计。

一、学校课程建设的三次努力

在近四年中，我们在全校范围内进行了学校课程规范的动态调整，逐步推进学校课程规划的优化完善。在实践操作过程中，我们以博雅教育办学理念为总体依据，历经了"基础课程＋特色课程"的"1＋X"课程群结构建设—"核心＋外围"与"主题＋模块"的"1＋X"课程群结构建设—"基础课程＋拓展课程＋融合课程＋创生课程"的"1＋X"课程群结构建设—"'博闻强识'课程＋'博雅多通'课程＋'大雅宏达'课程"的"1＋X"课程群结构建设四个阶段。学校整体的课程结构在学校管理者与老师们进行的一次又一次协商、实践过程中越来越清晰。

（一）第一次（2010—2011 年）：建立"基础课程＋特色课程"基本架构

这一阶段，学校以国家基础性课程"1"为中心，在此基础上，以多样的、丰富的、可选择性的学校特色性课程"X"作为支撑，形成互补的课程结构格局，使学校课程结构既有核心聚焦点，又有多方延展力。

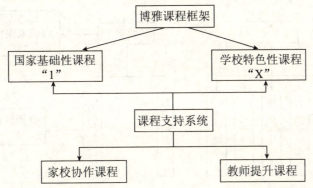

图 3 - 1　"基础课程＋特色课程"的"1＋X"课程群结构

围绕博雅教育理念，学校选择了"基础课程＋特色课程"的"1＋X"课程群结构。"基础课程"即课程结构中的"1"，是娇子学子成为"少年之君子"的基础，是使学生获得广博的知识、提升科学素养的国家基础性课程和地方课程。"特色课程"即课程结构中的"X"，是在追求博雅教育理想、坚持人的和谐发展的生态观的过程中开设的特色性校本课程，分为拓展性课程和探究性课程。

（二）第二次（2011—2013 年）：校本课程群基本成型

在第一次的课程结构中，国家基础性课程与学校特色性课程在课程结构上相对独立，在课程内容上彼此缺少关联，在课程实施上也各自为政，导致学校课程处于一种零散的状态。比如，基础性课程主要是国家学科课程，学校特色性课程主要是基于学校实际、学生发展需要开发出来的课程，这两类课程分工、分人设计和实施，两者之间缺乏关联性。

鉴于此，在博雅教育理念的引领下，为了实现学校发展目标和学生培养目标，我们以课程整合为突破口，形成了"1＋X"整合性课程群："1"指具有综合性、基础性的国家核心课程和重点主题式的课程；"X"指能展现学生特色的围绕国家核心课程而开设的若干外围课程和围绕重点主题而开设的若干课程模块。以整合的思想构建"核心＋外围"、"主题＋模块"课程群，两种课程群的前者即为"1"，后者即为"X"。

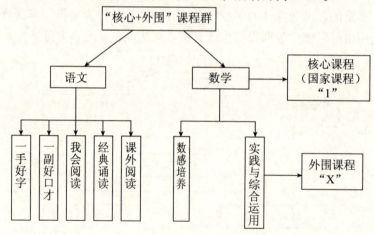

图3-2　"核心＋外围"的"1＋X"整合性课程群

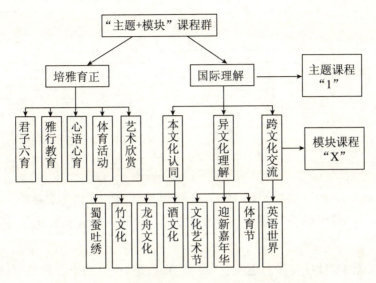

图3-3 "主题+模块"的"1+X"整合性课程群

(三) 第三次 (2014—2015年): "1+X" 课程群确立

1. "国家课程+地方课程+校本课程"的"1+X"课程群

在第二阶段的课程变革中，虽然学校将语文、数学以"核心+外围"的方式进行了整合，将培雅育正、国际理解课程以"主题+模块"的方式进行了整合，改变了之前课程零散的状态，但这两种课程仍然只包括国家课程和校本课程两大类型，没有在课程结构中体现出地方课程，校本课程的操作模式也是孤立的、叠加的。从整体上看，"核心+外围"、"主题+模块"在课程结构与课程实施上没有涵盖学校的所有课程内容。

为此，我们按照整合程度的递进性，将"核心+外围"与"主题+模块"的"1+X"课程结构调整为涵盖国家课程、地方课程、校本课程的"1+X"课程群结构。"1"指基础课程，即国家九大学科领域课程。"X"指国家课程、地方课程和校本课程的整合性实施，包括单学科整合的拓展课程、二至三门学科整合的融合课程、多门学科整合的由学校自主开发的创生课程。在实施方式上，我们仍然以"核心+外围"、"主题+模块"的方式展开。

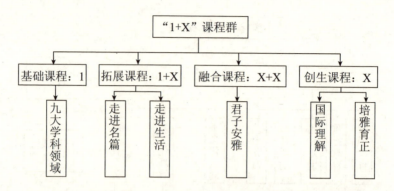

图3－4 "国家课程＋地方课程＋校本课程"的"1＋X"课程群

2. "'博闻强识'课程＋'博雅多通'课程＋'大雅宏达'课程"的"1＋X"课程群

随后的实践中，我们逐渐发现，在课程结构上，四个课程类型概念还存在不够清晰、有交叉的现象，如融合课程、创生课程都是多门课程的整合，它们之间的区别不大，还可以在概念上进一步统整。在课程内容上，创生课程与拓展课程也有重复的内容，都是基于某一门学科的拓展，如英语学科的拓展课程是基于教材内容了解异国文化，而创生课程中"跨文化的交流"也是对异文化的理解与交流，还可以将内容进行梳理归类。在课程实施过程中，原有融合课程与拓展课程在内容上存在一定的关联性，创生课程中校本特色不够凸显，课程建设缺乏整体性与学术性。

当发现了这一系列的问题后，学校管理者与老师们一道进行了一次又一次的讨论、协商，再次经历了一个课程变革的阵痛期。通过这样的一个过程，我们的思想实现了再次蜕变，厘清了课程结构的思路。紧扣"博雅教育"办学理念，围绕"博雅"二字，构建了"博闻强识"课程＋"博雅多通"课程＋"大雅宏达"课程的"1＋X"课程群。其中，"1"为"博闻强识"课程，即学科课程，即国家基础课程中的学科领域课程，主要指基础课程内容横纵整合，指向学生全面、基础的发展。

"X"是在国家基础课程基础上派生出多元的"博雅多通"课程和"大雅宏达"课程，即能力拓展类课程和实践体验类课程，其根本目的是实现国家课程、地方课程和校本课程不同形式和不同程度的整合，指向学生个性、多元的发展。

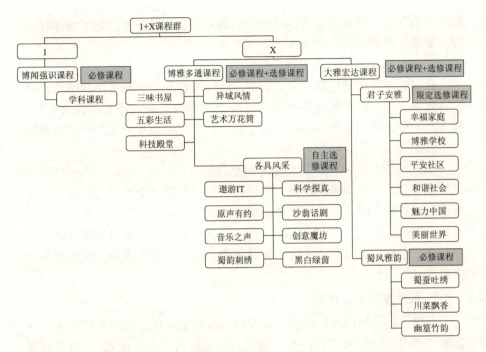

图3-5 "'博闻强识'课程+'博雅多通'课程+'大雅宏达'课程"的"1+X"课程群

二、学校课程建设的顶层定位

学校课程建设的顶层定位既是对学校已有课程建设情况进行反思的结果，又是对学校课程未来发展的需求评估。它主要包括总体目标的确立、价值取向的阐释以及基本原则的规定。

（一）总体目标

问题催生变革，变革推动发展。因此，我们以抓住问题为出发点，集中从课程类型、内容结构及实施方式三个方面对学校课程进行了深入反思和深刻剖析，以抓住学校课程发展的原初起点。

1. 学校课程认识误区

（1）认识误区一：学校课程即国家课程

统观学校课程，国家课程几乎占据了其全部内容。教师在各学科课程标准的指导下开展课程实施，学生所学的几乎全是提前规定好了的课程内容，缺乏"选我所学，学我所爱"的机会。

（2）认识误区二：课程内容即学科知识

在国家课程即学校课程的背景下，课程内容是被提前选择和编排好的学科知识。各学科教师也都是在自己所教的学科范围内研究、探讨教学，缺乏跨学科之间的交流。因此，对于各学科之间的相互交叉重叠的内容很少予以关注。

（3）认识误区三：课程实施即课堂教学

从课程实施方面来讲，课堂教学几乎是学生学习全部课程的方式。在新课程观念的影响下，虽然教师们尽量转变学生的学习方式，为学生提供探索、交流的机会与空间，但是，由于时空限制、课程资源等多方面的局限，在一定程度上削弱了学生的学习兴趣，限制了学生体验、探索及展示的机会。

2. 课程发展需求评估

反思上述认识误区，我们不难发现，这些错误观念集中反映出学校课程的"学科本位"和"单一性"以及课程内容的"去生活化"，缺乏对课程实施过程中"人"的关注。因此，要寻求课程发展的根本依据，就必须抓住学生、教师和本地资源三个方面。为此，我们首先从学生的需求和兴趣入手，通过发掘教师的特长来为学生开设校本课程。然而，在实施校本课程的过程中，我们发现，并不是学生所有的需求教师都能满足，教师面临着校本课程资源短缺的现状。因此，我们需要拓宽课程资源的视野，由校内延伸到校外，充分开发和利用校外资源。

（1）学生兴趣需求的调查

作为帮助学生实现发展的载体，学生的兴趣和需求是学校课程变革的首要考虑因素。因此，我们从"喜欢学什么"和"希望学什么"对学生的兴趣与发展需求展开了调查。

（2）教师优势、特长的发现

通过对学生的兴趣与需求的统计，我们发现学生所有感兴趣、想学习的内容不一定就能够成为学校的课程内容，它还受到硬件设施、人力资源等现实条件的制约。为了使开发的课程具备实施的现实条件，我们对学校教师的优势、特长进行了调查评估。

（3）校外资源的挖掘利用

在关注学生兴趣需求和教师优势、特长的同时，我们还注重对本地资源的挖掘利用。这主要基于以下两个方面的理由：一是本地资源不仅是学生探索、发现的现实素材，而且还为丰富学生的学习方式奠定了基础；二是本地资源是学生建立课程内容和生活之间联系的重要媒介。

3. 总体目标的确立

根据"少年之君子"的培养目标，我们将学校的课程目标确定为培养三个核心素养、奠定三个基础。其中，三个核心素养是指知识与视野、兴趣与能力、举止与气质；三个基础是指学会做人的基础、学会学习的基础与学会生活的基础。

（二）价值取向

课程的价值取向直接取决于对课程实施过程的认识。"课程实施的实质就在于要使原有的课程要求指向新的课程设计的要求"（施良方，1996）。概括起来，依据做法的不同，主要有三种不同的课程实施取向：一是得过且过取向，这种取向更多的是避免问题，而不是朝向目标，在做出微小的变革之前就思考结果；二是适应或改编取向，这种取向基本上按照课程计划实施，但会依据实际做局部变动，即课程设计者和课程实施者双方或多或少地改变一些最初的观念和看法；三是忠实或精确实施的取向，即课程实施过程就是忠实地反映课程设计者意图。在具体的课程实践中，我们更倾向于第二种取向，即相互适应，但又不仅仅限于课程计划者和实施者之间的相互适应，而是多方面适应的，因此，课程应该处于一种动态的发展过程中，也就是当今的"发展性课程观"。

"发展性课程观是一种以促进个体的全面发展与个性化成长以及社会的可持续发展为终极旨归的课程思想与信念体系，教化个体与改良社会是其核心要义。"（苏强，2011）从中，我们不难看出它对课程建设所提出的要求：其一，就课程建设来说，它是一个动态变化、不断调整、不断完善的过程；其二，就课程实施过程来说，它是一个学生、教师、学校等多因素相互适应和协调的过程；其三，就课程内容来说，要处理好三种关系，即公共知识和社会知识、科学世界与生活世界以及个体发展与社会发展的关系。

（三）文化特质

文化特质亦称文化元素，它是组成文化的最小单位。学校的博雅教育理念直接影响课程的文化特质。古希腊哲学家亚里士多德认为，博雅教育应为了追求自我而受教育，而非为了追求外在的需要而受教育。博雅教育作为一种理念，其根本意义在于导向性和价值性，其中，前者意味着引导和培养学生发展人类美好的人性，成为一个和谐的人；后者则注重培养学生的道德和德行。所有这些理念只有渗透到课程的设计和实施过程中，才会发挥其真正的意义。

课程建设过程中始终致力于"博"和"雅"的凸显。"博"在课程设计中体现为以下几个方面：一是所涉及的知识广博，它不仅意味着知识类型的广博，还包括知识所涉及的领域广阔；二是对学生产生深远的影响，在课程学习过程中，不仅引导学生去关注、发现、解决生活中的问题，而且还引导学生关注解决问题的思路、方法以及自主建构知识的结构，并能将其灵活地运用到生活中去。三是课程的学习方式是多元的，既有个体独立探索的，又有合作完成的；既有校内学习的，也有校外实践的；既有阅读探究的，也有操作体验的。就"雅"来说，更多地体现在课程的目标和实施过程中，在目标方面，希望学生通过课程的学习养成雅正的品质和行为习惯；就课程实施过程来说，希望通过文化氛围滋养学生优雅的气质。

（四）基本原则

为落实学校核心教育理念，达成学校发展目标和培养目标，我们在课程建设过程中始终遵循如下原则。

1. 预见性原则

这是基于教育是为学生的未来生活做准备、为未来的学习与发展打基础的基本规定所决定的。这就要求教师不仅应具有较高的学科素养与教学水平，而且应具有一定的超前意识，并能贯穿于教学之中，教材内容要具有创新的观念，积极反映科技的新成果、新动态，让学生及时了解新技术；教学素材更新要快，以不断适应培养合格人才的需要。但必须指出，超前是有限度的，必须建立在科学预测和科学论证的基础之上，不能简单推理，更不应主观臆断，盲目超越。

2. 结构性原则

辩证唯物主义系统观认为，对于一个由若干要素构成的系统，其结构就是要素及其在整体水平上的相互联系和相互作用的总体反映。遵循结构性原则的意义在于：一是体现学校课程建设的成熟度；二是避免学校课程随意、零散、庞杂，有利于课程实施过程中各课程之间的协调与形成合力；三是结构性原则是课程实施的总纲领，引导着实践行为，同时也影响教师和学生主动建构结构。

3. 实践性原则

实践性原则要求学校课程要适应现实条件，并转化为具体的实践行为。具体来说，包括以下几个方面：一是课程的设置要符合上一级教育行政部门的整体规划，始终明确各类课程的不同地位与作用；二是课程的设置要符合学生的年龄特征，如小学阶段的课程难度应当与小学生各年段的兴趣、思维发展水平相适应；三是课程的设置要符合学校的发展目标和特色。

三、学校课程结构的建立

"课程结构是课程领域的一个核心概念，它是指课程各部分的组织和融合，课程各组成部分如何有机联系在一起的问题"（夏雪梅，2009），大多数学校采用概念图的方式予以呈现。确实，有了概念图式的课程结构，我们对学校各类课程之间的关系及各自的类别归属清晰了不少，可是对于各类课程之间的地位、层级、比例等关系仍然不够清晰，这就需要构建能体现各类课程多维关系的结构模型。在建立课程结构的模型中，我们主要从内容、地位和层次三个维度来建构学校的立体课程结构模型。

（一）领域与范围

为了打通各科课程之间的关系，便于整合思路顺利运用于实践，我们依据课程的具体内容，将学校的所有课程分为语言文学、数学科学、审美艺术、身心健康、社会人文五个领域。其中，语言文学主要包括语文、英语；数学科学主要指数学、科学、信息技术；审美艺术主要包括音乐美术；身体健康主要指体育；社会人文主要指品德与生活、品德与社会。

（二）类型与层次

为了避免在实践中各课程平均用力的现象以及明确各课程的时间比例关系，依据课程的具体功能，我们将课程分为了层次从低到高的基础性课程、拓展性课程和综合性课程三类。其中，基础性课程即国家课程，在课程内容上各领域进行横纵整合，指向学生全面的、基本的发展。拓展课程这类课程涉及面广泛，同样包括了语言文字、数学科学、审美艺术、身心健康、社会人文五个领域，是以各学科领域为基础的拓展，以扩展学生的知识面。综合性课程是学校自主开发的、能凸显学校特色及本土文化的综合性课程。它的内容不隶属于某一学科领域，而是涉及多学科领域。当前，学校的创生性课程（或特色化课程）主要包括"君子安雅"和"蜀风雅韵"两大部分。其中，前者是将国家、地方、校本课程的目标和内容进行整合而成的；后者是教师基于学生的兴趣、需要而开发出的课程，不仅凸显学校特色，而且还蕴含浓浓的四川本土人文特色。

（三）平台与模块

为了突出国家课程在学校课程中的主体地位、学校课程结构的内在线索，凸显学校追求特色发展的目标追求，我们从基础目标和发展目标、共性要求和个性发展两个层面和维度将学校的课程类型化为符号"1 + X"。其中，"1"指国家课程，代表其不可替代的核心地位和实现基础目标的功能，"X"代表国家课程的校本化实施和校本课程的开发，这既意味着学校拥有自主的空间，而且暗含课程会为了适应学生的兴趣、学校的发展以及社会的要求而变化。

综合上述三个方面的思考，我们将娇子小学的课程结构模型设计如下。

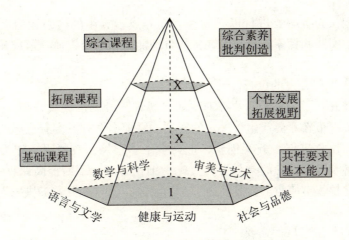

图 3 - 6　娇子小学"1 + X"课程的基本架构

四、特色课程的选点与布局

特色课程是凸显学校特色的重要载体，也是满足学生需要、学科素养提升以及帮助学生适应社会的重要途径。我们从儿童、学科、生活三个方面来进行特色课程的设计。

（一）儿童取向类

儿童取向意味着以儿童为中心的，侧重于开发小学阶段儿童所需要的一些课程，主要有"总角启蒙"和"鸿鹄高翔"两类，帮助学生适应角色的转变。

1."总角启蒙"

"总角"在古代是对 6—13 岁儿童的总称。"启蒙"是使初学的人得到基本的、入门的知识。"总角启蒙"课程就是帮助儿童顺利地完成从幼儿园到小学的过渡，从心理调适、队列训练、课间文明休息、文明就餐、学习习惯等校园生活方面养成良好的习惯，更好地适应小学生活。

（1）课程开发的必要性

儿童从幼儿园走向小学教育的这个过程，正好处于儿童的转换期，这个过程的转换是儿童整个逻辑思维形成和使用过程中承上启下的作用。因此，我们认为有必要进行以"行为习惯养成"为主的"总角启蒙"课程的开发、实践和探索，以提高儿童的自理能力和综合素质，形成良好的道德品质。

（2）课程开发的可行性

学校确立了"博雅"办学理念，"博雅"校园已初具规模，"博雅"教育在成都市教育界产生了一定的影响。娇子小学有一支有思想的管理团队，他们锐意进取，务实创新，把为学生、家长、教师服务作为办学宗旨，在博雅教育理念的指导下，实施精细化管理，不断提高课程指导力，促进了学校教学质量的提升，为"总角启蒙"课程的开发提供了人力资源的基础。

（3）学生发展的需要

良好的习惯，无论对个人还是对整个社会，都具有无比重要的意义，特别是对个人来讲，一种好习惯能使人终身受益。小学生的行为习惯包括学习习惯、生活习惯、文明礼貌习惯、劳动习惯等。小学生，特别是一年级的小朋友，刚刚从幼儿园步入小学，在行为习惯上存在很大的可塑性，许多好习惯都尚未养成，他们就像一张白纸，等待着老师、家长在上面勾勒出丰富的内容。所以，一年级是孩子各种行为习惯养成的关键期。只有在良好的行为习惯的保证下，孩子才能学会认知、学会合作、学会做一个合格的小学生，最终成为一个全面发展的人。

2. "鸿鹄高翔"

"鸿鹄高翔"这一课程名出自《史记·留侯世家》："鸿鹄高飞，一举千里。"课程小组借此命名该课程，旨在初步培养学生正确的世界观、人生观，树立正确的理想，使学生对自己的未来有一个初步的设想。在学习方面能变被动为主动，改变学习方法，重视预习、复习，重视课堂听课质量，懂得广闻博记，创造性地学习。

（1）课程开发的必要性

小学六年级学生的身体、心智已达到一个水平，但仍未发育成熟，他们的人生观世界观还没有定型，部分小学生的价值观从小就被扭曲。故而，要消弭小学生对社会的错误认知，祛除浮躁心态和功利主义，回归正常的社会价值是当代教育的必然趋势。

进入六年级，学生开始出现两极分化的现象，他们在学习上和心理上会产生很多的困惑：成绩优秀学生心理压力过大；学习较差的学生有自暴自弃的倾向；而中游的学生努力了却不见太多收获。在这种情形下，我们需要培养学生树立正确的人生观和世界观，明确人生的奋斗目标，增加学习的动力和热情，并认识到实现理想的路途充满艰辛，需要靠自己脚踏实地、不懈地努力，才能实现美好的理想。

（2）课程开发的可行性

从学校层面来说，在学校总体课程的框架下，我们在六年级开设"鸿鹄高翔"课程，通过两届毕业年级留下的经验，该课程已经具备了一定的实践操作基础。2012年2月，学校搬入新的校址后，学校的硬件获得极大的提升，且处于成都市繁华路段，社区与学校联系更加紧密，社区为学校的社会实践活动提供了强有力的支持。

从教师资源来说，学校教师均为本科及以上学历，完全有能力进行这方面的课程建设，学校还拥有3位获得"心理培训师"资格的教师，为课程的建设提供了支持，特别是六年级组拥有理论素养高的教育学硕士研究生毕业的教师，为课程的开发提供着强有力的理论支持。

3. "雅行课"

"雅"，即正确、合乎规范；"行"，即行为举止。如何让学生成为拥有规范优雅的言行举止，必须得从"礼仪"说起。我国自古以来以"礼仪之邦"著称，崇尚礼仪是我们华夏优秀传统文化的精髓之一，在漫长的历史长河中，留下了极其丰富的精神财富。"不知礼，无以立"（《论语》），"人无礼而不生，事无礼而不浅，国无礼则不宁"（《荀子》）。雅行礼仪是人与人之间交往的基本道德规范，是一个人内在素质的外在表现。良好的礼仪修养是衡量现代社会公民素质的一项重要标准，是社会和谐的重要基础。继承和弘扬中华民族的传统美德，不仅仅是社会主义精神文明建设的一个重要方面，也是学校德育工作的重要组成部分。

（1）学生发展的需要

心理学研究表明：儿童的第一需要是学会交往，其次才是学会学习，只有儿童的需求得到满足，才能进一步发展个性。再加上小学生的接受能力和模仿能力强，小学阶段是培养良好习惯的最佳时期。因此，在小学阶段开设雅行礼仪教育课程，使他们从小受到雅行礼仪规范的教育，从而养成良好的个性品质，为其将来成为社会有用之才奠定良好的基础。

（2）学生现状的需要

由于时代背景的原因，现在的学生大多数是独生子女，在优越的物质条件下成长的他们，过着"衣来伸手，饭来张口"的生活，加上长辈的溺爱，有些学生养成了以自我为中心、自私自利的不良习惯，加之在现代社会中"轻礼重利"的不良风气的影响下，在学生这个群体中，客观地存在着雅行礼仪观念淡薄，基本的雅行礼仪常识、雅行礼仪规范缺乏，良好的行为习惯缺失等现状。

（3）学校发展的需要

通过我们的前期调查，在娇子小学，有的学生任性散漫、唯我独尊，在交往时缺乏良好的雅行礼仪规范；在家庭生活中，对于如何尊老爱幼、怎样与他人友好的相处、怎样做好家庭中的小主人，意识显得比较薄弱；在社会上，对于如何成为一名文明的小公民没有具体的概念。而娇子小学的办学理念"博学多才，文明高雅"要求学生把最终的落实点放在行为举止上，联系学校的实际情况，为了对学生进行循序渐进的、具有完整性的雅行礼仪教学，我们把"雅行课"作为校本课程进行开发，以此贯彻实行学校的办学理念，形成良好的校园风貌，促进学校的发展。

（二）生活取向类

1. "君子安雅"课程

为贯彻新课程基于学科、超越学科，面向真实世界、始于课堂、走出课堂、融入复杂社会的课程设计思想，我们结合学校课程实施的具体情况，围绕"人与自我、人与社会、人与自然"三条主线展开，将"品德与生活"、"品德与社会"等课程进行整合，并形成了"君子安雅"课程，旨在打破学科堡垒，加强与学生生活、社会的紧密联系。

（1）基于"完整的人"的思考和"学生"的发展需要

学生的发展是整体的发展，具有完整性、综合性和差异性。而当前的学校课程分科过细，把人与其生活的世界割裂开来，导致培养的人被分裂为一个个"学科"的人——与社会生活情境相脱节的人。

（2）基于社会发展的新趋势及课程改革的新要求

当今世界，公民素养和创新能力已成为各国人才培养的重点目标。在我国，社会主义和谐社会的构建和创新型国家的建设，要求基础教育必须加强价值观教育。同时，国家课程的校本化实施以及校本课程的开发也为学校开展自主的课程改革提供了足够的空间。这就要求我们做到以下两个方面：一方面，学校要根据自身的情况对课程进行适当的调整；另一方面，教师要突破传统课堂教学中单一的"传授者"的角色，而转变为课程开发者、实施者与评价者。

（3）基于道德教育现状及"君子安雅"课程的前期探索

当前，大多数学校的道德教育远离学生的生活，停留在完成任务、活动繁杂且缺乏深度的状态，再加上所采用的是一种说教的教育方式，导致道德教育低效或无效。为进一步改进道德教育的现状，我们立足于学生的整体性，立足于每一个学生的健全发展，在前期"君子安雅"课程的探索过程中，我们提出了"君子六育"的目标，具体包括君子怀刑、君子易事、君子大志、君子劳谦、君子和而不同以及君子三省吾身六个方面。

2. "川菜飘香"课程

"川菜飘香"特色课程是引导学生了解我国著名的地方菜系之一的川菜，走近这地方风味极为浓郁的菜系，认识川菜具有烹饪取材的广泛性、调味变化的多样性和众多菜式的适应性等长处和优势的课程，最后培养学生亲自动手，学会烹调几种简单的特色川菜。

（1）川菜的历史价值

川菜作为我国四大菜系之一，在我国烹饪史上占有重要地位，它取材广泛，调味多变，菜式多样，口味清鲜醇浓并重，以善用麻辣著称，并以其别具一格的烹调方法和浓郁的地方风味享誉中外，成为中华民族饮食文化与文明史上一颗灿烂夺目的明珠。川菜既拥有可追溯的悠久历史，又在当下影响着中国的饮食文化，更代表着中国人餐桌的发展方向。

（2）探究川菜文化有助于博雅学生的成长

小学生对许多未知事物充满好奇心和新鲜感。基于小学生的年龄特点，我们将川菜学习作为学生发展的切入口，通过让学生收集川菜的历史资料、制作川菜海报、动手做川菜、比一比谁做的川菜好、相互品尝各自做的川菜、写制作川菜的心得体会等活动，培养学生的动手操作能力。陶冶学生情操，让学生热爱川菜，增强对本土文化的认同感，与此同时，可以使学生放眼世界，向世界宣扬川菜文化。

（3）丰富的本土资源

为了帮助学生们更系统地了解川菜文化，我们定期带领学生们到成都川菜博物馆参观学习。成都川菜博物馆位于郫县古城镇，占地约四十亩，投资近亿元、藏品数千件，是世界上唯一以菜系文化为陈列内容的主题博物馆。博物馆内分典藏馆、互动演示馆、品茗休闲馆、灶王祠、川菜原料加工工具展示区等。典藏馆以文物、典籍、图文陈列展示历史的川菜文化，游客可以了解川菜文化的起源、演变、发展及川菜文化的形成。在这里，学生可以看到川菜在不同时期使用的不同器具，了解当时的生产力和人们的生活习惯以及当时的审美需求。

3. "蜀蚕吐绣"课程

在实施三年级科学学科养蚕教学过程中，我们深入挖掘我国的蚕桑文化，认识到我国是世界上最早种桑养蚕的国家，种桑养蚕蕴含了深厚的人文底蕴，值得学生了解和探索。因此，我们以养蚕为切入口，让学生在养蚕过程中感悟生命的价值，体验生活的喜怒哀乐。

在学科综合化改革思想的指导下，我们深入挖掘科学课中养蚕教学与语文、数学、美术、音乐、信息技术、综合实践等学科的整合性，以"充分国际化"的思路开发"蜀蚕吐绣"校本课程。通过学科的整合，使校本课程不再以课外活动的形式呈现，不再处于学校主流课程的外围，而是进入了学校课程的主渠道，为学校的特色办学提供了一个试验平台。

（1）指导思想

学校抓住了"整合"二字，以"整合的思想"落实学校的博雅教育理念，整体推动"蜀蚕吐绣"校本课程。所谓整合，就是创造性地将学校内外的教育资源加以统整与融合，在整体优化的基础上使其产生聚集效应，以提升学生综合素养、探究能力和思维品质，从而促进学校学生整体的、综合的发展，真正体现"广博＋雅正"的人才培养模式。

在实施该课程时，"整合"主要有三层含义：一是学校办学理念与校本课程设计的整合，即用博雅教育理念统摄学校课程设计，使"蜀蚕吐绣"课程成为落实学校办学理念的主要手段之一；二是国家课程与校本课程的整合，即在进行"蜀蚕吐绣"课程的开发与实施时，我们经过整体思考，系统设计，围绕"蜀绣文化、蚕桑文化"主题，基于国家课程内容进行了必要的拓展，指向学生综合、整体的发展，以培养学生的核心能力与核心素养；三是课程研究人员的整合，该课程的设计与实施整合了学校、社会、家长、上级部门、专家等人力资源，促进了同质性教师团队和异质性教师研修共同体的建设。

（2）基本原则

实施原则主要包括三个方面：一是人本性原则。它是"蜀蚕吐绣"实施的核心原则。课程的实施立足于学生的健康成长和教师的专业发展，基于学生已有的知识、技能和社会生活经验，遵循学生年龄阶段的认知规律和教师的爱好特长。二是科学性原则。除了课程本身的科学性之外，在实施中遵循科学性的原则是"蜀蚕吐绣"的重要原则。三是整合性原则。这个原则主要来源于"蜀蚕吐绣"开发的动机和思路。在实施中打破学科的界限，一切围绕全面提升学生的综合素养而层层开展。

（3）管理组织

为了保障"蜀蚕吐绣"校本课程的顺利实施，加强课程管理，完善课程评价，学校特设立"蜀蚕吐绣"校本课程实施领导工作小组。

领导小组主要有以下职责：一是构思并制订"蜀蚕吐绣"校本课程组织实施的总体规划，做好指导、研究、实施、评估等工作。二是制订校本课程实施有关规章制度并组织实施和考核。三是组织教师进行校本课程的理论学习，规范教学行为，提高教育教学能力。四是积累课改资料，及时提供教改信息。五是经常深入校本课程实施课堂，指导开课、听课、评课工作，和实施教师一起研究情况，帮助他们及时总结。六是做好校本课程实施的经验或成果的推广和应用。

4. "幽篁竹韵"课程

竹历来代表君子正直、谦虚的品格，因此，在小学阶段开设"幽篁竹韵"这门课程，使学生从小受到竹的高贵品质的熏陶，从而养成良好的个性品质。通过此课程的实施，使学生能对竹文化进行深入了解。第一，感悟竹竿、竹叶、竹枝的外形美，了解竹子多种多样的用处。第二，体会"竹"所代表的君子谦虚朴素的高贵品质，使学生能对比自身，努力做一个"雅竹"小君子。我们从必要性和可行性进行思考，该课程不仅与学校的培养目标相契合，而且所采用的自主探究、小组合作等学习方式是当前学生发展所需要的，同时也是可以实现的。

（1）课程开发的必要性

"幽篁竹韵"校本课程的开发，能在活动中锻炼学生查找收集资料的能力，培养学生热爱祖国、热爱四川文化的情感，提高学生的作品创作能力。

（2）课程开发的可行性

娇子小学紧邻望江公园，该公园为纪念唐代诗人薛涛而建。薛涛爱竹，公园也以竹为特色。学校可依托望江公园浓厚的文化艺术氛围，秉承望江公园丰富的文化底蕴来开展教育教学活动。

（三）学科取向类

1. 语文学科拓展课程——"三味书屋"

语文学科拓展课程"三味书屋"，是国家基础课程语文学科的延伸，主要指语文基础课程与语文学科学习领域的整合。通过系统地指导学生阅读国学经典、本土优秀文学作品、国外优秀文学作品以及本土、国外作家描写异域文化的作品，提供多元的表达方式，在阅读、积累、感悟、表达中，拓宽学生的视野、拓展学生的语文知识与能力，集中培养和提升学生的语文学科能力和人文素养。

（1）课程的提出

①基于语文课程的性质

小学语文新课程标准指出：语文课程是一门学习语言文字运用的综合性、实践性课程，义务教育阶段的语文课程，应使学生初步学会运用祖国语言文字进行沟通交流，吸收古今中外优秀文化，提高思想文化修养，促进自身精神成长。课程性质决定了语文课程应通过大量实践，培养学生掌握学习语文的基本方法、适应生活需要的阅读表达能力，通过优秀文化的熏陶感染，让学生逐步形成良好的个性和健全的人格。

②基于学生的需求

语文课程是一门实践性很强的课程，学生在课内学习了许多名家名篇，但是阅读量很有限，还需要在课外进行大量的补充阅读才能有效地提高学生的语文素养。课外阅读有利于语文课程形成开放性的学习领域，让书籍成为学生的挚友，让学生做学习的主人，提升人生境界，强化人文精神。因此，课外阅读是一种有效的教学补充，其对学生的好处是不言而喻的。

③基于学校整体课程规划

在学校整体课程规划中，我们用博雅教育理念统摄学校各类课程设计，使课程成为落实学校办学理念的重要途径和主要表现，同时，将国家课程与校本课程、课程类型与课程内容相整合，使其发挥整体效应，直接指向学生综合、整体的发展和培养学生的核心能力与核心素养。在这样的思路下，我们提出了"1＋X"课程国际化建设的构想，探索出"1＋X"课程群的主要内容。

（2）目标聚焦

一是围绕语文学科所要培养的学生核心能力——阅读与表达，通过对国家课程的拓展，拓宽学生学习和运用祖国语言文字的视野，提高学生对民族文化与异国文化的学习能力，培养具有国际视野的娇子娃娃。

二是通过"本土滋养"、"异域视界"、"中外对话"三大板块的阅读与表达，让学生感受祖国传统文化的魅力，学习赏析中外文学作品。

三是让学生通过对大量阅读材料的理解、领悟，促进学生将文字转化为自己的语言，提高学生语言的输出——表达能力。

（3）内容选择

在内容拓展方面，各年级从"本土滋养"、"异域视界"、"中外对话"三大板块入手拓展阅读内容。"本土滋养"基于本土文化进行拓展阅读。一是对地方教材"国学经典诵读"进行拓展阅读，精选国学启蒙读物、唐诗、宋词、古文，对学生进行中华传统文化的浸润。二是课内向课外拓展，围绕各单元主题，拓展关于作者及背景的相关阅读材料、该作者其他作品、源于课文内容的相关作品，指导学生分别在课前、课后阅读，紧扣学习内容，突出阅读的针对性和开放性。三是阅读本土的经典作品，如儿童文学读物、四大名著等，基于学生的年龄特点，指导学生学会阅读、赏析，提高学生的阅读兴趣。"异域视界"基于国外文化进行拓展阅读。根据学生年龄特点，向学生推荐国外优秀文学作品，并指导学生阅读，力求建设有活力的、开放的语文课程。"中外对话"基于文化比较进行拓展阅读。引导学生阅读中外作家描写异域文化的作品，感受不同视角下的文化，对学生进行国际理解教育，培养学生比较和探究的精神。

在学法拓展方面，教师进行过程性阅读指导及推进。通过指导学生将课内所学的阅读方法在课外拓展阅读中进行运用，使学生掌握科学的阅读方法，培养良好的阅读习惯。

在表达拓展方面，教师组织学生多元交流、表达。阅读的终极目标是提高学生的语言文字运用能力，使学生能将通过阅读输入的语言信息，转化为自己的语言，并运用祖国语言文字进行沟通交流。通过课外阅读，教师组织学生利用"说、写、演"等方式，不断提高学生语言文字运用能力。

2. 数学学科拓展课程——"走进生活"

"走进生活"拓展课程根据各年级数学课程标准和学生需求设计学科活动内容，课程内容是国家基础课程的拓展，该课程从基础课程中的板块出发，挖掘与生活有关的内容来设计拓展课程的活动。这样的拓展课程通过与国家基础课程进行有效的整合，最大限度地发挥了学生活动的效能，提高了学生解决问题的能力。

（1）课程的重要性

数学是人们生活、劳动和学习必不可少的工具，能够帮助人们处理数据，进行计算、推理和证明，数学在提高人的推理能力、抽象能力、想象力、创造力等方面有独特的作用。"走进生活"拓展课程的数学学习内容应当是现实的、有意义的、富有挑战性的。这些内容要有利于学生主动地进行观察、试验、猜测、验证、推理与交流等数学活动。动手实践、自主探索与合作交流是学生学习数学的重要方式。由于学生所处的文化环境、家庭背景和自身思维方式不同，学生的数学学习活动应当是一个主动的、生动活泼的和富有个性的过程。

（2）课程的理念

学校的办学理念是希望学生通过勤奋的学习获得广博的知识和培养学生的综合性学习能力；学生通过良好的言行举止形成高尚儒雅的个性和优雅的气质。数学拓展课程在学校办学理念的指导下力图实现学生的人才培养。通过拓展课程，为学生奠定发展的"三个基础"，即学会做人的基础、学会学习的基础、学会生活的基础，最终实现"少年之君子"的学校培养目标。数学"走进生活"拓展课程是教材内容的延伸，拓展课程能帮助学生综合运用已有的知识和经验，经过自主探索和合作交流，解决与生活密切联系的、具有一定挑战性和综合性的问题，以发展他们解决问题的能力，加深对"数与代数"、"空间与图形"、"统计与概率"内容的理解，体会各部分内容之间的联系。多种形式的课程活动为学生打下了扎实的基础，培养多样的兴趣、国际化的视野，形成良好的学科素养。

（3）目标聚焦及内容选择

"走进生活"拓展课程分三个学段来制定目标与内容，这样，教师能有效地进行课程开发，使学生学习达到最佳的效果。我们在进行课程内容开发时，充分考虑学生的年龄特征和已有的知识水平，并配合教材进程进行开发。"走进生活"课程内容极其丰富，根据来源可分为五个方面：一是生活中的数学；二是生产中的数学；三是科学技术中的数学；四是与各学科相关的数学；五是智力活动中的数学。

3. 科学学科拓展课程——"科技殿堂"

（1）依托学校办学理念实施科学学科拓展课程

科学学科课程正是在这样的理念指导下开展"科技殿堂"拓展课程，意在拓展学生植物方面的知识，通过种植植物，使学生不断地拓展课本外的知识。在培育植物的过程中，学生不断了解植物生长的特性及生长的过程，并用拍照、日记等形式展示，这是"博"的体现；在活动中，学生耐心地呵护植物，了解培育植物的各种知识和技能，充分锻炼自己的种植技能，并在活动中提高与他人团结协作的能力，这是"雅"的体现。

（2）目标聚焦

围绕科学学科所要培养的学生核心能力——探究与实践，通过对国家课程的拓展，拓宽学生学习和运用科学知识的视野，提高学生的科学素养。

通过"小小种植、养殖"、"科普讲坛"两大活动的实践与体验，让学生感受到科学就在身边，让学生通过常见植物的种植和动物的养殖过程，通过教师、学生、学生家长的科普讲坛，促进学生体验科学的神奇和快乐，充分激发学生的求知欲。

（3）课程内容

各年级通过"小小种植"、"科普讲坛"两大活动进行学习方法上的拓展：进行小种植过程性资料的收集积累、科普讲坛的细节准备；进行知识上的拓展：成果展示、信息反馈。通过学生自主体验、感受这些环节，形成系统的科学实验方法。

五、学校课程的具体设置（课程表）

依据上级教育部门的要求和学校课程建设的需要，学校每学年在校时间为 39 周，考试复习为 2 周，学校活动为 2 周，教学时间为 35 周。每周一、二年级 29 课时，三至六年级 33 课时，每课时 40 分钟；一、二年级教学时间 1170 分钟，三至六年级教 1350 分钟。各年级课时安排如表 3 - 1 所示。

表 3 - 1　各年级课时表

		一	二	三	四	五	六	总课时	课时比例
品德与生活（社会）		2	2	2	2	2	2	420	0.063
语文		8＋1	8＋1	7＋2	7＋2	6＋2	6＋2	1820	0.284
数学		4＋1	4＋1	4＋2	4＋2	4＋2	5＋1	1190	0.179
外语		3	3	3	3	3	3	630	0.095
科学				2	2	2	2	280	0.042
体育与健康		4	4	3	3	3	3	700	0.105
艺术	音乐	2	2	2	2	2	2	420	0.063
	美术	2	2	2	2	2	2	420	0.063
综合实践活动、地方课程与学校课程	信息技术			1	1	1	1	140	0.021
	学校课程	2	2	3	3	4	4	630	0.095
周总课数（节）		29	29	33	33	33	33	190	
学年总课时（节）		1015	1015	1155	1155	1155	1155	6650	
书法		在义务教育阶段语文课程中，要按照课程标准要求开展书法教育，其中三至六年级的语文课程中，每周安排一课时的书法课；在义务教育阶段美术（艺术）等课程中，要结合学科特点开展形式多样的书法教育。义务教育一、二年级，七至九年级由各地从语文、美术等课程中每周安排一课时的书法课。							
晨（夕）会		每天20分钟。							
大课间体育活动、眼保健操		每天上午一次课间安排30分钟的大课间体育活动；没有体育课的当天下午安排1小时集体体育锻炼；每天上、下午安排眼保健操各1次，每次5分钟。							

　　一、二年级语文"＋1"课时单周为班会，双周为阅读课，三至六年级语文"＋2"课时，一节为阅读课，一节为班会课。一、二年级数学"＋1"课时为"生活中的数学"，三至六年级"＋1"课时为"数学思维"，三至五年级另外"＋1"课时为"生活中的数学"。综合实践活动一期一次，集中6个课时进行，将按活动临时做出课时调整，所以未在本表格中体现。由于学生年龄增长，学习的自主性和个体需求也越来越大，因此，在低、中、高学段，校本课程课时从2节逐渐增加到3节、4节。

[第四章]

学校特色学科
课程建设

课程是实现教育目的的中介，是促进学生发展的基本条件，建立与特色学校相适应的"博雅"课程体系是娇子小学特色建设的重要突破口。要实现博雅教育理念和学生培养目标，"博雅"的课程体系必须打破以课堂为唯一形式、以传授书本知识为唯一内容的单一课程结构体系，代之以社会需要、学科体系和学生发展为三个基本点，构建具有均衡性、综合性、可选择性的课程体系，以此来培养具有基础扎实、特色鲜明、个性多样的娇子学子。在实践操作过程中，我们以特色学科课程建设作为实现特色学校建设的突破点。

一、特色学科课程群的搭建

为了能充分展现学生特色，促进学生的个性化发展，学校围绕国家核心课程开设了若干外围课程。我们围绕重点主题开设了若干课程模块和围绕学习领域开设了若干学习板块，并以整合的思想构建"核心＋外围"、"主题＋模块"、"领域＋板块"的特色学科课程群。

（一）核心＋外围

学校将国家课程的教学内容进行拓展、延伸、调整，丰富课程资源，构建课程群，利用主课堂进行课程实施。具体分析，我们主要围绕语文国家课程这一核心设置外围课程，凸显"语理文道、品读鉴赏"课程意图；围绕数学国家课程这一核心设置外围课程，凸显"数一学二、数学应用"课程意图。我们试图通过课程群的构建促使学生养成阅读习惯、发展数理解析能力和掌握自主学习的技能等。

1. 课题引领，强化核心课程

为了确保"核心＋外围"课程群的深入开展，学校围绕数学学科申请了市级课题"基于学科思想方法的整合性教学策略研究"和语文学科的"基于教材结构的整体性教学研究"课题。基于教材解读、学情分析、课堂研究，我们通过这两大课题的研究，探索出语文、数学学科的教学模式，总结出两大核心学科的教学策略，提升语文、数学核心课程实施质量，减轻了学生课业负担，促进了学生学科综合素养、探究能力和创造性思维的发展。

2. 活动提升，拓展外围课程

为了拓展"语理文道"、"数一学二"外围课程，学校分别为语文、数学学科开设了支撑外围课程的若干活动，实现内外结合，课内学习与课外指导紧密结合。

在语文学科方面，我们设置"语理文道"外围课程，并在此之下开设包括"一手好字、一副好口才、我会阅读、课外阅读、经典诵读"在内的语文学科活动，凸显"国学经典、品读鉴赏"课程意图，充分培养学生

"听说读写"的语文学科素养。

在数学学科方面，我们设置"数一学二"外围课程，并充分根据学生的生活经验，设置"数感培养、实践与综合运用"在内的数学学科活动，凸显"数字图形、数学应用"课程意图，培养学生灵活运用数学知识的能力。

【案例】让数学生活化

在设计数学变式练习时，我们将身边的生活元素融入其中。例如，在以往的行程问题设计中，通常采用的是"A 地与 B 地"这样的方式，为了让学生在学习数学时能将生活中的知识内化，我们将这类问题做以下改编：王强国庆节准备去重庆旅游，成都到重庆高速路程大约 360 公里，爸爸开车每小时行驶 120 公里，问几小时能到达？通过以上的改编，把数学与学生的生活联系起来，既加强了数学与生活的联系，又提高了学生的学习数学的兴趣。

（二）主题＋模块

学校将德育主题活动与学科教学进行整合，使整合后的活动成为主题活动的一个个模块，形成了"主题＋模块"学科课程群。具体来说，我们在"培雅育正"这一主题之下开发实施"君子六育、心语、心育、雅行教育、艺术欣赏、体育活动"五大模块课程；在"国际理解"这一主题之下开发实施"本土文化的认同、异文化的理解、跨文化的交流"三大模块课程。我们建设这样多元的课程，其目的是让学生系统地、富有兴趣地进行自主学习。

1. 整合资源，确定研究主题

我们根据学生的需求评估，按照学生实际发展状况和教师队伍建设的现状，有机整合校内外各种资源来确定校本课程的研究主题。以"培雅育正"主题为例，我们在课堂教学中进行德育渗透，把核心价值观教育与课程活动整合起来，同时依托学校已有的课程资源，如"总角启蒙"、"鸿鹄高翔"、"君子易事"、"君子修心"、"君子劳谦"、"君子和而不同"，综合利用学生家庭、社区的各种教育资源，设置了"君子六育"模块，并确定了"培雅育正"主题，以"主题＋模块"的方式整体推进学校德育活动的实施，促进孩子们在参与、合作、反思、实践四种德育方式中提升自己的德育素养。

2. 项目跟进，实施相应模块

学校以研究主题为基础，收集相关资料，建立相应的课程模块。以"国际理解"为例，在"本文化认同"这一模块，我们确定了"蜀蚕吐绣"、"幽篁竹韵"、"龙舟竞渡"、"蜀酿飘香"四大项目；在"异文化理解"这一模块，我们确定了"娇之雅韵"、"迎新嘉年华"、"体育竞技"三大项目；在"跨文化交流"模块，我们确定了"英语世界"项目。在各个项目成熟之后，学校将项目编制为校本教材或校本课程。

【案例】"娇之雅韵"课程的开发与实施

运用整合式课程开发思路，我们围绕"娇之雅韵"文化艺术节这一主题，实行每一个学科进行跨学科的整合式开发。例如，语文学科引导学生用文字记录自己进行探究式学习的成果；音乐学科在课堂内外让学生通过自主探究的方式欣赏中外名曲；美术学科让学生通过欣赏中外名画提升对美术作品的鉴赏能力；英语学科则让孩子们在学习运用语言的过程中感受中外文化的魅力；信息技术学科为各个学科的探究式主题学习提供技术的支撑。

（三）领域 + 板块

紧扣博雅教育理念，围绕"博雅"二字，我们认为娇子学子的发展领域应该包括博闻强识、博雅多通和大雅宏达。博闻强识是指学生成长应具备的最基础的知识与技能；博雅多通是指学生应具有自身的兴趣和特长；大雅宏达是指学生应感受自己所在环境下的道德要求以及文化特质，做一个适应社会、具有国际视野的世界公民。依据学生的三大发展领域，我们采用"领域 + 板块"的课程设计思路，构建"1 + X"特色学科课程群。"1"为"博闻强识"课程，即学科课程，即国家基础课程中的学科领域课程。"X"是根据关注人和社会人的递进程度，在国家基础课程基础上派生出多元的"博雅多通"课程和"大雅宏达"课程，即能力拓展类课程和实践体验类课程。

1. "博闻强识"课程的设计

"博闻强识"课程即国家课程，包括基础课程中的九大学科领域课程，该类课程力求引导学生建立学科知识结构和思想方法体系，培养学生的国际通用性学习能力和整体性学习能力。

2. "博雅多通"课程的设计

"博雅多通"课程涉及面广泛，该类课程理性思维与感性思维相交叉，在科技、艺术、语言、生活等学科基础上进行拓展，力求激发学生的学习兴趣，拓宽学生的知识面，挖掘学生的特长，提高学生对自我的正确认识。

3. "大雅宏达"课程的设计

"大雅宏达"课程包括"君子安雅"课程和"蜀风雅韵"课程两大部分，"君子安雅"课程将国家、地方、校本课程的目标和内容进行整合，涉及了家庭、学校、社区、社会、中国和世界，范围由小及大，由近及远，体现一种强烈的层次感。"蜀风雅韵"课程，能彰显强烈的本土特色和学校特色，以此作为国际化教育的突破口。"大雅宏达"课程是将学生置于社会舞台这个大环境中，培养学生提出问题、分析问题、解决问题的能力以及进行跨学科探究活动的能力，指向学生的现实发展和未来生活，增强学生的社会适应能力。

【案例】"博雅多通"课程的开发与实施

在建设"博雅多通"课程时，我们的开发和实施程序包括以下几个方面：首先，各学科、各年段结合学校每周的一节拓展课，确定各学科及分解至各年段的学习目标和学习内容。其次，运用行动研究的操作模式"情况调研判断—反馈研究—自我参与式研究"，通过教师的示范课和常态课，总结主要实施思路及操作策略。最后，编制校本课程，使之成为学校学生学习拓展课程的主要读本，并持续延用。

二、学科知识的调整与整合

通过调查研究，学校存在以下三大教学问题：一是浅表，即教师教的浅，导致学生学的浅；二是零散，即教学缺乏整合性和结构性；三是狭隘，即教学注重知识点的教学，整体性不强。针对以上三大教学问题，我们从学科知识的调整与整合入手，着力解决教学浅表、零散、庞杂的现状。如何来进行学科知识的调整与整合呢？依据不同学科的属性和特征，我们基于学科思想方法的教材知识整合和基于学科结构的大单元教材整合两个角度进行构思和设计。鉴于语文学科思想方法灵活性较大，而数学学科的核心就是思想方法，我们聚焦在语文学科基于教材结构进行整体性教学，数学学科基于思想方法进行整合性教学。

（一）基于学科思想方法的教材知识整合

作为学科教学的精髓和灵魂，学科思想方法对教师的学科教学、学生的学习和学科素养的发展都具有整合功能。基于学科思想方法的整合性教学不仅可以减轻学生的课业负担，而且有助于提升学生的学习质量。

1. 何谓学科思想方法

"学科思想方法"是指能够反映学科知识本质、学科思维特点和学科学习规律，对分支学科发展和学生学科素质发展起着决定性作用的观念、思想和方法。具体来说：其一，学科思想方法是学科的精髓和灵魂。其二，学科思想方法对分支学科发展和学生学科综合素养发展起决定性作用的一些基本观念、思想和方法。其三，学科思想方法对学科教学具有整合功能。

作为学科教学的精髓和灵魂，学科思想方法具有以下四大特性。

一是深刻性。学科思想方法反映了学科内在的规律和特点，体现了学科知识的本质和价值，引导着学科的发展，并可以对学科的许多具体内容予以解释，因而具有深刻性。

二是内隐性。学科思想方法是从具体的学科知识中提炼出来的，常常蕴含于学科概念、法则、定律等基础知识的形成过程中，因而具有内隐性。

三是稳定性。学科思想方法是对学科知识内容和所使用方法的本质的认识，它是从某些具体学科认识过程中提炼出来的一些观点，在后继研究和实践中被反复证实其正确性后，就具有了一般意义和相对稳定的特征。

四是整合性。作为学科的深层结构，学科思想方法以基本观念和基本方法为核心，是学科知识结构的组织线索和转换依据，对学科的知识体系、教师的教学内容、学生的学科学习和学科能力发展都具有整合功能。

2. 都有哪些学科思想方法

（1）学科思想方法的类型

根据学科思想方法的哲学、一般思想方法、具体思想方法的三个不同层次和宏观、中观、微观三种类型，数学学科思想方法有以下三种类型。

一是宏观的数学思想方法。宏观的数学思想方法主要是对数学理论和内容的本质认识，是数学的理论体系。

二是中观的数学思想方法。中观的数学思想方法主要涉及数学学科的文化地位、学科方法的认识论价值与方法论价值、学科内部间的辩证关系等。

三是微观的数学思想方法。微观的数学思想方法一般是指数学学科中具体的数学方法，特别是数学发现、数学思维和数学创造的方法。

（2）学科思想方法的模式

根据以上对学科思想方法的总体梳理，我们建构了学科思想方法的"分类＋分层"模式，如图4－1所示。

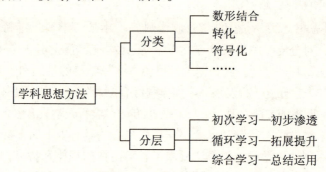

图4－1　学科思想方法的"分类＋分层"模式

①学科思想方法的分类模式

通过认真研读《义务教育数学课程标准（2011年版）》和大量理论学习，我们系统梳理了小学阶段1—6年级教材中蕴含的数学思想，根据各种思想在小学阶段的重要性和出现频次，最终确定了数形结合思想、转化思想、分类思想、符号化思想、函数思想、极限思想、集合思想等数学思想方法，如图4－2所示。

②学科思想方法的分层模式

准确定位学科思想方法后，按照初次学习、循环学习和综合学习的不同教学层次，我们形成了螺旋上升的教学模式。例如小学数学计算中的转化思想教学，如图4－3所示。

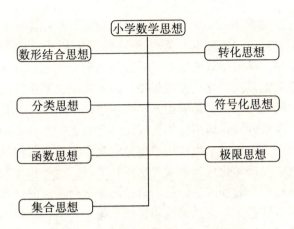

图 4 - 2　小学数学思想方法的分类模式

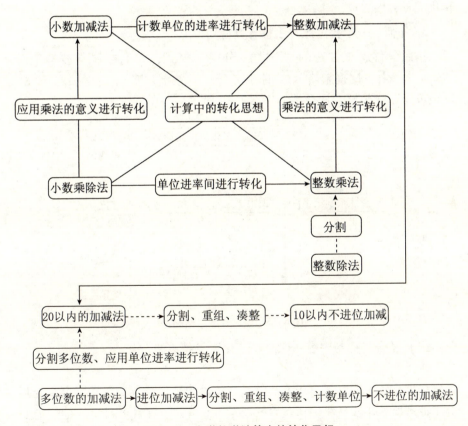

图 4 - 3　小学数学计算中的转化思想

第一，低段初次学习：初步渗透转化思想。学生学习整数和加减法时，通过分割、重组、凑整和计数单位间的进率初步感知、体会转化思想。其次，学生在学习整数乘法时进一步渗透转化思想，让学生有意识地应用乘法的意义把乘法转化成整数加法，从而总结出乘法口诀。

第二，中段循环学习：拓展提升转化思想。学生学习小数加减法乘除时，进一步巩固掌握转化思想，学会应用转化思想把小数加减乘除转化成整数加减乘除法。此外，学生应用单位间的进率把小数加减法转化成整数加减法、小数乘除法转化成整数乘除法进行学习，也可根据乘法的意义把小数乘除法转化成小数加减法，从而总结出小数乘除法的计算方法。

第三，高段综合学习：总结运用转化思想。学生在学习异分母加减法时，能够主动运用转化思想把异分母转化成同分母并进行计算，分数除法转化成分数乘法进行计算。

3. 如何基于学科思想方法整合教材知识

按照学科思想方法的"分类＋分层"模式，我们在课堂教学中以"课前'三化'挖掘策略"、"课中'三定'教学策略"、"课后'三性'反馈策略"实施整合性教学，如图4－4所示。

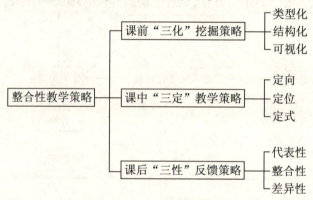

图4－4　整合性教学策略

（1）整合目标与内容：课前"三化"挖掘策略

①类型化策略

根据小学阶段学科思想方法的呈现年段和呈现特点，数学组全体老师分工梳理所教年段教材中所蕴含的数学思想方法。在此基础上，他们需要找准小学阶段重点的学科思想方法，使之类型化。例如，一年级数学老师根据课程标准要求和年级侧重点梳理学科思想方法，如表4-1所示。

表4-1　小学一年级数学思想方法分布

教学内容	教材分布 （教学内容所对应的课题）	学科思想方法
6—10 的认识	文具	对应思想
比大小与比多少	动物乐园	比较、对应思想
10 以内数的认识	快乐的家园	对应及符号化思想
分类	整理房间	分类思想
认识长方体、正方体、圆柱、球	认识物体	建模思想
小明的一天	认识钟表	建模思想
象形统计图的认识	最喜欢的水果	归纳统计思想

②结构化策略

当从横向上梳理出各年级的数学思想方法后，数学组全体老师继续对这些思想方法进行分门别类的梳理。他们采取责任分工制，安排每位老师针对某一思想方法进行1—6年的纵向分析。例如，他们梳理了数形结合思想方法在1—6年级的横纵分布，如图4-5所示。

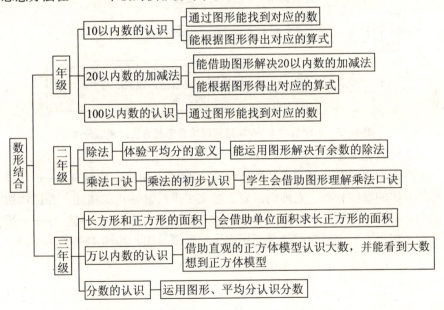

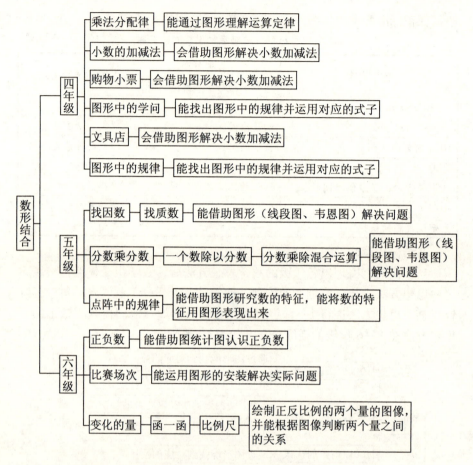

图4-5 小学数学1—6年级数形结合思想方法的横纵分布

③可视化策略

由于思想方法是以暗线的方式呈现，为了更加清晰地呈现1—6年级思想方法的整体分布，老师们需要通过文字进行显性化的描述。在团体协商的基础上，老师们将各自负责的思想方法用"可视化的工具"——思维导图显现出来。例如数形结合思想方法的思维导图，如图4-6所示。

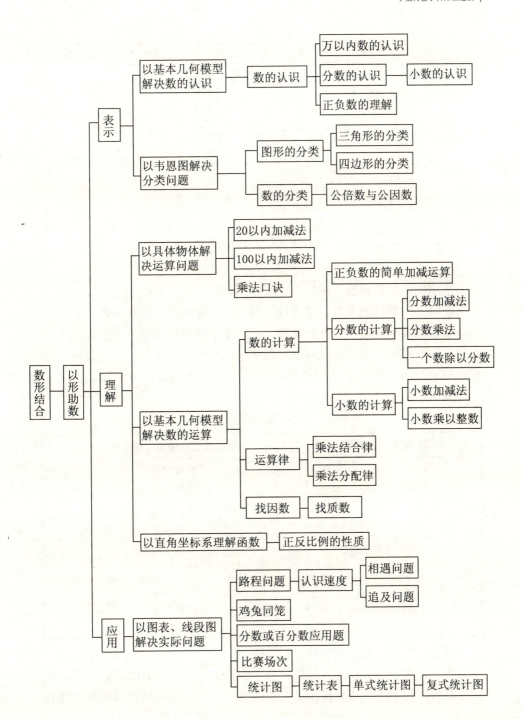

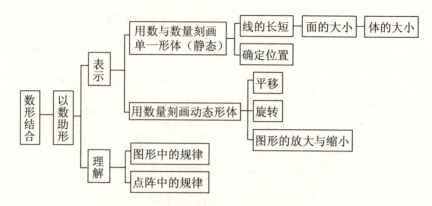

图4-6　数学结合思想方法的思维导图结构

（2）整合过程与方法：课中"三定"教学策略

①定向：学科思想方法的选择策略

准确定位学科思想方法是进行学科思想方法教学的前提条件。依据数学课程标准要求，结合老师们梳理出来的小学阶段数学思想方法的横纵分布以及这些思想方法的出现频次，数学组以数形结合思想、转化思想、建模思想等为例，整理出比较典型的学科思想方法的不同教学层次，如表4-2所示。

表4-2　不同学科思想方法的学习层次

学科思想方法的类型	学科思想方法的学习层次
数形结合思想	初次学习 循环学习 综合学习
转化思想	初次学习 循环学习 综合学习
建模思想	初次学习 循环学习 综合学习

②定位：学科思想方法的分层策略

当确定某一学科思想方法后，为了准确定位各思想方法的教学层次和教学阶段，数学组根据对初次学习的渗透、循环学习的拓展和提升和综合学习的运用进行了大量的实践探索，并分别总结出不同的教学要点，如表4-3所示。

表4-3 学科思想方法的分层策略

学科思想方法的学习层次	学科思想方法的教学阶段	整合性教学要点
初次学习	渗透阶段	情境、比较
循环学习	拓展阶段	冲突、巩固
	提升阶段	动手、归纳
综合学习	运用阶段	回顾、升华

③定式：学科思想方法的分段策略

当确定了学科思想方法的学习层次后，老师们需要更进一步定位该思想方法的教学阶段。通过实践经验的总结和提炼，数学组归纳出了学科思想方法的四种教学阶段，如表4-4所示。

表4-4 学科思想方法的分段策略

学科思想方法的教学阶段	学科思想方法的教学策略
渗透阶段	1. 创设情境——提出问题，引发思考 2. 呈现多样——自主探索，小组合作 3. 分析比较——小组合作，集体交流 4. 形成结论——教师引导，学生归纳
拓展阶段	1. 呈现学习材料，引发认知冲突 2. 寻找解决策略，巩固思想方法 3. 学生活动实施，拓展思想方法 4. 小结归纳运用，解决生活问题
提升阶段	1. 动手操作，探索方法 2. 独立探索，相互交流 3. 总结回味，归纳方法 4. 解决问题，升华思想
运用阶段	1. 基本思想方法的回顾与交流 2. 梳理思想方法的范围及作用 3. 拓宽学生对思想方法的理解 4. 总结升华，迁移运用

当形成了不同类型、不同层次、不同阶段学科思想方法的认识后，我们该怎样充分发挥学生的主体性，让学生主动参与到学科思想方法的学习中来呢？基于这一问题的思考，我们在教学过程中进行了三大改变：一是改变时间，即由匀速推进课堂转变为以时间单元来推进；二是改变空间，即由教师单向灌输到学生的多向合作与互动；三是改变线索，即由教师教为主要线索转变到学生的学为主。为实现这三大改变，我们需要找到一个研究中介，为此，我们尝试开发学生学习思想方法的工具——问题群式的导学，如表4-5所示。

表4-5 问题群式的导学

问题群式的导学特点	问题群式的导学层次	问题群式的导学设计	问题群式的导学实施
1. 思想主线 2. 问题驱动 3. 层层推进	1. 初次学习 2. 循环学习 3. 综合学习	1. 创设情境，激发学生发现和提出问题，培养学生的问题意识。 2. 搭建支架，立足学生的最近发展区，便于学生交流与思考。 3. 聚集核心，设计层次性和条理性问题，加强学生过程性体验。 4. 留有空间，促使学生分析和解决问题，提升学生的思维品质。 5. 实际运用，引导学生归纳和拓展问题，活化学生的学习方法。	1. 紧扣主题，确定目标 2. 任务具体，明确内容 3. 问题驱动，强调方式 4. 过程合理，注重方法

根据问题群式的导学设计思想，在教学过程中，我们设计具体的一系列问题，形成问题导向单来促进学生对学科思想方法的主动学习。例如，在综合学习阶段，我们设计了问题导学单，如表4-6所示。

表4-6 综合学习阶段的问题导学单

问题导航
1. 在数学学习活动中你学到了哪些解决问题的方法？ 2. 在哪些地方运用到了这些方法？ 3. 这些方法在解决问题的时候有什么好处？ 4. 你还在哪些地方使用过以上方法来解决问题？

第一个问题让学生整体回顾小学阶段有哪些解决问题的方法；第二个问题是让学生梳理该方法的范围；第三个问题旨在让学生了解该方法的作用；第四个问题是让学生在已有基础上能够拓展、提升，最后达到运用。学生抓住这四个层层深入的问题，能够系统回顾和整理该方法在小学阶段的呈现、范围、作用，最终灵活运用这些思想方法。

（3）整合练习与作业：课后"三性"反馈策略

①代表性

作业与练习不仅是教学中不可或缺的训练和反馈，更是检验和证明学科思想方法在整合教学中有效程度的工具。因此，学生的练习与作业设计应该体现学科思想方法，作业的选择应具有典型性和普适性。

【案例】"点阵中的规律"作业设计

$$\frac{1}{2} + \frac{1}{4} + \frac{1}{8} + \frac{1}{16} + \frac{1}{32} + \frac{1}{64} + \frac{1}{64}$$

设计意图：本题的解决方法有很多，但以数形结合思想来画图解决是一种具有代表性的解题方法，从而进一步巩固数形结合思想的运用。

②整合性

根据学生掌握运用知识的规律，我们除在课堂教学中进行整合性教学外，也必须在练习与作业设计中将学科思想方法的学习与练习进行有机整合，从而有计划、分步骤地引导学生通过练习等方式，反复应用学科思想方法，并由此内化为自身的知识。

【案例】"分数的认识"作业设计

1. 涂出 [   ] 的$\frac{1}{2}$。

2. 涂出 ◯ ◯ ◯
　　　　◯ ◯ ◯ 的 $\dfrac{5}{6}$。

设计意图：两道作业分别出现在同一课堂的不同时间，其设计与每一个环节的教学目标相结合。作业1是在教学过程中完成的作业，旨在体现分数的意义，实现学生初步体会分数的模型思想这一目标；作业2是在课后完成，将多个物体看成一个整体，实现提升学生运用模型思想解决问题这一目标。

③差异性

每个学生都有不同的学习能力和水平差异，教师在作业设计时要根据学生的特点来设计具有层次性的作业，让每个学生都能在其最近发展区得到不同程度的发展。

【案例】"图形的面积"作业设计

1. 下图（单位：厘米）是两个相同的直角梯形重叠在一起，求阴影部分的面积。

2. 图中，$CA = AB = 4$ 厘米，$\triangle ABE$ 比 $\triangle CDE$ 的面积大 2 平方厘米，求 CD 的长。

设计意图：两道题都运用了转化思想来解决问题。第1道题，主要针对理解能力较弱的学生而设计，通过观察，学生可找到两个相同梯形具有公共部分，从而将阴影部分转化为下面的梯形。第2道题上升了一个难度，两个三角形的面积差与问题看似没有联系，学生需要通过为两个三角形找一个公共的图形，将两个三角形的面积差转化为长方形与三角形的面积差，从而解决问题。

（4）基于学科思想方法的整合性教学流程

当确定了思想方法和教学策略后，具体到每一节该怎么进行教学呢？我们按照教师的教与学生的学双向互动的关系，归纳出基于学科思想方法的整合性教学流程（如图4-7所示），并以《花边有多长》为例，举例说明算法优化思想初次学习在渗透阶段的教学策略。

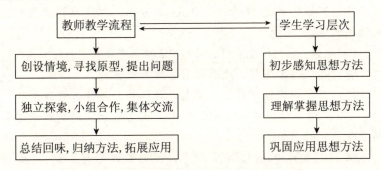

图4-7　基于学科思想方法的整合性教学流程

①创设情境，寻找原型，提出问题——初步感知学科思想方法

教师首先利用生活中的情境引入新课，激活学生的原有经验和学习动机，顺势提出要解决的数学问题。

【案例】"长方形的周长"创设情境设计

师：我们学校一年一度的"迎新嘉年华"活动马上就要开始了，我和吴老师商量，为了能使教室看起来更漂亮，我们准备给黑板贴上花边，像这样（课件出示），那我至少要准备多长的花边才够呢？

师：要解决这个问题，同学们有什么疑问吗？

（引导学生解读"至少"的含义，依据学生的回答，引导学生理解花边的长即是黑板的周长）

师：除了花边的长即是黑板的周长，我们还可以发现哪些数学信息呢？

（引导学生发现黑板就是长方形，进一步体会数学与生活的联系）

②独立探索，小组合作，集体交流——理解掌握学科思想方法

教师设计系列操作活动，引导学生动手、动脑、独立思考。活动中教师运用观察、比较等学习方法使学生在解决问题过程中掌握理解学科思想方法并获得新知识。

【案例】"长方形的周长"小组讨论设计

师：黑板的长是 34 分米，宽是 12 分米，你能计算出这个黑板的周长吗？

(动笔算一算，学生采用不同的方法独立地在本子上列出算式)

师：算完后再想想，还有没有其他算法呢？

师：在小组内说一说，你是怎么计算的，为什么这么算？

生1：$34 + 12 + 34 + 12 = 92$ 分米，我是将长方形所有的边加起来就是它的周长。

生2：$2 \times 34 + 2 \times 12 = 92$ 分米，因为长方形有 2 条长、2 条宽，就将它们先乘 2 再加起来就是长方形的周长。

生3：$(34 + 12) \times 2 = 92$ 分米，因为长方形有两条相同的长与两条相同的宽，所以我先用 $34 + 12$ 就是先算出 1 条长和 1 条宽的和，再用它们的和乘 2 求出长方形的周长。

生4：$4 \times 6 = 24$ 分米，因为长方形的长是宽的 2 倍，周长就有 6 个宽。

(通过呈现不同的计算方法使学生进一步理解不同思考角度下思考的结果，体会不同算法的算理)

师：关于计算长方形的周长，大家用了三种不同的算法，每一种方法都很好，下面就请你用自己喜欢的方法来计算下面长方形的周长。

4厘米

8厘米

出示并板书学生的不同计算方法：

A：$8 + 8 + 4 + 4 = 24$ 厘米

B：$8 \times 2 + 4 \times 2 = 24$ 厘米

C：$(8 + 4) \times 2 = 24$ 厘米

D：$4 \times 6 = 24$ 厘米

师：在解决求这一长方形周长的时候，同学们采用了四种算法，你喜欢哪种方法呢？你为什么喜欢这种方法呢？

（四人小组讨论）

生1：我喜欢用 $8 + 8 + 4 + 4 = 24$ 厘米这种方法，因为这是一种比较通用的方法，可以计算三角形、梯形、正方形等所有平面图形的面积。

生2：我喜欢用 $8 \times 2 + 4 \times 2 = 24$ 厘米这种方法，因为这种方法是根据长方形的特征来计算的。

生3：我喜欢用 $(8 + 4) \times 2 = 24$ 厘米，从计算的步骤来看，它最简洁。

生4：我喜欢用 $4 \times 6 = 24$ 厘米来计算长方形的周长，因为在这道题中长是宽的2倍，周长就是有6个宽。

师：同学们不仅能够说出了计算的方法，还说出了喜欢这种方法的道理，同学们说得都很好，在实际生活中可以根据实际情况选择你认为最简单的方法来计算长方形的周长。

（教师不急于评价哪种方法好哪种方法差，只是评价每一种方法都好，为后面形成结论埋下伏笔）

③总结回味，归纳方法，拓展运用——巩固应用学科思想方法

教师在小结归纳环节中引导学生回忆获得新知的过程，使学生明白具体的学科思想方法是什么。此外，教师还有设计能体现学科思想的典型练习题，帮助学生在运用知识解决新问题的过程中提升巩固这一思想方法。

（二）基于学科结构的大单元教材整合

学校致力于探索基于教材结构进行大单元教材整合教学的策略，重在打破教材中的单元界限，依据单元整合点，整合教材内和课外材料，重组教学内容，精选优化学习资源，真正实现"减负、增效、提质、优化"。

1. 学科结构是什么

学科结构指学科教材系统中各基本要素之间的内容结构、组织结构及形态结构所组成的有机整体。它是用学科的基本概念、基本规律、基本事

实和基本方法联系起来的整体。

我们依据美国课程论专家施瓦布对学科结构的解读，他认为学科结构包括三个基本含义：一是由一门学科特定的一般概念、一般原理所构成的体系（实质结构）；二是一门学科特定的探究方法与探究态度（句法结构）；三是学科间的关系（组织结构）。（钟启泉，2003）[134] 以此为基础，我们对语文学科教材结构的内涵有了进一步的认识，它包含了三个方面的内容，即知识结构、篇章结构和表意结构。知识结构是指语文基础知识与基本能力，基于知识结构的大单元整体教学就是以"双基"为主线重组本文，如画情节曲线的记事类文本、比喻等修辞手法的文本、说明方法类的说明文文本等；篇章结构是指布局谋篇的方法，如总分（总）结构的状物类、散文等文本和侧面描写类文本等；表意结构是文章的主旨与中心，我们按照文章主题分类来整合文本，如环境保护类、亲情类等。基于以上学科结构的认识，我们进一步得出基于教材结构来组织教学的框架图，如图4-8所示。

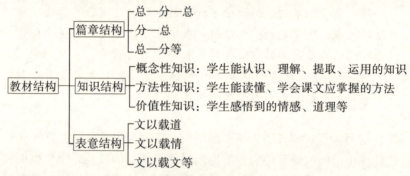

图4-8 语文教材结构

2. 基于学科结构来整合教材内容

学校立足于教材中的概念性知识、方法性知识和价值性知识，立足于小学语文教材逻辑即教材编写的自身逻辑和教学内容的内在逻辑等方面，立足于各学段对学生学科素养的要求，以此整合教材的教学目标、教学内容、教学资源、教学方法。

例如，在语言文字领域方面，我们基于教材结构的整体性，在教学中强调教师对教材内容的整体感知和理解。因此，我们对教材进行横纵向解读，梳理出1—6年级的教材结构，明确每一课的训练点，贯穿于备课、上课、课后练习、检测等教学环节，使庞杂的教学内容得到精简，散乱的训练变得有序，实现量的压缩和质的提高。具体分析，我们的操作步骤包括以下方面。

第一，进行以"结构"为核心的教材整体解读，从整体上了解各册的教学内容。

第二，进行以"布点"为核心的单元整体感知，将教材内容中语和文的要素进行充分挖掘，找准每篇课文的重点和训练点。

第三，进行以"运用"为核心的课时整体教学，引导学生从整体上揣摩、领会和掌握学科知识与方法。

以上三个步骤加强了学科知识与能力、学习思维与方法的关联性、结构性、整体性，在促进学生掌握知识的同时，也促进学生认知结构的整体发展。此外，学校进一步借助思维导图研究工具，系统梳理小学1—6年级语文能力训练点和教材结构中的案例，并绘制了大单元整体阅读教学的结构图，如图4-9所示。

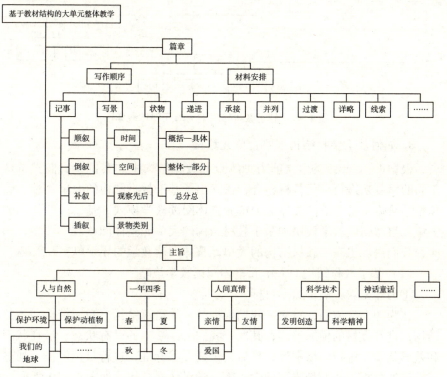

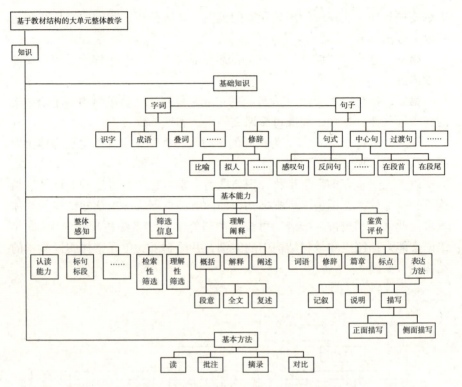

图4-9 基于教材结构的大单元整体教学

3. 如何基于学科结构来整合单元教材

根据1—6年级的语文能力训练点和教材结构中的案例，我们尝试从不同的角度来进行单元教材整合，探索出了基于教材结构的大单元整体阅读教学策略、基于不同文体的大单元整体阅读教学模式、基于同一文体的大单元整体阅读教学模块和基于教材结构的大单元整体阅读教学课型，同时，我们提炼出基于教材结构的大单元整体阅读教学的导学单实践策略。

（1）基于教材结构的大单元整体阅读教学策略

①为什么教：确定教学目标

在为什么教方面，首先，我们根据教材的篇章结构、知识结构和表意结构，进行教材的横纵解读；其次，我们关注学生的已有状态、潜在状态和差异状态，进行学情解读；最后，依托课程标准，进行目标解读。通过三维度的分析，我们最终帮助学生建立学科认知结构，如图4-10所示。

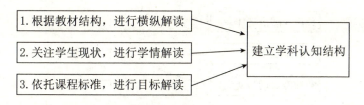

图 4 - 10　确立教学目标

②教什么：明确教学内容

在教什么方面，我们立足于教材本体即概念性知识、方法性知识和价值性知识，立足于教材逻辑即教材编写的自身逻辑和教学内容的内在逻辑等方面，把最有价值的知识教给学生，即教材结构，如图 4 - 11 所示。

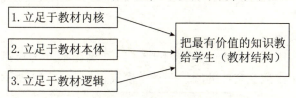

图 4 - 11　确立教学内容

③如何教：强调教学方法

在如何教方面，教师整理出知识点在小学阶段的呈现形式，并强调教学的主线、侧重、层次和关系，从而潜移默化地帮助学生构建认知结构，如图 4 - 12 所示。

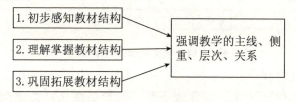

图 4 - 12　强调教学方法

④ 怎么学：注重学习方式

在怎么学方面，我们注重学生在自我体验和活动过程中的独立探索，在与作者、与师生的对话和交流中发现和归纳教材结构，从而真正学会自主、合作、探究的学习方式，如图 4 - 13 所示。

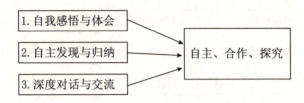

图 4 – 13　注重学习方式

（2）基于不同文体的大单元整体阅读教学模式

按照教材结构的整体性教学基本思路，我们致力于寻找不同课型的基本结构模式，探索在不同文体中可供选择的教学模式。在语文组的团队合作下，我们以散文和说明文两种文体为研究重点，形成了相对稳定的、系统的教学范例。

①散文文体

以北师大版《语文》四年级下册《三月桃花水》为典型课例，我们探索出小学中段散文文体的阅读课教学模式，如图 4 – 14 所示。

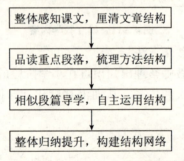

图 4 – 14　散文阅读课教学模式

②说明文文体

以北师大版《语文》五年级下册《奇异的激光》为典型课例，我们初步整理出小学高段说明文体的阅读课教学模式。

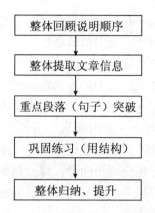

图 4 – 15　说明文阅读课教学模式

（3）基于同一文体的大单元整体阅读教学模块

在实践探索中，我们构建了记叙文文体类的单元整合教学，打破了单纯的课时限制，并以模块为单位进行教学，通过这样的方式有利于教师教结构，学生学结构和用结构。我们选取了北师大版《语文》五年级下册的三篇记叙文进行整合，以一个单元为研究点为例。

①预习模块

学生在了解本单元的预习要求后，自主预习，同时完成老师预先设置的预习检测单，整体感知课文。第一课时，老师以汇报预习单、听写、抽读等形式检测学生的生难字掌握和课文朗读情况，并进行查漏补缺，以填空、概述课文等形式检测学生对课文的整体感知，还可以用提问题的方式诊断学生自主思考的水平。

②整体感知顺序模块

首先，引导学生发现文体特征，明确文体特点；其次，在老师的引领下，学生能够复述文本；最后，学生能够按照文体特点厘清文本顺序。在记叙文文体中，厘清文本顺序可分为以下几步：厘清故事顺序—提取关键字词—找准故事环节—画出情节曲线。例如，在"面对错误"单元，首先，学生快速默读《迟到》一文，概述故事内容；根据学生概述，教师进行板书，引导学生厘清故事顺序。其次，学生用重点字词来概括各情节；老师删改板书，引导学生找准故事的起因、经过、高潮、结果。最后，学生画出情节曲线。课时结束时，老师引导学生厘清文本顺序的几个步骤，并巩固学习方法。通过这样的学习过程，学生在学习《成吉思汗和鹰》

时，老师就可以采用"教—扶—放"的形式，让学生自己运用在《迟到》中学到的方法厘清课文顺序，画出情节曲线。

③体悟具体知识与方法模块

文章描写方法属于知识结构中的方法性知识，对于不同的文体有各种不同的方法。如何去体悟这些方法？我们认为，可以通过以下几个步骤来实现：自读感悟、找出方法—组内研讨、分析方法—朗读表现、巩固方法—举一反三、勾画批注。例如，在记叙文单元中，细节描写是需要学生掌握的重要方法之一。老师先提出问题：课文是如何使这些人物形象跃然纸上、活灵活现的呢？再以多篇教材内和教材外的阅读材料中的重点片段为例让学生研读感悟写作方法。

④口语交际与习作模块

对于学生学到的方法，需要用口语交际与练笔、习作进行相应的运用。在口语交际方面，老师使用问题群导学单，确定任务，围绕主题设计口语交际的题目，学生在小组长的组织下依次进行口语表达练习，再推选同学进行全班交际的方式，让老师和同学能对他的交际内容进行评价，给其他同学起到示范作用。在小练笔方面，老师从学生需要掌握的写作方法入手设计练笔内容和题目，学生独立完成后，再在全班进行交流。

⑤课外阅读拓展模块

结合文体特点或使用的学习方法，老师向学生推荐类似的名篇或读物，进行补充式阅读。篇章或书本的推荐要和教科书中的单元主题有密切联系，通过课内外结合，让学生多读书，并自主进行勾画与批注。此外，老师还可以直接给出主题，让学生进行交流，交流时，老师强调以下两点：一是理解内容、体会感情；二是领悟表达、欣赏评价。

（4）基于教材结构的大单元整体阅读教学课型

为了使大单元整体阅读教学成为常态，使教师在操作过程中得心应手，我们进一步探索了大单元整体阅读教学的课型：预习反馈课、精讲课、美读课、口语交际课、整理复习课等，如表4－7所示。

表 4 - 7　大单元整体阅读教学的课型

模　　块	课　　型
预　习	预习反馈课
学习新知	精讲课
	美读课
	活动探究课
拓展运用	多篇共练课
	整本阅读课
	整理复习课
	口语交际课

（5）基于教材结构的大单元整体阅读教学的导学单实践策略

为了更有效地进行大单元整体阅读教学，我们以学生的学习过程为视角，探索出了大单元整体阅读教学的导学单实践策略。所谓导学单，就是教师以核心问题为中介，将学科本质问题分解和细化为具有概括性、层次性、开放性、综合性的问题，以个体活动、小组活动、集体活动的方式呈现给学生，引导学生在自主、合作、探究的过程中学会思考，学会学习，从而提升学生分析问题和解决问题能力的教学方式。

①紧扣主题：确定导学目标

导学单要紧紧围绕学科本质问题或教材结构进行整体性设计，目的是要促使学生能通过这些问题单的设计学会用结构。如《奇异的激光》一课中的第一次导学，教师抓住了提取信息的方法：首先，勾画激光的特点和用途的重要信息；其次，用短语进行概括、默记，使学生在提取信息的时候既能有方法可循，又能及时检测对方法的使用。

②任务具体：明确导学内容

导学单中的导学内容要让学生能一目了然，直奔主题进行学习。导学内容既可以指向学习的段落，也可以指向学习的知识。如《三月桃花水》一课的推进式问题单中学习内容为5—6自然段；又如《奇异的激光》一课导学内容就更具体，包括了解激光的特点和用途以及体会多种说明方法套用的好处。

③问题驱动：强调导学方式

以问题驱动的方式设计导学单，这样能更好地驱动学生进行自主、合作的探究学习，而且，导学单具有一定的开放性，能激发学生的思维。如在《三月桃花水》课堂导学单中教师设计的三个问题，如表4-8所示。

表4-8　课堂导学单中教师设计的问题

问题导航
学习内容：5—6自然段 独立学习： 1. 读一读。思考：这面明镜映出了春天的哪些景色？ 2. 读自己喜欢的句子。思考：读了这个句子，你有什么感受？（批注） 3. 再次读自己喜欢的句子。思考：作者采用了什么修辞？（批注） 小组交流：交流自己的体会，补充自己的批注。

导学单中，第一个问题让学生整体把握两个段落的内容，第二个问题关注学生个体独特的阅读感受，第三个问题旨在让学生思考作者的写作方法。学生抓住这三个问题，能明确自读流程，层层深入，改善了以往自学无从下手、走过场的状况。

④过程合理：注重导学方法

在导学过程中，导学单可以采用自主、合作、交流、提升等学习方法。课堂导学单的使用一般可以包括以下几个环节：一是自主学习，即学生根据导学单确定的教学目标、教学内容等进行自学；二是小组合作探究，即小组合作碰撞观念、解决自学中没能弄懂的问题、形成学习结果；三是展示交流，展示小组合作学习的成效及存在的问题；四是点评提升，通过师生、生生互评，教师引导学生归纳、提炼教学内容的重点、规律和解题思路、方法、技巧等。

三、微型特色学科课程建设

随着素质教育的不断深入，我们已经从更深层面上认识到学校这个特殊的社会环境对培养全面合格人才的核心作用。学校的教育内容和方法，直接制约学生德、智、体、美、劳等方面的全面发展。根据儿童当前与未来发展的需求，学校从儿童、生活和学科三个视角进行了微型特色学科课程建设，以促进学生的综合能力和个性化发展。

（一）儿童取向类

儿童从幼儿园进入小学教育后，随着环境的改变，儿童的思维也随之改变，他们的思维进入了一个快速发展期。因此，在这一发展历程中，学校的"总角启蒙"课程的开发和实践，确定了以提高儿童的自理能力和形成良好的道德品质的课程理念。

1. 课程目标

为了帮助儿童顺利地完成从幼儿园到小学的过渡，使他们从心理调适、队列训练、课间文明休息、文明就餐、课堂学习等方面养成良好的习惯，更好地适应小学生活，我们将"总角启蒙"课程分上学期和下学期进行具体设置。

上学期课程目标：第一，帮助一年级新生顺利进行角色转换，适应并喜欢小学生活；第二，以常规训练为主线，以活动为载体，促进学生成为文明高雅的"娇子人"；第三，鼓励学生把个人融入集体，培养学生的集体荣誉感；第四，使班级有良好的班风班貌和正确的舆论导向。

下学期课程目标：下学期课程目标主要是在上学期课程目标的基础上进行细化，对学生在集会、课堂、课间、作业、见面问好、卫生、着装等方面制定具体的学习要求，强化学生在校的各种文明行为，从而养成良好的行为习惯。

2. 课程内容

课程内容的组织安排主要是根据课程目标的设置来思考，围绕课程目标，我们同样按上、下学期分别进行了具体的课程内容设计。

上学期课程安排内容：入学教育、养成教育、培养自律意识、培养团队意识。

下学期课程安排内容：认识行为习惯养成的重要性，确立具体的行为规范；把习惯内容具体化为日常行为；持之以恒地训练，进行行为强化；对行为进行评估和引导，矫正不良行为，形成良好的集体风尚。

3. 课程实施

根据课程内容的安排，我们在进行课程实施时也按上、下学期进行，并制订了具体的实施方案。方案中明确提出了实施策略、推进时间和所需要的资源支持，切实保障了课程实施的效果，如表4-9、表4-10所示。

表4-9 "总角启蒙"课程上学期实施方案

实施策略	推进时间	所需支持
1. 对新生家长进行培训，让家长对小学新生的要求有整体的认识 2. 开学前对学生进行常规培训，从思想上认识到小学与幼儿园的不同 3. 发给学生《行为规范儿歌》，让学生从朗朗上口的儿歌中快乐地熟记行为规范 4. 在新学校搬迁后邀请家长参观新校，以取得家长的认同与支持	9月	学校为家长参观新校提供支持
1. 各班开展整理小书包、系鞋带等活动，培养学生的生活自理能力 2. 与美术学科整合，让学生画"我的新学校"，优秀作品进行全校展览 3. 与育"少年之君子"分级目标"君子怀刑"相结合，组织学生开展主题探究活动	10月	美术老师将学科活动进行整合
1. 教师言传身教，语言指导，行为示范 2. 推荐学生阅读"孔融让梨"、"匡衡凿壁借光"、"张良拾履"等名人故事，在班级中讲一讲，从而形成一种自尊自爱、自我激励的动力 3. 在班级中树立"榜样"，开展"身边的榜样"、"我要向他学"、"这样做才对"等活动，用榜样的力量激励学生学习对方的优点，鼓起超过对方的勇气	11月	家校合作，齐抓共管
1. 开展"班级是我家"主题活动，激发学生热爱集体的情感，形成较强的集体荣誉感 2. 与"君子修心"项目组合作，开展相关的拓展活动 3. 开展年级活动：行为规范儿歌创作、朗诵比赛 4. 结合语文学科活动"成长"，开展小诗创作《我长大了一岁》，并出一期展板	12月	美术组帮助设计展板

表4－10　"总角启蒙"课程下学期实施方案

实施策略	推进时间	所需支持
1. 让学生回顾上学期全校集会、课堂、课间、作业、问好、卫生、着装等方面的要求，进行复习巩固 2. 组织学生讨论按照这些要求做好不好，好在哪里 3. 组织学生观看PPT（上学期各项活动的成绩和获奖），激发学生做得更好的信心和动力 4. 细化各项要求，组织学生学习	2月	
1. 全面铺开各项活动，每周一个重点进行检查 第1周：重点检查集会； 第2周：重点检查课堂和作业； 第3周：重点检查课间； 第4周：重点检查卫生、服饰、问好。 2. 利用"星星闪耀"评价表的记录情况，评出学月的"集会之星"、"学习之星"、"文明之星"、"礼仪之星"	3月	家长支持、配合
1. 树立榜样，学习榜样行为 2. 结合语文实践活动开展各种活动，在活动中不断强化 3. 结合"我爱读书"课外阅读活动开展"好书伴我成长"的活动	4月	语文老师、项目组的支持
1. 对前三个月的活动进行小结，鼓励进步，改正不足 2. 给家长写一封信，介绍活动开展的情况，并反馈孩子进步的点点滴滴 3. 开展"班级是我家"系列活动，激发学生热爱集体的情感，形成较强的集体荣誉感	5月	家长支持、配合

4. 课程评价

　　我们依据"总角启蒙"课程的目标设置，在对学生的行为习惯进行评价时，遵循多鼓励、少批评的原则，设计了"星星闪耀"评比方案，具体评比措施如下：一是根据大队部的十项评比要求，每人每周都以10颗星为基础；二是对学生的日常表现，以加星或扣星来表示；三是每月进行一次统计和评比，得星最多的前三名发"喜报"告知家长，在某一方面表现突出的授予班级"××星"的光荣称号。我们把评价措施设计为一张评价记录表，如表4-11所示。

表4-11 "星星闪耀"评价记录表（2011年9月）

姓名_____　　　　学号_____

周次	日期	在校表现			在家表现		
		基础星	加星	加星（扣星）原因【红笔填写为加星内容，黑笔填写为扣星内容】	基础星	加星	一周小结（家长填写）
第1周	9月1日						
	9月2日						
	9月3日			（休息）			
	9月4日						
第2周	9月5日						
	9月6日						
	9月7日						
	9月8日						
	9月9日						
	9月10日						
	9月11日			（休息）			
	9月12日						

（二）生活取向类

学校借鉴国外相关课程的实践经验，为贯彻新课程基于学科、超越学科、面向真实世界、始于课堂、走出课堂、融入复杂社会的课程设计思想，结合学校所处地理环境文化资源，我们开发了"川菜飘香"、"幽篁竹韵"等特色校本课程，旨在打破学科堡垒，加强与社会的紧密联系。下面着重介绍"川菜飘香"、"幽篁竹韵"两门校本课程的开发与实施。

"川菜飘香"校本课程的开发与实施:

川菜作为中国汉族传统的四大菜系之一,取材广泛,调味多变,菜式多样,口味清鲜醇浓并重,以善用麻辣调味著称。学校处于四川省会城市成都,正是川菜的故乡;同时,小学生由于年龄的特点,对许多未知事物充满着好奇心和新鲜感。因此,我们根据本土饮食特色,将川菜学习作为学生发展的切入口,开展让学生收集川菜历史资料、制作川菜海报、动手做川菜、相互品尝欣赏川菜、写制作川菜的心得体会等活动,培养学生的动手操作能力,陶冶学生情操,让学生热爱川菜,向世界宣传川菜,增强对本土文化的认同感。

1. 课程目标

第一,学生能够了解川菜是我国著名的地方菜肴之一,增强对本土文化的认同。

第二,带领学生参与实践性体验活动,培养学生的动手操作能力,激发创造性思维。

第三,在与其他菜系的品尝比较中,体会川菜的特点,热爱川菜,并能把川菜发扬光大,让更多的人热爱川菜,喜欢川菜。

2. 课程内容

学校在"川菜飘香"本身所包含的文化、材料、制作等知识基础上,尝试与相关的各学科课程进行整合,形成了学生最终学习的丰富内容,如表4-12所示。

表4-12 "川菜飘香"课程的内容安排

相关学科	学习内容
语文学科	了解川菜的发展历史,学习川菜文化、川菜的菜式特点,记录学习制作川菜的心得感受
数学学科	学习川菜制作过程中作料的量的搭配
英语学科	学习用英语为川菜的菜肴取好听的名字
科学学科	了解川菜在菜式搭配和作料配置方面的合理性
音乐学科	学习欣赏相关歌曲
美术学科	以川菜元素为主题组织学生进行绘画比赛

续表

相关学科	学习内容
礼仪学科	学习用餐方面的礼仪知识
品德与生活学科	在生活中学习制作一些简单的代表性的川菜
信息技术学科	深入了解川菜文化，制作关于川菜的电子小报
探究性学习	中法饮食文化对比

3. 课程实施

根据"川菜飘香"课程内容的安排，在课程实施时，我们采取了多方面资源整合的思路，为丰富学生的学习生活提供保障。为此，我们制订了具体的课程实施策略，明确了推进时间和所需要的支持力量，并细化了操作步骤，如表4-13所示。

表4-13　"川菜飘香"课程的实施方案

实施策略	推进时间	所需支持
1. 引导学生了解川菜的发展历史，制作关于川菜文化的小报	6—9月	家长配合，美术老师指导学生完成小报作业
2. 了解川菜的菜式、代表菜、特点、烹调方法等，开展关于"川菜文化"知识竞赛	9月	照相机
3. 学生在家观看家长烹调几种简单特色川菜的过程，进行简单的记录	10月	家长配合、支持
4. 学生自己学习烹调简单的几种川菜，拍摄自己做菜的全过程，用日记或习作的形式记录学做川菜的心得体会	11月	语文老师指导学生写观察日记
5. 在小组内、班级内交流自己学做川菜的经验，进行厨艺大比拼活动	11月	照相机
6. 开展实践活动，学生自己动手学做川菜，邀请家长、老师当评委，进行川菜文化的探究展示	12月	学校提供一定的场地
7. 引导学生了解法国的饮食文化，重点了解法国的西餐文化，制作相关的小报，选出优秀作品进行小报展	第二期2月	美术老师指导

续表

实施策略	推进时间	所需支持
8. 开展知识竞赛，将川菜文化和法国西餐文化进行比较，并引导学生从中去发现川菜文化的悠久历史和文化渊源以及特色之处	3 月	利用班会课开展活动
9. 带领学生一起观看制作家常特色川菜的视频，引导学生记录做川菜应该准备的用具和详细的制作过程，回家后和家长进行分享，并建议由家长带领孩子进行尝试（拍摄全过程或拍照或日记记录收获）	3 月	信息技术老师下载视频
10. 在上学期邀请家长到学校教学生制作简单川菜——凉菜的基础上，邀请部分家长到学校带领学生一起烹饪几种家常特色川菜，并在活动中引导学生学会总结自己学做川菜的经验	4 月	争取家长的支持，学校提供活动场地
11. 在小组内、班级内交流自己学做川菜的经验，进行厨艺大比拼活动。邀请家长、老师当评委，进行川菜文化的探究展示活动	5 月	照相机、摄像机
12. 各位教师对川菜探究实施方案进行反思、总结，收集学生对活动的心得体会	6 月	照相机

4. 课程评价

依据课程目标，我们通过不同的方式对学生的学习进行评价，从评价中彰显校本课程的特色。具体评价措施有以下几条。

其一，教师为每个学生建立"川菜飘香"课程的资料袋。资料袋里面的内容包括学生自主搜集整理的关于学习川菜历史和文化的相关资料；自己设计制作的精美的川菜小报和川菜元素的卡通图画；学习和制作川菜的照片；自己的心得体会和家长参与活动的感受分享；等等。

其二，教师及时将学生在课程活动中的参与和表现情况记录在"少年君子护照"上，肯定学生的成绩，予以鼓励。

其三，学校积极争取家长的支持和配合，教师将家长反馈的学生在家学习制作川菜的情况及时记录在《成长足迹》上，并融入班级的"班级争星我能行"评比活动。

其四，每次活动之后，教师及时组织学生进行活动小结，对在活动中认真准备、积极参与并取得一定成绩的学生给予相应的鼓励与表扬。

"幽篁竹韵"校本课程的开发与实施：

成都市望江公园，为纪念唐代诗人薛涛而建，公园以竹的正直、谦虚为特色。娇子小学紧邻望江公园，借助这样的文化遗产，我们开发了"幽篁竹韵"校本课程，通过课程的实施，使学生从小受到竹高贵品质的熏陶，养成良好的个性品质。

1. 课程目标

一是学生清楚了解竹的特征，感悟竹竿、竹叶、竹枝外形美，了解竹子多种多样的用处。

二是学生对竹文化进行探索，体会竹所代表的君子谦虚朴素的高贵品质，从而对比自身，努力做一个雅竹小君子。

三是学生在课程实施过程中能够进行自主探究、小组合作等学习，提升自己的综合实践能力。

2. 课程内容

依据课程目标，我们挖掘身边的竹文化资源，整合相关学科教学内容，分上、下学期组织安排了学习内容，如表4-14所示。

表4-14 "幽篁竹韵"课程内容的安排

时间安排	课程内容	设计意图
上学期	1. 科学课《竹的生长、种类》和《竹子的分类》的教学； 2. 望江公园社会实践活动	通过学习了解竹子的生长习性
	1. 美术课《竹子的故事》，结合国家课程《大树的故事》进行创新； 2. 开展《竹子的故事》小画展比赛	感悟竹竿、竹叶、竹枝外形美，通过联想描绘一个关于竹的故事，培养学生想象力与创造力
	音乐课《箫》的教学	了解竹子的相关乐器，感悟竹乐器的音韵美
	1. 语文课《竹子是个宝》； 2. 快板展示《竹子是个宝》	通过学习，了解竹子的用途，学习快板

续表

时间安排	课程内容	设计意图
上学期	数学课《竹节算术》的教学	了解竹节算术的方法，并学会竹节算术
	1. 体育课《竹竿队形舞》的教学； 2. 进行《竹竿队形舞》比赛	利用竹竿笔直的外形进行队形的调整，形成具有特色的队形舞
下学期	科学课《竹子的用途》的教学	通过学习，知道主张有多种用途
	美术课《竹叶添画》，结合国家课程《拓印树叶真有趣》进行展开	通过对竹叶外形的联想进行创作，培养学生的联想力
	1. 音乐课《箫》的教学； 2. 开展《箫》歌曲合唱展示	了解竹子的相关乐器，感悟竹乐器的音韵美
	思品课对竹子所代表的君子精神进行学习，结合自身进行评比	学生能体会竹子所代表的君子精神

3. 课程实施

由于学习内容涉及多门学科，因此，我们整合多种教学方法来进行课程实施。为了保障课程能够顺利开展，我们制订了课程的实施策略，明确了推进时间、课时安排和所需支持，最终形成了课程的实施方案，如表4-15所示。

表4-15 "幽篁竹韵"课程的实施方案

实施策略	推进时间	课时	所需支持
1. 小组老师根据本项目主题"竹文化"，结合自身学科，探寻可开发的内容，确定几个可以开展的教学内容和活动，形成初步的课程构想； 2. 针对课程的初步构想，开展项目，确立教学内容和活动的主要负责人，细化前期工作，准备进一步实施； 3. 对各学科课程实施时间进行调配，确定课程实施时间并制定进行表	9月前期		学校为各学科准备收集过程性资料的文件袋

续表

实施策略	推进时间	课时	所需支持
组织学生利用社会实践活动时间到望江公园参观，整体直观学习，了解竹子的特点	9 月	4	望江公园探究活动中所需的各种资源支持
1. 收集有关音乐，利用互联网广泛收集查阅有关课程的音乐，引导学生从音乐的角度体会"幽篁竹韵"这一课程的多样性和丰富性； 2. 开展竹叶画小画展比赛，并组织学生参观、评奖	9—10 月	2 2	提供展示空间，利用朝会进行颁奖
1. 在语文课上，读一首竹子儿歌； 2. 在数学课上，学习竹节算术； 3. 在体育课上，学习竹竿队形舞	10—11 月	1 1 2	学校提供雅竹小君子展示机会。如朝会、广播站、平面展示
1. 各教师聚集，汇报成果，开展课例及前期探究活动成果交流会； 2. 教师将课程开展过程性资料进行收集整理，制作成册； 3. 学校做项目组成果展示与总结	12—1 月		
1. 在科学课上讲授竹的生长、种类和竹子的分类等基本知识； 2. 设计与竹子生长习性、外形等相关问题表格，布置学生课后通过自主探究学习来完成作业	2 月	2	在博雅厅上年级大课，学科老师进行协助
到望江公园捡竹叶，感悟竹叶形美，根据竹叶外形进行联想，并设计创作成一幅完整的画，并且进行全校展示	3 月	4	学校提供展示空间
学校开展竹文化歌曲合唱活动	4 月	4	提供合唱活动时间
教师开展班会活动，讨论"竹"具有哪些崇高的品德；借"六一"评优之机，评选少年竹君子，以此来巩固学生对竹文化的理解	5 月	1	

4. 课程评价

"幽篁竹韵"校本课程整合了多门学科，培养了学生的综合实践能力。在对学生进行评价时，我们也综合了不同学科的评价形式，有以下几条具体措施：

其一，开展美术小画展比赛，并评选出一、二、三等奖，选出的学生分别在"少年君子护照"上填上分数或给予相应的奖章。

其二，以小组为单位开展歌曲《箫》的合唱比赛，并评选出一、二、三等奖，选出的学生在"少年君子护照"上填上分数或给予相应的奖章。

其三，进行语文的诗歌与快板展示，并评选出一、二、三等奖，选出的学生在"少年君子护照"上填上分数或给予相应的奖章。

其四，小组为单位进行"竹竿队形舞蹈"比赛，并评选出一、二、三等奖，选出的学生在"少年君子护照"上填上分数或给予相应的奖章。

其五，每个班累计得分最多的前20名颁发"雅竹小君子"奖，并在学生的"少年君子护照"上填上分数或做相应的奖章。

（三）学科取向类

依据学科性质，我们通过内容拓展和整合的方式进行学科微型课程的建设，进一步拓宽学生的视野，拓展学生的学科知识与能力，培养和提升学生学科的综合素养。目前，学校主要进行了语文、数学和科学学科的校本课程建设。下面重点介绍语文学科的拓展课程"三味书屋"、数学学科的拓展课程"走进生活"、科学学科拓展课程"科技殿堂"的开发与实施。

1. 语文学科拓展课程"三味书屋"

语文学科拓展课程"三味书屋"，其实是语文学科这一国家基础课程之外的延伸，主要指语文基础课程与语文学科学习领域的整合。教师通过系统地指导学生阅读国学经典、本土优秀文学作品、国外优秀文学作品以及本土、国外作家描写异域文化的作品，提供多元的表达方式，在阅读、积累、感悟、表达中，拓宽学生的视野、拓展学生的语文知识与能力，集中培养和提升学生的语文学科能力和人文素养。

（1）课程实施

根据课程内容的组织设计，我们分别制定了内容拓展策略、学法拓展策略和表达拓展策略。

①内容拓展策略

首先，各年级备课组根据学生年龄特点确定拓展阅读和表达目标和三大板块阅读篇目，并制定实施时间和措施，形成1—6年级《拓展课程计划表》、实施指南，再由教研组进行审查梳理，进一步形成语文学科课外阅读拓展课程总体计划，构建语文拓展课程体系。特别注意的是，教师在书目的选择上低段以培养阅读兴趣为主，阅读启蒙经典、中外故事读物、儿童文学作品等；中段以积累运用为主，阅读《论语》、中外儿童文学作品，粗读中外名著等；高段以阅读比较为主，阅读宋词、古文、中外名著、中外作家描写异域文化的作品等。

②学法拓展策略

首先，各年级备课组应根据学生年段特征，重点确定2—4本中外名著推荐阅读（分上下期）。在阅读指导中，教师系统地将整本书的阅读与篇章阅读相结合，上好阅读指导课，同时利用阅读课、阅读分享课、课前五分钟和早读等时间带领学生开展丰富多彩的拓展课程活动，利用勾画、批注、摘录笔记（读书卡）等多种方式促进学生主动阅读，倡导亲子阅读，营造良好的读书氛围。其次，各年级备课组利用教研活动时间开展如何上好拓展阅读指导课的研究活动，帮助每一个老师上好拓展阅读的指导课程。最后，开展丰富多彩的阅读活动。各年级备课组组织开展"博雅讲坛"活动，邀请专家学者、学生、家长作名篇解读、赏析。各年级、班级充分利用学校学术厅、活动空间开展阅读交流、展示、观看相关视频等阅读活动。此外，每位语文教师确定自己研究的一本名著或一种系列，收集资料、深入研读、开设讲坛，形成自身特色。

③表达拓展策略

阅读的最终目标是为了表达，将通过阅读输入的大量信息转化为自己的语言，提高语言的输出能力。因此，我们大量开展"说、写、演"多元的表达活动，采用故事会、读书会、辩论会、表演等形式促进学生口头表达，采用写读后感、续编故事、仿写故事、编写剧本等形式促进学生书面表达。

（2）课程评价

我们采用档案袋策略来对学生的阅读与表达进行评价。在评价时，教师为每个学生建立"走进名篇"拓展课程资料袋，整理好学生参与课程的各项资料，同时使用"少年君子护照"，并与娇子娃娃评级相结合，考查学生阅读量、兴趣、解决问题能力、表达能力、参与活动情况等。最终，教师通过学生资料袋、过程性记录表以及相关活动、观察等多种形式形成对学生的全面评价。

2. 数学学科拓展课程"走进生活"

"走进生活"是数学教材内容的延伸，其目的是帮助学生综合运用已有的知识和经验，通过自主探索和合作交流等学习方式，解决与生活经验密切联系的、具有一定挑战性和综合性的问题，以发展他们解决问题的能力。同时加深对"数与代数"、"空间与图形"、"统计与概率"内容的理解，体会各部分内容之间的联系，形成良好的数学学科素养。

（1）课程实施

依据课程内容的安排，我们从内容和学法两个方面分别制定了具体实施策略。

①内容拓展策略

首先，各年段教师深入研究数学教材中的三大板块内容，挖掘能够拓展的内容，从中选择现实的、有趣的、富有挑战性的内容，这些内容有利于学生主动从事观察、实验、猜测、验证、推理与交流，在此基础上设计切实可行的实践活动，完成拓展课程的实施计划表，并结合教学内容时间安排实施。其次，每个年段的拓展课每月一次，教师提前布置学生开展前期的资料收集或调查活动，保证班级的拓展课顺利进行。在学习过程中，教师要以学生为活动主体，辅助学生开展探究活动或对学生的活动进行引导和帮助。最后，当拓展课结束后，教师要及时写好学生探究活动的反思和对活动过程中学生的表现做出评价，并把学生的作品进行整理、收集存档。

②学法拓展策略

第一，开展问题式长课。

问题式长课主要是以生活问题研究为载体，比如购物、测量活动。当教师提出问题后，学生课外以小组为单位进行自主学习，并利用一节托管课进行学生汇报，大家交流即可。

第二，开展主题式周课。

主题式周课要求全员参与，玩得有趣，玩得有创意，并以班级展示或比赛的形式呈现。如数字谜、玩24点、七巧板、九连环、魔方，我们利用中午时间开展了这些主题游戏。

（2）课程评价

评价不仅关注学生的学习结果，更要关注他们的学习过程，关注他们自主学习的水平和在数学活动中所表现出来的情感与态度。因此，我们在"走进生活"课程的评价上，要求目标多元化，评价方法多样化。例如，我们采用了数学学习成长记录袋策略，记录袋要有目的地收集、记录学生在数学实践活动中的作品及相关证据材料，并以此为依据来评价学生的发展水平、进步过程、努力程度和反省能力。在记录袋中，我们主要收集了下面这些材料。

其一，应用数学知识解决现实生活中的实际问题，如做旅游、租车预算方案的设计；其二，应用数学知识开展社会调查，发现社会问题，如开展生活垃圾、水资源的浪费等社会问题的调查；其三，设计精致、新颖的有关数学方面的小制作，如做长方体、七巧板拼图；其四，写阅读数学读物的体会、数学日记等；其五，收集数学家的故事、与数学有关的诗词、数学谜语等；其六，收集日常生活中发现的数学问题；其七，撰写数学活动报告、小论文和自编的数学小报；其八，收集可以反映你的数学活动水平的其他特色材料。

3. 科学学科拓展课程"科技殿堂"

"科技殿堂"课程主要是围绕"小小种植、养殖"学习内容进行拓展和延伸的，意在丰富学生植物方面的知识。学生在培育植物的过程中，不断了解植物生长的特性及生长的过程，并用拍照、日记等形式展示。整个活动需要学生耐心呵护植物，了解培育植物的各种知识和技能，从而充分锻炼学生的种植技能，培养学生劳动的技能和学会与他人团结协作。

（1）课程设施

基于上述课程内容的设计，我们从内容和学法两个角度进行了课程实施策略的探索。

①内容拓展策略

首先，各年级组根据学生年龄特点和科学教师的建议确定小种植的具体植物，可以是牵牛花、小番茄、小海椒等，并由总务处统一添置种子，花盆和种植区域各班自行负责解决，自行确定种植园的地点和花盆的大小。其次，科学教师负责指导学生的种植活动，从播种、日常维护、后期管理全部全程参与，及时给予必要的帮助，建立年级或班级的评比制度，促进学生更好地完成种植任务。最后，教师假期做好科普讲坛的充分准备，努力挖掘国家课程内容，结合学生的生活实际以及兴趣爱好确定讲坛主题，使讲坛的内容有意义、讲坛活动有价值。此外，教师应在日常教学和与学生、班主任、家长的交流中善于发现学生和家长在生活中的特长及爱好，为学生和家长提供讲述和展示的平台。

②学法拓展策略

其一，在整个种植活动中，除与科学课相互呼应外，教师还应积极与其他学科紧密配合，如语文的日记、看图说话、作文，数学的测量、估算，美术的绘画等，并积极倡导亲子共同参与，共同营造良好的实践氛围。

其二，科学教师利用科学课前几分钟时间对班级的种植进行简评，提出建议和意见，提供积极帮助。

其三，学校开展丰富多彩的科普讲坛活动。各年级充分利用学校学术厅开展以年级为单位的讲坛活动，邀请教师、学生、家长主持科普讲坛，参与讲坛的教师、学生和学生家长自行确定讲述内容，并积极收集资料，深入研读。

（2）课程评价

在进行种植的评价工作时，教师为每组学生建立拓展课程资料袋，整理好学生参与实践的各项资料，并与娇子娃娃评级相结合，考查学生在活动中的参与活动情况等。教师要通过学生资料袋、过程性记录表、相关活动参与度等形式对学生进行综合评价。

在科普讲坛的评价工作上，我们确定了专门的教师、学生和家长作为评价人。他们根据讲座的内容、资料的收集、讲座稿的撰写、问题的交流与解决等方面，结合学生的满意度进行综合的评价。

四、课程资源的建设

丰富的课程资源是课程建设和实施的基本条件，学校由于教师能力、教学场地、教学条件等不足，在实施特色学科课程时遇到了课程资源无法满足学生学习需求的现状。为此，我们进行理性分析，迈出了课程资源建设的步子。

（一）目标：促进学校课程发展

当我们对课程资源进行整体收集时发现存在以下问题：一是无整体规

划，资源零星无序；二是无统一管理，资源开发随意；三是无查询通道，资源利用不便。以上这些问题源于我们对课程资源的定位不准确。

如何对课程资源进行重新定位？我们认为，对课程资源的准确认识是前提，学校课程建设必须改变以往对课程资源研究的忽视态度，走出对课程资源的僵化思维和观念定式。也就是说，我们要改变对课程资源观的理解，改变课程实践者们对课程性质的认识，使课程由狭义变为广义，由静态转为动态。所以，课程资源应该由课堂延伸到课外，由学校延伸到家庭和社区，学生所处的社会环境和自然环境等课程资源都是学生探究的对象，都是学生学习的"课堂"。

（二）范围：从物质环境资源到文化资源

学校该如何弥补课程资源的不足？我们开展了多元而广泛的调查：一是开展学生的学习需求的调查，了解学生对课程的偏好；二是开展家长对课程需求的调查，了解家长对课程资源的期许；三是开展社区调查，了解和预测社区对课程的支持性素材；四是开展课程实施参研教师的访谈，了解教师对课程的期待。通过调查，我们开发了较为丰富的课程资源，将社会、家长、学生都纳入我们的课程中来。

1. 课程资源的分类与整合

我们从课程资源的视角出发，依据课程资源功能特点的不同，把课程资源梳理为两大类：素材性资源和条件性资源，如图4-16所示。

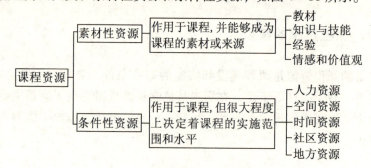

图4-16　素材性资源和条件性资源

（1）素材性资源

综合国家课程、地方课程，结合学生的年龄特点和已有经验，我们使用的素材性资源主要是自编教材，并采取以下整合方式：一是教材结构的整合。任课教师拿到教材后，通读所有教材，整合教材结构中的知识，从而确定本年级的教学目标。二是教材内容的整合。各年级组织任课教师集体梳理教材，通过集体商讨，确定每一个主题下的具体内容。

（2）条件性资源

条件性资源包括课程实施范围和水平的人力、物力和财力资源，如时间、场地、媒介、设备、设施和环境等因素。以人力资源中的家长资源库为例。"我爸爸对航模可内行了！""我爸爸是个集邮爱好者！"学生们无意间的真情流露，恰恰给教师提供了一个非常宝贵的信息。为了更好地寻求家长对课程的支持，我们把原本零散的家长资源集中起来，建立了一个资源库，并根据其爱好、社会能力以及支持的形式等进行分类和整理，成为系统化的家长资源库。除了家长资源的整合，我们还进行了社区资源的整合，将社区人士吸引到我们的课程队伍中来。此外，我们实现了时空资源的整合，打破了班与班之间的隔阂，让学生走出班级，与不同班级，甚至是不同年级的同学进行交流。

2. 课程资源的优化与利用

在课程资源进行有序分类和有机整合后，我们对课程资源进行了优化，主要表现为重组、集聚。在此基础上，我们充分利用已有课程资源，形成了以下策略。

（1）素材性资源的利用策略

①异质性教师研发团队，集聚资源

在对教材的处理方面，我们打破了学科壁垒，盘活了教育资源，鼓励不同学科的教师加入到课程的研发中来，并形成了异质性研发团队，成员包括学校德育工作者、体育教师、品德生活教师、心理健康教师等。

②协同式教师研修团队，提升能力

在对教材的实施方面，我们组成了多个研修群体：一是同年级教研群体：根据年段学生特点商讨不同板块内容的课程实施内容、实施方式、实施手段等。二是同主题教研群体：打破年级界限，将各年级任教同一板块的教师集中在一起就同一主题内容进行讨论，便于各年级在教授同一主题板块时做到知识的上下衔接和螺旋上升。三是教师全员集群式研讨：由专家开办讲座，为执教教师提供大量的体验式德育、开放式教学的案例；由教师自主申报，参与"君子安雅"课程的研究课展示，为大家提供研讨范本，改进授课方式。

（2）条件性资源的利用策略

①制度创新，整合人力资源

一是实行任课教师走班制。开学初，年级组内任课教师根据自身特点和特长选择一两个主题，分别在年级各班中走班授课。

二是实行特聘人员上课制。为了让学生全方位吸收不同层面的知识养分，我们根据主题聘请不同群体的"老师"为学生上课。比如，在家长资源库方面，我们有以下做法：一方面对家长资源进行系统归类和共享。我们通过新生入校和期末家长会的纸质调查、班级 QQ 群的电子调查等不同形式，对家长及家长朋友、同事等资源进行深入细致的调查摸底，形成家长资源库的电子文档，并将家长资源库放进学校局域网，供教师查询使用。另一方面形成家长助教活动联盟。我们根据课程内容，邀请具有某种职业或专业、技能优势的家长直接参与教学活动，让家长能充分发挥各自的才能，成为课程的主动参与者。

②方式突破，整合时空资源

在充分整合时空资源的基础上，我们形成灵活的课程实施方案，主要表现在以下几个方面：一是课程的学习方式，当前课程的学习方式为必修，到逐步成熟后会尝试探索选修；二是课程的实施方式，既包括分班小课、年级大课，又包括讲坛、社会实践等多种形式；三是课程的选择方式，由最初的单一地点——教室扩展到包括图书室、操场、农场、街道、博物馆、公园等多种场所。例如，娇子小学春秋游社会实践系列活动一览表，如表 4-16 所示。

表 4-16　娇子小学春秋游社会实践系列活动一览表

年级	主题及意义	春　季	秋　季
低段	热爱家乡，了解家乡文化；在游览中学会遵守行为规范	望江楼公园	熊猫基地
	感恩教育，了解家乡文化，热爱家乡	烈士陵园（十二桥或辛亥秋保路纪念碑）	杜甫草堂

续表

年级	主题及意义	春 季	秋 季
中段	结合"蜀蚕吐绣"等蜀文化校本课程开展实践活动	蜀锦工场或非物质文化博览园	锦里或非物质文化博览园
	感恩教育，了解烈士的优秀品质，对照自己的不足，不断促进良好品质的养成	烈士陵园（十二桥或辛亥秋保路纪念碑）	杜甫草堂
高段	亲近自然，锻炼动手操作能力了解家乡文化，胸怀大志	户外野炊、拓展基地或川菜博物馆	金沙博物馆
	感恩教育，了解家乡文化，胸怀大志	烈士陵园（十二桥或辛亥秋保路纪念碑）	武侯祠

（三）方式：学校与家庭、社区双向参与

促进学校教育与社区教育的双向参与，增进学校教育与社区教育的合作与交流，已成为一种世界性的趋势。让社区教育参与学校，可以帮助学校挖掘发展潜力和拓宽发展空间，可以帮助学校丰富和优化办学资源，可以扩大学校的文化辐射力。而让学校参与社区教育，可以依靠学校的知识与智力优势为社区发展培养劳动力，可以依靠学校的师资、设备优势为社区发展提供教育服务，可以依靠学校的文化中心地位和品牌效应推动社区文化建设。可见，将社区范畴引入学校，将学校范畴引入社区，形成学校教育与社区教育之间双向参与和相互沟通的良性关系，不仅使学校的发展有了社区的支撑与合作，而且使社区的发展有了学校的支持与参与。（李松林，2013）

在传统的学校教育中，社区与学校教育完全割裂，他们对学校的教育教学不太了解，对学校举行的一些活动和开展的工作往往持不信任的态度。然而，在学生的成长过程中，学校固然担任重要的角色，而与学生相关的家庭与社会的教育影响力决不逊于学校教育，它们必将成为学校教育

的补充与完善，甚至影响着学校教育的发展。《国家中长期教育改革和发展规划纲要（2010—2020 年）》提出建设依法办学、自主管理、民主监督、社会参与的现代学校制度，构建政府、学校、社会之间新型关系。在此契机之下，娇子小学迈出了建立开放式"大社区教育"的步伐，努力探索家庭、社区与学校互动的机制，开发并形成社会对教育的支持、服务、监督系统。

大社区教育是属于全方位、全程、全员的大教育，具有多主体、多层次、多内容、多形式等特征，是深入推进现代学校开放式办学和大社区发展的源动力。娇子小学的"大社区教育"是指将社区中丰富的人力、设施、物资等资源引入学校的教育教学管理中来，具体来说，"博"是指学校以博大宽广的胸怀接纳校外人员对学校进行管理，赋予参与者知情权、评价权、监督权、参与权与管理权；"雅"是指学校具有包容社会各界参与学校管理的雅量。现阶段，我们以"与家庭合作的开放式模式"为重点进行试点与推进。

1. 建立沟通平台，让家校达成共识

我们首先开始了沟通平台的搭建和建设，把常规性、研究性、探索性三个层次的教师与家长联系途径结合在一起。

（1）常规性的联系途径

教师与家长联系的常规性途径通常有家长会、家庭访问、家长来访、电访信访、建立"家庭联系本"、班级博客及班级 QQ 群。

（2）研究性的联系途径

我们运用现代教育理论知识，采取科学研究的方法对学生进行家庭情况、家长对子女的期望以及教育子女的方式等成才动力因素的问卷调查，利用个别谈心等对学生的道德品质、行为规范的层次、心理素质水平进行测试，这样，我们就能比较准确地把握学生内心世界及其所处的外部环境。在此基础上，班主任和教师就可以与家长及时、有效地互通信息，适时召开部分家长座谈会，邀请相同类型学生的家长在一起共同研究教育方式。比如，针对一年级的入校教育、针对六年级的学生心理辅导等。这种研究性的家校联系途径能在科学的前提下调动家长的主观能动性，帮助家长与教师在教育子女问题上更好地合作。

（3）探索性的联系途径

"家长学校"是探索家校联系的一条很好的途径，一种很好的媒体。我们邀请专业的教育理论工作者为这些家长进行不定期的理论辅导和专题讲座，探索家庭教育规律；我们不定期召开家庭教育问题研讨会，交流教育子女的经验与教训；我们不定期地提供对学生进行定性定量分析的各种信息，使家长在了解学生共性问题的基础上，结合自己子女的个性问题，具体考虑对策措施和教育方法；在"家长学校"，我们请这些家长代表现身说法介绍育人的经验，促使其他家长的心理水平由依赖、应付性逐步向合作、目标性转化。

2. 通过博雅课程实施，让家长参与学校教育

我们构建共育课程，为家长参与提供了不同的平台，保障了每一位家长都有参与的机会。

（1）家长义工队——参与学校课程实施

学校成立了家长义工队，这是一个面向全校家长的义工队，我们现阶段对义工队的定义是：家长积极参与到学校活动中来，努力从旁观者变为参与者。每学期我们为家长提供三次大型活动（娇之雅韵节、迎新嘉年华、体育节）参与机会，每一次活动邀请30%以上的家长参与，保证一学年家长的参与率达到100%。此外，我们也提供"嘉年华"和"体育节"的游园项目让家长来具体策划和实施。

（2）家长讲师团——参与学校课程实施

家长讲师团主要负责"博雅多通"和"大雅宏达"课程的实施。我们采用家长讲坛的形式开展了家长读书讲坛、励志讲坛、科普知识讲坛、法律知识讲坛等，让家长参与课程实施。

3. 改良参与模式，把家长请进来

家长最愿意、最想看的是孩子在学校怎么样？他们对校门内的生活充满了好奇。基于此，我们建立了家长参事会，每周二至四8：15—13：30为家长到校参与管理时间，具体操作模式为"6+1"模式。其中"六个一"是指：一是巡视：对学校教育或教学常规巡视一次；二是交流：与一名学生交流一次；三是面谈：与一名行政或教师进行一次面谈；四是听课：走进课堂听课一节；五是午餐：与学生共进午餐一次；六是留下：完成当日的客座校长工作之后，将一点表扬、一点建议留给学校。家长通过以上六种形式了解学校的管理工作，除此之外，还可以根据自己的需要自主向学校申请不同的形式参与学校管理工作。

家长参事在进行了一天的"6＋1"之后，梳理形成监督结果和感受，及时通过学校网站进行公布，以此督促学校工作的改进和完善。期末，家长参事会制定调查问卷对学校工作进行测评，以此作为学校改进管理的依据，并且在每期的校级家长会上进行全校总结。这一模式逐步被家长认同，被社会接受，家长对孩子在校学习的情况更清楚，对学校的工作更支持，也促进了学校办学开放化程度的进一步提升，社会影响力也随之提升。

（四）成果：资源教室

在前期的课程资源开发中，我们从课程资源的需求调查出发，对所搜集到的可用课程资源进行整理、分类及整合，并在此基础上建成了较为完善的课程资源库。在此基础上，我们进一步以锦江区在学校"一宫六基地"的项目建设为契机，依据学校特色课程群，建立适用于学生学习、体验、参与的资源教室。

1. 资源教室建设的核心理念——多维整合

作为贯穿于整个资源教室建设全过程的内在理念，"多维整合"包含三个不同层面的内容：一是课程层面的整合，它既指对已有课程内容的进一步整合，又指将部分可利用的本地资源整合到学校的课程中来；二是对学生层面整合，它集中指向将促进学生发展的多种学习方式整合到资源教室设计中来；三是对资源教室使用层面的整合，即将整合资源教室的多种可能功能，充分发挥其价值。

①整合多彩课程内容

在已有课程方面，结合前期的课程实施经验，依据学生对课程内容的需求、兴趣等方面的反馈，我们对"蜀风雅韵"课程的内容进行了进一步的增删、梳理与整合。与此同时，我们继续深入挖掘具有地区特色的传统历史文化资源，如剪纸、糖画、川剧等，并争取将其整合到现有的课程群中来，凸显学校的课程特色。

②整合多种学习方式

学生的发展总是以其参与学习活动的过程为载体，参与学习活动的方式则在很大程度上决定着学生的发展程度。在资源教室建设的过程中，我们始终将为学生提供以"体验、互动"为核心的学习方式基点，将独立思考、文献查找、动手操作、合作讨论、分享、交流等多种学习方式整合到资源教室的设计中。

③整合多元功能

除了与一般的普通教室不同之外，我们的资源教室与部分学校所探索的学科专业教师或者学科功能室也有所区别，它还需要充分体现作为素质教育基地项目的属性及功能。因此，除了要发挥其学生体验、参与学习活动的场地功能之外，它还需要承载如下功能：一是再现、传承本地传统历史文化；二是本校特色课程实施的主阵地；三是本校学生自主探究、开展社团活动的场所；四是本区域学生感受、学习、体验传统文化的主场所；五是区域特色项目交流的主平台。

2. 资源教室的设计构想

（1）资源教室项目主题——"灼灼蜀韵"

"灼灼蜀韵"表明四川的传统文化传承至今，已形成具有独特韵味的文化特色。其中，"蜀韵"两字取自我们已有的"蜀风雅韵"课程，"灼灼"意为花开鲜明的样子，又历经岁月历史的炙烤与时间长河的洗涤。一方面，它暗示资源教室的内容、风格均是由整合四川的建筑、艺术、民风等多方面的经典传统元素而生成的；另一方面，它蕴含四川的发展历史。在"灼灼蜀韵"主题之下，我们将基地命名为"慧粹"，意为智慧的结晶，它表明基地的场馆是四川传统文化的聚集之地。

（2）场馆设计

素质教育基地建设的总思路是由整体到部分，并在其中的过渡区域融入四川传统文化的经典元素。这主要体现在以下过渡区域展现川西民居原貌，在走廊还原川西民居的街道、巷子，同时将川西川菜、糖画等五大民俗文化在此浓缩并进行展示。在场馆设计方面，依据多维整合的理念及整合内容，我们将整个基地主体部分三大场馆，即引领馆、陈列馆、体验馆。

①引领馆

引领馆是一间约 200 平方米的教室的中心区域，以学校的特色课程"蜀蚕吐绣"为原型，我们将其设计为蚕茧形状。它主要分为两部分：一是"两端"，一端是教师讲解和学生分享为一体的"投影区"，可用于播放相关的影视素材，另一端是"数字化学习区"，可供学生独立查询相关所需文献、材料。二是"中间区"，中间区是座位区，可容纳约 50 名学生。该馆主要是通过声、光、影等现代化的技术手段营造一种逼真的传统四川的文化氛围，为学生创造能身临其境的条件。

②陈列馆

陈列馆是在一间约 200 平方米的教室四周设计的环形区域。它是展现川西传统文化的展览馆，展示的主体内容是川西文化遗产的重要代表：蜀绣、川剧。该馆的设计集物品展示、文字解说、图片说明、视频演示、互动游戏等多种方式为一体，其主要目的是通过调动学生的多种感官、参与活动等方式帮助学生深入了解蜀绣、丝绸文化、川剧艺术等经典四川传统项目。

③体验馆

体验馆是为学生亲自动手操作、实践提供的专门区域。该馆结合学校的课程内容，为学生动手制作、参与相关项目提供了所需材料、设备等。它不仅是学生学习相关传统项目的主要场所，而且还是学生展示其传承、创新传统项目成果的主要平台。

3. 资源教室初步运行构想

在场馆设计的基础上，我们还对资源教室建成后的运行机制进行了初步的规划。依据素质教育基地的区域辐射功能，我们将资源教室的运行探索分为以下两个阶段：一是校内为主，校外为辅；二是校内与区域辐射兼顾。

（1）校内为主，校外为辅

"校内为主，校外为辅"是指在资源教室建成初期，以校内的具体运行探索为主，以校外的辐射为辅。就前者而言，它主要包括相关课程的开发与完善、学生的使用规章制度的建立健全、学生使用的具体模式探索、相关师资的培训等方面。就校外辐射而言，这一阶段则主要以外校学生参观、体验功能为主。

（2）校内与区域辐射兼顾

在前一阶段的探索中，我们开发了较为成熟的课程，具备了较为规范的使用规章制度，形成了较为稳定的学生使用模式，拥有了专业的师资。

在此基础上，我们进一步探索如何形成较为稳定的区域辐射范式，例如，有专业、专门的教师为外校学生进行授课，有较为成熟的学生宣讲团（由本校学生为外来学生进行介绍、展示）等。

当然，上述的很多方面还处于构想与规划阶段，但我们深知，构想是实践的基础，它有待实践的论证。因此，在后续的实践中，我们会将上述构想与规划一一落实，并努力探索更为有效的课程资源实践模式与策略。

[第五章]

生长取向的课堂
教学创新

课堂是学生获取知识的最基本场所，是学生生命成长的沃土。学校在建构课程的同时，更是以课堂教学改革为核心，探索如何以学生的学习为中心来组织教学。学校以"深化课堂有效性研究，推进课堂教学改革，不断提高锦江教育质量"这一重点工作为指南，以提高教师课程执行力为目标，开展以研究课堂、关注教师的教和学生的学、提高教学效率为目的教学研究，通过构建"生长课堂"，聚焦有效课堂，积极探索以人为本的教学理念、教学方法和教学手段，在课堂教学过程中创造静态和动态相结合的教学模式，促进教师教力、学生学力的全面提高，使课堂真正成为探究知识、经历过程、生命对话、生命生长的场所。

一、课堂教学的改革之路

回顾学校生长课堂教学改革的历程，我们可以划分三个阶段，每个阶段既有自身的特点，又不断地孕育着新的发展，推动学校生长课堂教学改革走得更深、更远。

（一）第一阶段：转变学生学习方式的生长课堂实践

学校围绕培养学生自主能力这一目标，探索并初步构建了"以转变学生学习方式"的生长课堂教学模式，注重教学组织形式和方法的研究，提高课堂教学效益，激发学生自主学习的兴趣，培养学生自主学习的习惯，教给学生自主学习的方法，提高学生自主学习的能力。

为了提升学生自主学习能力，学校集中为学生的积极、高效学习提供充分的外部条件支持，然而，实践探索过程中，我们发现这些支持虽然在一定程度上促进了学生的学习，但还未达到我们的预期目标。为探究其中的成因，我们将目光聚焦到学生发现和建构知识的过程上，最终发现学生在建构知识的过程中，缺乏个体之间的充分合作与交流，从而导致学生个体所建构的知识缺乏完整性。由此，我们开启了探索合作学习的历程。在这一过程中，我们层层深入，旨在为加强学生个体建构知识过程的充分交流与合作提供支持。

1. 三维引导，聚焦合作

学校集中从培训、观课、评价三维引导教师聚焦学生个体之间的合作探索。

（1）教师现身说法，聚焦合作意义

在开展合作学习探索之前，我们特地邀请了成都市芳草街小学在合作学习方面取得突出成果的赖杉老师到校为全校老师进行现场讲座和交流。赖老师从自身的实践经历出发，不仅为我们介绍了合作学习探究的成功经验，而且让我们意识到了"合作"对于学生的学习与发展的必要性与重要性，更让我们发现"合作"对于学生个体本身的影响已经超出我们的预期。

（2）监测量表开发，聚焦合作过程

在探索合作学习的过程中，我们关注的重点是提升学生课堂合作学习的实效性。因此，学生的课堂合作学习过程成了我们的焦点，我们特意在课堂观察量表中增加了与课堂合作学习相关的项目。一方面，它有助于我们对学生的课堂合作学习过程进行实时监测；另一方面，也引导教师在课堂教学活动设计时重视学生个体间的合作与交流。

（3）评价标准导向，聚焦合作效果

评价标准不仅是教师设计课堂教学活动的重要依据，而且是检验教师教学和学生学习的基本尺度。因此，为切实提升学生课堂合作学习的实效性，一方面，我们引导教师将小组的总体成绩作为评价学生的重要依据；另一方面，我们也在教师课堂教学评价标准中增加与课堂合作学习相关的项目，注重对学生的课堂合作学习效果的反馈。

2. 教研互促，落实合作

为了切实落实学生课堂合作学习，我们并不是只注重孤立的实践，而是关注从实践中发现问题，并从中提炼问题形成课题来展开长期的研究。学校中段（三、四年级）和高段（五、六年级）老师分别申报了区级小专题，从语文、数学学科开展专题性研究，在实践过程中初步总结出适合学生的合作性学习方式。目前，我们形成了"实践探索—发现问题—研究问题—提出策略—实践检验—发现问题……"的教研整合模式，从而最大限度地实现了"教研互促"。

3. 挖掘题材，生成合作

随着课堂合作学习探究的逐步深入，我们发现，合作与交流虽然是学生个体建构知识不可缺少的环节，但是它的有效展开需要满足一定的外部条件，其中处于学生最近发展区的任务、有趣的交流主题就是其中核心而又关键的因素。因此，在进一步的研究中，我们着重引导教师从教材中挖掘相关题材，促使学生在课堂学习活动中产生合作与交流的需要，进而自然生成课堂合作学习活动。

围绕"转变学生学习方式"的主题，我们不满足于目前取得的成绩，而是进一步开展了学情研究，从不同的角度持续、深入地推进"转变学生学习方式"的研究工作。因此，我们邀请专家指导，在教师们的勤奋钻研下，我们总结出学情解读的三个维度。

其一，学生已有状态（原有的知识状态）分析。学生拥有哪些生活经验？已经掌握了哪些知识？他们的知识技能、情感态度与价值观等达到怎样的水平？教师的备课要建立在学生已掌握的知识基础上，引导学生探索未知的知识领域。

其二，学生潜在的状态分析。学生的学习能力是不可估计的，我们在解读学情中更重视学生潜在的学习能力。在课堂实施中，通过巧妙的方法激发学生潜在的学习能力。

其三，学生差异状态的分析。为了使每个学生都能在自己的基础上学习得更好，我们在解读学情中尤其重视学生的个体差异，充分了解分析每个学生的不同，根据学生的个体设计教案设计作业，体现层次性和差异性。

通过三个方面学情的分析，我们发现，课堂教学不能局限于学生自主、合作方式上的转变，应从学科、学生和环境等不同层面进行整体性思考。因此，我们以学科为核心，开启了基于学科思想方法的整合性教学实践探索。

（二）第二阶段：基于学科思想方法的整合性教学实践

加强学科思想方法教学，对培养智能型人才具有十分重要的意义。一方面，它是学科本身全面教学的需要。学科思想方法与学科知识的辩证统一性要求我们在教学中，既要注重学科知识的教学，又要突出学科思想方法的教学，这样全面的教学，使学生在学习学科知识的同时，也了解学科的产生和发展的过程。因此，才能实现马克思所说的把学生的学习过程作为知识再生产的过程。另一方面，它是发展学生智能的一条重要途径。人的智慧和能力不仅在于拥有知识，而且在于拥有获取知识和应用知识解决问题的能力。学科知识的教学是传递信息的教学，而学科思想方法的教学是形成观点和培养技能的教学。因此，为发展学生的智能，后者比前者更重要。

学科思想方法是学科教学的精髓和灵魂，在学生学科素养发展中起着决定性的作用。然而，中小学学科课堂教学普遍忽视了这一学科灵魂的教学，致使学生在浅表、零散和庞杂的水平上学习学科知识，降低了学科课堂教学的有效性，制约了学生学科综合素养、探究能力和创造性思维的发展。因此，基于以上三点分析，学校进行了"基于学科思想方法的整合性教学策略研究"课题的实践探索。

1. 集体研究，解读思想，整合方法

（1）明确目标

通过研究活动，我们整合学科教学中的"学情分析、教材整体研读、教学设计、教学过程、教学观察与评价、教学反思"，使之形成一个整体，构成对每一节课所进行的教研活动；将学科拓展、探究等活动与课堂教学内容整合，形成较完备和较模式化的操作方法。

（2）内容选定

以北师大版教材为研究内容，我们选择每一个单元的部分教学内容进行实践，采取同课异构的方式进行整合性教学研究。

（3）通过"三解读"加强集体备课

①解读学科思想方法

我们开展语文和数学分支学科思想方法研究，认真解读新课程标准，深入挖掘语文和数学总的学科思想，并探索具体可行的学科思想方法。

②解读教材

从横向、纵向上对教材进行解读，促进教师对教学建立立体思维。例如，对数学教材进行解读时，一方面，我们从横向上梳理与之相关的数学思想方法，明确这些思想方法的分布；另一方面，从纵向上梳理某一思想方法在1—6年教材中的螺旋上升情况，清晰掌握这一思想方法的动态呈现过程。

③解读学情

我们从学生的"前在状态"、"潜在状态"、"差异状态"三个维度来解读学情。"前在状态"分析主要是了解学生已经学会了哪些知识，他们的知识技能、情感态度价值观等达到怎样的水平；"潜在状态"是对学生潜在的学习能力的了解；"差异状态"是分析每个学生的不同，根据学生的个体设计教案，设计作业，体现层次性和差异性。

2. 课堂实施，专家指导，提炼生成

（1）在知识形成过程中感悟学科思想方法

学科教材是按照学生学习的认知特点和知识本身的发展规律相结合的方法来编排的，教材内容所呈现的是"有形"的现成知识，而"无形"的学科思想方法则不成体系地分散于教材的各部分中，并且往往是蕴含在学科知识的形成过程中。因此，教学中必须注重展现结论的形成过程，引导学生积极参与，有意识地启发学生领悟蕴含于学科知识之中的各种思想方法，并通过具体的过程来实现学科思想方法的整合性教学。

（2）在知识发展过程中理解学科思想方法

教材在呈现显性的内容时，一般是采用逐级递进、螺旋上升的原则，但学科思想方法是隐性的，教材中看不出对其教学的递进性与上升性。我们知道，对知识内容的教学可以依据教材，但对思想方法的教学依据是什么呢？在对某个知识点进行教学时，应突出什么思想方法？学科知识发展了，其思想方法是不是也要得到相应的发展呢？这是我们在课堂实施中需要研究的。

（3）在问题解决的过程中应用学科思想方法

许多知识可以用口授的方法传递给学生，而学科思想方法显然不能。课堂教学中，在学生初步领悟了某些学科思想方法的基础上，教师还要积极引导学生参与问题的解决过程，在问题解决的过程中运用学科思想方法，这样才能使学生真正理解和掌握学科思想方法。

（4）以"课例研究"为载体，实现整合功能

基于学科思想方法的整合性教学，其主要目的是希望教师能突破以往的"双基"教学方式，将学科思想方法置于学科教学的核心地位，这不仅可以提高学生的学习质量，而且可以发展学生的学习能力，有助于教师的专业化成长。

我们将以课堂教学为关键点，以课例研究为突破口，在课堂教学活动中，通过整合教学目标与内容、教学过程与方法、练习与作业，实现课堂教学内容"量"的压缩和"质"的精选，真正减轻学生的学业负担和提升教学活动的有效性，从而整体推动学校课堂教学的改革。通过深入挖掘学科思想方法，帮助学生整体感知学科内容的知识结构，全面理解学科内容的学科思想与方法，从而培养学生的问题解决能力、创造性思维能力及学科综合素养。通过全面分析学科思想方法，我们提高教师整体把握、协调、利用教学活动中的各个元素的能力，提升教师收集与处理学科思想方法和教学内容的能力，以寻找教学环节中的最佳效应，从而促进教师的专业化发展和自我成长。

在具体的教学实践中，基于学科思想方法的整合性教学，我们要求教师以"单元主题式"的教学方式为主要实践路径，在统整教学目标与内容、过程与方法、练习与作业的设计思路下，以学科思想方法为灵魂和主

线，在教学目标中突出学科思想方法，在教学内容中挖掘学科思想方法，在教学过程中蕴含学科思想方法，在教学方法中总结和提炼学科思想方法，在练习与作业中让学生应用学科思想方法。以此为基础，教师采取循环往复、螺旋上升的方式引导学生从整体上感知、领悟和应用学科思想方法。

（三）第三阶段：促进学生理解的深度参与教学实践

经过对"基于学科思想方法的整合性教学策略研究"课题的实践探索，我们已经逐步突破传统的"授—受"的单向知识传递的教学观念，打破聚焦于"双基"教学目标的惯性，转变学科教材解读的视角，学生的学习效果有了质的突破。然而，通过大量的数据和课堂观察发现，我们的课堂缺乏学生的深度参与。

1. 缺乏深度是学生课堂学习的普遍现象

当前娇子小学学生的课堂学习存在以下三个方面的问题：一是学习状态缺乏活力，即学生的课堂学习的重心是"靠师"，而非"靠生"，课堂学习活动缺乏应有的活力，学生的自主性、能动性和创造性并未得以充分表现；二是学习过程缺乏意义，课堂学习过程中，大多数学生接受了很多知识，习得了很多技能，也得到了理想的分数，但他们总觉得课堂学习没有多大意思；三是学习结果缺乏灵动，通过课堂学习，大多学生能接受、理解、内化所学知识本身所代表的意义，缺乏对获得知识的过程中所采用的思想、方法的关注，缺乏活用知识的意识。

2. 浅层参与是制约学生课堂学习深度的根源因素

我们深知制约学生学习深度的因素很多，但学生本身参与课堂学习活动的水平无疑是影响学生课堂学习深度的根源所在。无论是多么时髦的教学理念、多么新颖的教学模式、多么先进的教学设备、多么精心的教学设计，如果学生的参与水平有限，学生的学习都只能停留于浅表的层面。

依据我们对学生课堂参与的现状调查显示，娇子小学学生的课堂浅层参与集中体现在如下几个方面：其一，惯于"听"，懒于主动发表自己的见解；其二，偏好于回答简单、指向性较强的问题，怯于探索开放性的问题；其三，"人云亦云"，大多数学生的思维处于"被动"、"从众"状态，缺乏主动思考、发表独立见解的习惯。

3. 理解性教学是促进学生深度参与的重要途径

如何促进学生的深度参与？我们需要从以下两个方面来寻找问题的突破口：一是深入考查学生的认识发生过程；二是反思我们的教学是否为学生的认识发生提供了必要的支持条件。

认知发生论的创始人皮亚杰认为，儿童是在与周围环境相互作用的过程中逐步建立起对外部世界的认识，从而使自身认知结构得到发展的，认知结构是通过"平衡—不平衡—新的平衡"的循环得到发展的。这种认知发展观的实质就是关注学生的理解。也有研究者指出："'理解'是教学不可或缺的要素，理解性教学是以理解为主要目标和教学原则的教学，是张扬人类理性的教学"（王均霞 等，2012）。可见，理解性教学是促进学生深度参与的重要途径。为此，学校正在从"当前学生参与学科理解的现状调查"、"深度参与的内涵及特征"、"理解性教学的内涵及价值"、"学生理解性学习的发生过程及突出表现"、"学生深度参与课堂学习的评价标准"以及"促进学生深度参与的理解性教学策略"等方面，开展"促进学生理解的深度参与教学实践"的课题研究。

二、生长课堂构想的形成

近代以来，西方教育思想已经逐步形成了以卢梭、杜威为代表的教育生长论，即"教育即生长"，强调教育必须顺应儿童天性发展的自然历程。陶行知、陈鹤琴等国内学者、专家从对儿童深刻的爱出发，提出"教育应当培植生活力，使学生向上长"。在探索实践中，我们逐步认识到，课堂应该是生命的对话，应该是鲜活的，是灵动的，是迸发智慧火花和激情的地方，应该是充满着生长律动的自由的课堂，是学生放飞心灵的精神家园。在这里，每个生命都能获得应有的高贵。只有找到恰当的突破口，把生命的活水放进课堂，才能真正引起心灵的震撼，拨响师生心灵的琴弦，感受到生命成长的律动。在这样的思考下，博雅教育理念下的"生长课堂"就应运而生了。

（一）生长课堂的本质内涵

用"生长"来解读课堂，教学应该是教师和学生交互作用而生成的一项具有生命意义的活动，这是课堂教学的应然选择。它预示着课堂教学应有生命意识，有生命的体验，有生命与生命的交往和互动，有生命的不断完善和超越。课堂应该从过分强调认知性目标，过分强调知识本位，弱化"过程与方法"，虚化"情感态度与价值观"，转向从根本上追求对人的生命存在及其发展的整体关怀。（孟晓东，2014）因此，我们认为，生长课堂的本质内涵就是促进生命成长的课堂、焕发生命活力的课堂和提升生命意义的课堂。

1. 生长课堂是促进生命成长的课堂

教育的真谛在于直面生命的成长，只有关注人的生命、以人的生命成长为旨归的教学才是直面生命的本真性的教学。学生作为一个完整的生命体参与到课堂中来，其生命的自然性、精神性和社会性是课堂教学不可忽视的生命基础，学生生命在这三方面的成长也是课堂教学不可回避的责任和使命。如何借助课堂教学的有限时空最大限度地促进学生的成长，而又不以加重学生的负担为代价？我国教育界以各种新的教育理念为指导的基础教育改革实践对此做了有益的尝试。今天，我们虽然已经认识到"满堂灌"的课堂严重束缚了学生的生命成长，但大量的课堂观察表明，教师对课堂教学的追求，还是更多地窄化为知识与技能目标的实现，而往往忽略了自己面对的学生是一个个鲜活的生命体，这就直接导致教师在课堂教学中只重结果，忽视过程，对于学生在获取知识过程中的兴趣、情感投入、习惯养成和心灵熏陶等却很少关注。教师苦教，学生苦学，教学"高投入，低产出"的现象屡见不鲜。

引导、促进学生的生命成长是教育教学义不容辞的责任。面对生命成长，课堂教学存在以下四重困惑：一是何为生命成长的主体；二是生命成长的根基何在；三是生命成长如何实现；四是生命潜能如何发挥。为促进生命成长，实现其育人的根本价值，课堂教学应承担以下五项责任：一是明确生命成长的主体；二是培植生命成长的沃土；三是尊重生命成长的内在自然；四是引导生命成长的方向；五是挖掘生命成长的潜能。

生长课堂是学生成长的地方。它为每个学生富有个性的发展创造空间，使每个学生全身心参与到教学中来，形成师生之间、生生之间的互动交流，这不仅仅是理解知识的需要，更是激发学生生命力、促进学生生命成长的需要。课堂上我们要为学生创造富有个性的发展空间，激发学生的表现欲、求知欲、交流欲，使课堂发出生命成长的音符。

2. 生长课堂是焕发生命活力的课堂

教育的价值在于发现学生的价值、发现学生的潜能、发现学生的个性。课堂教学活动对教师和每个学生而言，都是他们生命历程中的一段重要经历，是其人生中充满生命活力意义的重要构成部分。如何让课堂焕发生命的活力，成为教学成功与失败的关键。叶澜（1997）教授曾说，从更高的层次——生命的层次，用动态生成的观念，重新全面地认识课堂教学，构建新的课堂教学观，它所期望的实践效应就是：让课堂焕发出生命的活力。

对学生而言，课堂教学是其学校生活的最基本构成，其实质首先应是学生生命活力焕发、生命价值不断显现的生动活泼的生活过程。学生在课堂教学过程中，根据自己的兴趣、体验及理解，能动地认识，赋予知识以个性化的意义，学生的生命活力在这种积极主动的参与过程中充分地表现出来。

生长课堂以学生的学习为中心来组织教学，在整个学习过程中都充满激情和欢乐，最终目标是指向学生自身内部的主体世界，使学生在知识与技能、过程与方法、情感态度与价值观等方面得到和谐发展，使学生感受到成功的愉快，从而激发学习兴趣。生长课堂是教师和学生共同的生命历程，它应当焕发出无穷的生命活力，洋溢蓬勃向上的力量。创造充满生命活力的生长课堂，是我们的追求和期待。

3. 生长课堂是提升生命意义的课堂

生命意义是一个古老而深刻的概念，它对个体的幸福至关重要。弗兰克尔认为，生命意义是指人们对自己生命中的目的、目标的认识和追求，即每个人的生命中都有一些独特的目的或者核心的目标，人们必须要有一个清晰的认识，知道自己将要做什么，并为实现自己的价值努力去做一些事情。生命意义在个体的幸福生活中发挥着非常重要的作用，并证实其影响着很多与幸福相关的因素。那么，我们的教育如何能够提高学生生命的意义？

　　教育作为一种直面人的生命的事业，在促进人的生命发展、实现人的生命价值、寻求人的生命意义的过程中起着重要的作用。课堂是实施教育的主要场所，它是学生追求知识和身心发展的主要阵地，只有立足课堂，通过特定的课堂情境，激活课堂活力，开发课堂潜能，才能真正激发学生的活力，使课堂充满生命活力。教育活动关注的是人的潜力如何最大限度地调动起来并加以实现，以及人的内部灵性与可能性如何充分生成，换言之，教育是人的灵魂的教育，而非理智知识和认识的堆积。但是，目前课堂中生命现状却不令人满意，课堂中漠视生命的现象依然存在，这与当前我们所倡导的"以人为本"的教学理念格格不入。

　　生长课堂的价值诉求在于对生命意义的提升，实现对历史的扬弃和合理性超越，使课堂尊重生命情怀，追求精神生活，呼唤创造，张扬个性，成为生命发展的摇篮和生命意义彰显的圣地。

（二）生长课堂的文化特质

　　生长课堂是课堂教学的一种文化追求，意味着从把"教会"作为课堂的核心目标，转向以儿童的学习为中心来组织教学，把"促进儿童生长"作为课堂教学的价值导向，重视基于儿童经验和顺应儿童规律，重视课堂学习活动内涵的生成性、整合性、反思性和层次性，推进儿童潜能的发展，引导儿童基于经验和体验的自主建构与精神成长。

1. 生成性：深度参与

　　心理学研究表明，个体只有亲身参与了事情的经过，才能产生深刻的体验。教育学也表明，只有让学生参与了知识与智慧产生的经历，才能产生至深的理解。"参与"是学生理解和掌握知识的重要方式，然而在实际的课堂教学中，我们往往注重知识与技能目标的达成，忽略学生的参与程度与层次，忽略学生学习中的不投入（不介入问题的思考，靠记忆应付作业）、伪投入（依赖老师和同学实现问题的解决）等消极参与的状况。因此，我们提出学生课堂中的"深度参与"。

　　何谓"深度"？按照一般的理解，就是触及事物内部和本质的程度。可以从以下三个维度来界定"深度参与"的内涵：一是活动维度，它包含外部活动和内部活动两类，其中前者主要指向参与感知、语言表达、动手操作三类活动，后者则主要指向学生内在的情感体验；二是方式维度，包括学生参与课堂学习中的个体、群体及集体三种活动方式；三是层次维度，它包含深入学科本质、深入学生内心深处及对学生产生深远影响三个层次。因此，在教学过程中，师生围绕教学内容，共同参与，通过对话、沟通和合作活动，产生交互影响，教师充分激发、挖掘、利用课堂中学生的动态生成性资源，推进教学活动的过程，引导学生积极参与，点燃学生思维的火花，开启学生潜在的智慧，使学生从被动走向主动，成为课堂的主人。

2. 整合性：多向整合

传统课堂教学强调知识的学习与掌握，主要培养学生的读写算能力；而新课堂教学改革重视学生知识的运用，培养学生运用知识解决问题的能力，二者各有优缺点。新课堂教学改革的实践证明，将传统课堂的教学资源和新课堂孕育而生的教学资源有机结合在一起，进行综合运用，是中国环境下课堂教学一种切实可行的有效教学方法。"整合性教学"的理念就是由此构思和设计的。

今天，我们越来越发现，过于零散而缺乏整合的学习过程，将直接影响学生在知识结构和思维结构方面的快速发展。因此，对于课堂中超出教师固定思路和固定教学模式的各种资源的利用，已被越来越多的教育工作者所重视。有效整合课堂中的各种资源，不但能充分发挥学生的主观能动作用，而且能提高教学效益。

生长课堂强调课堂教学资源的多向整合。如何实现有效的整合？我们认为教学要寻找一个"核心"，将学生学习与发展过程的各个要素及环节进行有效融合，以对学生的学习与发展产生整体效应，最大限度地促进学生能力和素养的深层发展。在中小学课堂教学中，这个"核心"就是能够体现学科本质及知识内核，对学生的后续学习和发展最具影响力的那些元素，如学科思想、学科方法、学科结构、学科核心问题和学科核心能力等。生长课堂指教师在学科思想方法的指导和统领下，创造性地对各个教学要素及教学环节进行相互融合和优化组合，从而发挥聚集效应以提高学生学科综合素养。

3. 反思性：自觉反思

什么是反思？在洛克哲学中，反思被看作心灵通过对自己的活动及活动方式的关注和反省，产生"内部经验"与知识途径。黑格尔把反思看作一种反复思考的过程，一种思想的自我运动，一种把握事物内在本质的方式。在杜威看来，"反思是对任何信念或假定形式的知识，根据其支持理由和倾向得出的进一步结论，进行的积极主动的，坚持不懈的和细致缜密的思考"（杜威，2010）。也就是说，反思是一种特殊的思维形式，它源于主体在活动情境过程中产生的怀疑或困惑，是引发目的的探究行为和解决情境问题的有效手段。

有效反思的核心在于个体的自觉反思。个体主动对经历过的思想进行反思，并摆脱固有思维模式的束缚，努力把握复杂教育现象背后的本质，从多视角、多层次和全方位来思考问题并选择多种的解决办法。反思得越强烈，人们的实践活动就越清醒、越自觉，教师和学生在学习活动中就越具有智慧。

生长课堂具有反思性，它不仅强调教师的自觉反思，也强调学生的自觉反思。一方面，教师应自觉践履，自觉改变陈旧的教育理念、教学行为；要不断对自己的教学行为进行反思，在反思中不断提高、不断完善，以适应新课程理念下的教学要求。另一方面，学生在学习过程中，以课堂为载体，掌握反思的方法；以解题为契机，提高反思水平；以交流为桥梁，完善反思品质；以自我发展为目标，提升反思效能。通过反思，学生通过多方面、多角度的思考，体会了探索的方法和策略，加强了知识与能力的沟通，提高了进行学习活动的能力，从而达到学习上的可持续发展。

4. 层次性：层级提升

学生的学习与发展是一个渐进生长和动态生成的过程，相应地，教学过程也应该是一个包含多种层次的活动系统。根据学生对知识（或实物）的作用程度，学生的学习与发展一般涉及感知活动、操作活动、认知活动、实践活动、欣赏活动、评价活动和创造活动几个层次。根据学生思维发展的过程和水平，学生的学习与发展一般又会经历感性水平、知性水平和理性水平三个层次。其中，感性是一种表面的、模糊的、没有理由的初级认识能力；知性是一种初步把握事物联系及其规律的认识能力；理性则是一种把握事物本质，能够做出适当判断和决定的认识能力。依据学生生长的层次性，生长课堂在尊重学生发展的差异性基础上，提出学生学习的层级提升。

例如，数学中的推理问题，从总体上来看，在直观推理、描述推理、结构关联推理、形式演绎推理四种推理方式上呈现层级递进的发展趋势。

同一年级学生在不同推理方式上以及不同年级在同一推理方式上均呈现层级递进的发展趋势。根据低年级学生到高年级学生几何推理能力层级递进发展的事实，生长课堂按照直观推理、描述推理、结构关联推理、形式逻辑推理层级提升的顺序发展学生的综合推理能力。因此，我们根据教材内容，设计推理问题层级教学总体框架，注重课程目标和课程内容、问题情景与活动设计、过程性评价和反馈，通过"垂直组织"和"水平组织"两个维度进行课堂建构，打造符合学生推理特点的层级提升教学。最终，我们发现，按照几何推理方式的划分和层级发展顺序组织课堂教学，可以有效地改变教师的教学观念，发展教师推理教学设计和组织实施能力，改变师生在课堂教学中的生命状态，促进学生的推理能力发展和层级提升。

（三）生长课堂的基本形态

根据生长课堂的内涵、外延和文化特质，我们尝试构建生长课堂的基本形态。我们认为，生长课堂应该是一种立足学生的现实性、着眼于学生发展的可能性，以追求"生长"为核心价值的课堂教学组织形式。具体来说，我们认为它是基于学科体验、触及心灵深处、深入学科本质和促进真正理解的课堂。

1. 基于学科体验

美国大卫·库伯提出："让体验成为学习和发展的源泉。"今天，学生在课堂中并不缺少体验，但这些体验大多是肤浅而零散的。那么，如何实现学生的有效体验，我们认为教学要有意识地将学生导向基于学科的体验。北京师范大学教授李英（2001）提出："体验，既是一种活动，也是活动的结果。作为一种活动，即主体亲历某件事并获得相应的认识和情感；作为活动的结果，即主体从其亲历中获得的认识和情感。"在此基础上，我们认为，基于学科体验指学生在亲历学科学习活动中所获得的相应的认识和情感，这种认识和情感是相对稳定的，能使学生对特定的学科学习产生积极的行为倾向，对学习活动的发生、维持具有积极作用。

如何基于学科来引导学生进行体验？从学生学习和发展的过程来看，学科知识是其重要内容与载体。各门学科都有自己的知识体系，由它的基本概念、基本规律和基本方法等组成。因此，基于学科体验就是以知识为中心，引导学生体验各学科内和学科间的知识与知识、知识与思想方法等，进而把学科知识与自己累积的生活经验整合起来，形成个人知识体系。

例如，学校针对一些学生在数学学科存在学习懈怠和兴趣低下的问题，重新定位数学基础阶段的教学目的，根据国家规定的数学教材，我们依据数学学科的思想方法，对学生需求的教学内容和教学方法进行整合。因此，我们以数学知识为依托，设计真实性任务，创设情境，指导学生体验数学概念的建构过程，建立学习共同体，并在真实的评估中反思和重构知识，从而形成一条知识与能力相互促进的课堂教学策略。

2. 触及心灵深处

今天的课堂尽管用上了先进的教学理念、教学模式和教学设备，教师进行了周全的教学设计，但师生之间却鲜有真正的情感交流、思维碰撞和心灵的融通。这样的课堂即使能够教给学生很多表层知识，教会学生很多答题技巧，帮助学生取得不错的考试分数，但是，学生还是学得唉声叹气，脸上堆满的是厌倦和无奈，失去了对课堂的那份期待和向往。何以至此？答案便是：学生觉得没"意义"。为什么觉得没有意义？学习乃心灵之事。然而，现实中的课堂教学却很少走进学生的精神世界，拨动学生生命的琴弦，点燃学生的心灵圣火，触及学生灵魂的深处，学生自然难以获得自由的精神、独立的意志、纯净的灵魂和生命的意义。

教学与农业、工业的最根本区别在于：教学养的是人的生命，养的是人的精神生命！正是生命的精神本性，规定了教学的根本性质；正是生命的精神意义，决定了教学的根本目的；正是生命的精神需要，确定了教学的根本内容；正是生命的精神力量，导源了教学的根本动力。那么，教学的根本意义不能在"器物"、"功利"和"技艺"的层面上被理解。各种知识和技能只有当它们进入学生的情感和思维，凝聚为个体生命的智慧和精神时，才有可能在学生心灵深处相遇、融会贯通，共同充盈学生的精神世界，增长学生的生活智慧。唯有如此，学生才能够获得"意义"。正是在这种意义上说，生长课堂是走进学生心灵的课堂，是走进学生情感和思维深处的课堂！

就像农民会把最好的养料浇灌到农作物的根部，教师更应该在学生学习与发展的根本部分下足功夫，将教学不断引向学生情感和思维这两个根本部分的深处。如何将教学引向学生情感和思维的深处？教师首先需要注意三点：一是"保护"。作为一个独立的生命个体，学生一定有他自身的生命力。这种生命力来自于他内在的精神需要和精神力量，集中体现为情感和思维的需要、情感和思维的力量。对于学生的这种情感需要和思维需要，教学首先应该做的第一件事情就是"保护"，而不是忽视，甚至压制。二是"引导"。既然学生本来就有情感和思维的需要，本来就有情感和思维的力量，教学应该做的第二件事情就是帮助学生将他"有"的这些需要和力量充分地挖掘、发挥和引导出来，而不是一味地从外部加以灌输和训练。三是"追寻"。不管是情感的激发还是思维的开启，教学的根本职责都在于对"意义"的追寻。这种意义的追寻指向知识的价值与意义，指向精神的价值与意义，指向自我的价值与意义。唯有如此，教学才能真正走进学生心灵的深处。（李松林，2014）[54]

例如，数学课堂上，教师设计一系列的活动让学生置身于知识发生、发展、形成的生动过程，教师始终扮演组织者、引导者与合作者的角色，层层设疑，学生的思考逐步深入。教师引导他们亲历观察、猜想、验证、建模、应用等数学活动，进而获得一种更有力度、充满张力的数学思考以及触及心灵的精神愉悦，使数学思维得到一定的训练提升，获得更为丰富的数学活动经验。触及心灵深处的教学，才会激发学生对学习的浓厚的兴趣，才会有积极的探索、敏锐的观察、牢固的记忆、丰富的想象以及创造性地运用。

3. 深入学科本质

课堂教学的时间和空间都是有限的，如何才能使有限的课堂教学对学生后续的学习与发展产生深远的影响？从理论上讲，教师必须对教材内容进行量的压缩和质的精选，必须将那些最有价值的内容精选出来。但是，教材中最有价值的内容究竟是什么？对于这个问题的回答，直接影响着课堂教学的品质与深度。按照布鲁纳的看法，任何学科教学都必须将学科中那些最广泛、最强有力的适应性观念教给学生。这些观念"可以把现行的极其丰富的学科内容精简为一组简单的命题，成为更经济、更富活力的东西"（钟启泉，2003）[134]，帮助学生通过对学科深层结构的理解来提升他们"分析信息，提出新命题，驾驭知识体系的能力"（梅逊，1984）。更明确地说，教材中最有价值的内容是体现学科本质的内容。

成尚荣先生在《教学改革的新走向与新趋势》一文中指出，新修订课程标准预示着教学改革的新走向之一是"基于学科本质的教学"。他认为，基于学科本质的教学改革是引领教师回到"三个地方"，即回到学科教学的本质属性上，回到学科教学的核心任务上去，回到学科独特的学习方式上去。生长课堂正是顺应教学改革的这一新走向，力求体现课程内容的学科本质。

然而，无论是教师的学科教材理解，还是实际的教学内容，都大多游离于学科的本质和知识的内核之外而缺乏深度。这主要表现在以下四个方面：第一，教师常常将知识的教学简单化地理解为符号形式的教学，而很少深入到知识的逻辑根据、思维方法和深层意义的教学中去。第二，教师常常将被狭隘理解的"双基"作为教学内容的核心，而对蕴含于"双基"背后的基本经验、基本方法、基本思想和基本价值等更富有教育内涵的学科内容要么排除在外，要么一带而过。第三，教师常常将教材中的概念性知识（主要是概念、原理等）作为教材知识的全部，而很少认识到知识不但包括事实性知识、概念性知识、方法性知识和价值性知识四种类型，而且还涉及经验、概念、方法和价值四个水平。（季苹，2009）第四，教师常常对教材中所谓的重点、难点和要点加以特别的关注，而对学科基本结构的把握明显不够。正是教师在学科理解上的这些不足和教学内容的粗浅、零散状况，直接降低了课堂教学的品质与深度，导致了学生学得粗浅、零散、繁杂和空洞这四个突出的课堂学习问题。

为了改变这种状况，生长课堂的一大着力点就在于超越学科的表层内容和知识的符号形式，将学科教学引向学生对学科本质的学习中去。那么，什么是学科的本质？按照一般的理解，学科本质是一门学科区别于其他学科的根本属性。尽管人们对于学科本质并没有一个更明确的界定，但落实到中小学学科教学，学科本质即一门学科的根本属性主要是从以下几个方面体现出来：一是学科的研究对象和基本问题；二是核心的学科概念与范畴；三是基本的学科方法与思想，其核心是学科思维方式；四是核心的学科价值与精神。据此，我们可以将体现学科本质的教学内容识别为一个包含价值与精神（内层）、方法与思想（中层）和问题与概念（外层）的三重结构。鉴于此，生长课堂需要教师的学科教材理解方式发生转变，"双基"—多维、外表—内核、局部—整体、忠实—创生则是教师理解学科教材应当遵循的四条基本操作路线。（李松林，2014）[54-55]

例如，数学学科的本质就是用数学的眼光认识世界，揭示数学规律，总结数学方法，形成数学思想，提炼数学精神，并从上述活动中得到思想、心灵的升华，完善自己的人格。为此，突出数学本质教学，就是要求我们在教学过程中，让学生理解数学概念，把握数学思想，感悟数学特有的思维方式，鉴赏数学之美，追求数学精神。

4. 促进真正理解

《高效学习——我们所知道的理解性教学》的作者琳达认为："理解性教学强调以'理解'为中心，它使批判性思维、灵活解决问题成为可能，使学习者能够在新情境中迁移技能和应用知识，也就是帮助学习者实现高阶思维和高阶技能。"（冯锐 等，2010）任何教学如果不从人的更高层次的发展去理解和展开，所取得的任何结果都将是肤浅的、表面的。

人的更高层次的发展是什么？针对当下课堂教学的突出问题，一方面，我们要追求的是学生以自主发现为核心的学习力发展。教学应该是为学生打开一扇窗户，让学生透过这扇窗户，去发现无限的世界，包括发现知识、发现他人和发现自我。在这里，教学生学会知识只是教学的第一步，教学生学会学习才是教学的更重要职责。一句话，生长课堂的目的不是"遮蔽"，而是"发现"，是促进学生自主发现。另一方面，任何教学如果不能引导学生走进意义世界和建构自我意义，那这种教学只能是发生在学生"脖子以上"的"功利之教"，而不是深入学生内心世界的"意义之教"。这里的关键指向学生的理解。学生无论是对知识意义的建构，还是对生命意义和自我意义的建构，都必须在理解中，通过理解而实现。从根本上讲，教学的终极价值就是引导学生理解知识、理解他人、理解自我，从而不断充盈自己的内心世界，提升自己的生命意义。

如何促进学生的自主发现？其前提是让学生成为学习的主体。这里又涉及两个问题：一是主体的形式，即在何种范围和形式上确立学生的主体身份。针对目前课堂教学中教师"告诉的多"、学生"发现的少"这个普遍事实，教师首先要让学生成为发现问题的主体、发现知识的主体、对话交流的主体和自我反思的主体。二是主体的条件，即如何帮助学生成为事实上的学习主体。学生要成为事实上的学习主体，不仅是一个自主机会的问题，又是一个自主能力的问题，还是一个自我品质的问题。因此，教师需要从三个基本方面为学生的自主发现提供支持：一是赋权，即给学生提供发现问题、发现知识、对话交流和自我反思的自主学习机会；二是增能，即通过授之以"渔"，特别是以思维为核心的研究方法和学习方法，提升学生的自主学习能力；三是自主，即通过引导和培育，不断提升学生的自主意识和自我品质。

理解不仅是学生内化知识的关键环节，而且是学生发展能力的前提条件；理解不仅是学生提升品质的重要途径，而且是学生获得意义的根本机制。然而，学生没有真正理解却成为课堂教学中司空见惯的事实。那么，如何促进学生的真正理解？教师首先需要确立三点认识：一是何谓理解。在心理学的意义上，理解主要指的是一种把握事物联系及其本质的思维活动，其实质是一种以思维为核心的双向循环过程，包括现象—本质、部分—整体、前理解—理解、自我理解—移情理解、体验—思考、理解—应用等方面的双向循环认识。二是理解什么。在课堂教学中，教师必须引导学生加以重点理解的内容主要包括知识的产生与来源、本质与规律、方法与思想、关系与联系以及知识的价值与意义。三是理解到什么程度。一般而言，理解具有完整性、层次性和整体性三大特性，相应地，教师需要引导学生完成完整性理解、深刻性理解和整体性理解三大教学任务。（李松林，2014）[56]

基于"理解"的意义、内容和程度的分析，生长课堂无论在课堂讲授、作业选择，还是评价方式上都致力于促进学生的深层次理解。学校试图通过引导创设这样一种促进理解的课堂，让学生获得终身受益的理解能力，即让学生获得终身需要的具有可持续发展的学习能力。

三、生长课堂的实践建构

在明晰生长课堂的理论基础上，学校选取重点学科作为突破口，尝试把理论付诸实践。通过几年的经验积累，我们形成了三种生长课堂的实践模式，即数学——基于学科思想方法的螺旋式教学；语文——基于教材结构的大单元整体性教学；艺术——基于审美体验的鉴赏性教学。

（一）数学：基于学科思想方法的螺旋式教学

我们认为课堂教学必须要思考这两个问题：课堂改革的内在逻辑究竟是什么？课堂教学改革向纵深推进的突破口究竟是什么？要解决这两个问题，我们必须回到课堂教学的原点，因为原点具有起点和终点的双重性，作为起点，是一事物发展的内在逻辑起点，是具有生命力的最核心的基本要素。作为终点，是原点发展的文化积累的结果，是起点所追求的终极目

标。因此，抓住了原点，就抓住了问题的根本。（裴娣娜，2005）

那么，我们该怎样回到原点呢？我们必须回到学科，回到学科知识、学科能力和学科思想方法上来思考。其中，学科知识重在解决知与不知的问题，学科能力重在解决会与不会的问题，学科思想方法则是联结学科知识与学科能力的中介。也就是说，学科思想方法既是学科知识组织和转换的线索和依据，又在很大程度上决定着学生学科能力的发展、发挥状况。因此，娇子小学以数学学科为例，以学科思想为切入点，对教学观念层面和教学行为层面进行有机整合，实施整合性教学，构建低负高效的课堂，解放教师和学生。

1. 目标：提升核心素养与综合素养

知识、能力和思想方法是学生学科素养的三个基本要素。其中，学科思想方法在学生学科综合素养发展中起着决定性的作用。以学科思想方法整合教学对学生学科综合素养的发展具有以下四个优点。

（1）有利于学生对知识的保持和记忆

日本数学教育家米山国藏曾这样说，学生所学到的数学知识，在进入社会后不到一两年就忘掉了，然而那些铭刻于头脑中的数学精神和数学思想方法却长期地在他们的生活和工作中发挥着作用。所以，作为一线的教师，我们应该关注学生的可持续发展，在教学中有意识地加强学科思想方法的渗透与运用，从而提高学生的思维能力和学科素养。

（2）有利于学生理解和把握整个学科

布鲁纳指出，掌握基本的数学思想方法，能使数学更容易理解和记忆，领会基本的数学思想和方法是通向迁移大道的光明之路。没有学科思想体系，学生所表现出来的思维是无序的、零散的、点状的，学生想得多、想得快是容易做到的，要使学生想得全，既不重复、又不遗漏则有一定的难度，这就需要教师进行有序思想方法的渗透，逐步引导学生有序思考，使学生的思维有序化、条理化、深刻化，从而形成良好的思维品质。

（3）有利于促进学生知识的迁移和灵活运用

学科知识与技能是学科学习的基础，以前我们过于强调表层结构，即注重双基，淡化学生能力培养。然而，学科思想方法是学科的灵魂和精髓，只有深入到学科的深层结构（基本思想、方法、思维方式），进行学科思想方法整合教学，使学生能够获得基本的学科思想方法和必要的应用技能，才能增强学生发现问题、解决问题的能力，才有利于学生学科核心能力、综合素养和创造性思维的发展。

（4）有利于促进学生探究性能力的提高

学生探究能力的提高不可能只通过理解就能实现，学生必须经历探究的过程，而且在这个过程中，学生要有相关的探究行为。通过学科思想方法整合教学，在课堂教学中，教师让学生去发现、去质疑、去对问题进行抽象和概括；让学生去假定、去解释，去比较（分析）数据、去做因果分析、去形成结论；让学生去反思、发现新问题，去改进探究方案，从而提高学生的探究能力。

2. 内容：以学科思想方法为灵魂

我们以课堂教学为关键点，以课例研究为突破口，在课堂教学活动中，通过整合教学目标与内容、教学过程与方法、练习与作业，实现课堂教学内容"量"的压缩和"质"的精选，真正减轻学生的学业负担和提升教学活动的有效性，从而整体推动学校课堂教学的改革。通过深入挖掘学科思想方法，帮助学生整体感知学科内容的知识结构，全面理解学科内容的学科思想与方法，从而培养学生的问题解决能力、创造性思维能力及学科综合素养。通过全面分析学科思想方法，提高教师整体把握、协调、利用教学活动中的各个元素的能力，提升教师收集与处理学科思想方法和教学内容的能力，以寻找教学环节中的最佳效应。

在具体的教学实践中，基于学科思想方法的整合性教学，要求教师以"单元主题式"的教学方式为主要实践路径，在统整教学目标与内容、过程与方法、练习与作业的设计思路下，以学科思想方法为灵魂和主线，在教学目标中突出学科思想方法，在教学内容中挖掘学科思想方法，在教学过程中蕴含学科思想方法，在教学方法中总结和提炼学科思想方法，在练习与作业中让学生应用学科思想方法。以此为基础，教师采取循环往复、螺旋上升的方式引导学生从整体上感知、领悟和应用学科教学内容的学科思想方法。

3. 进程：三个水平＋四个阶段

为了实现优质高效的课堂教学，我们从学校现实问题和实际需要出发，探索基于学科思想方法的整合性教学改革之路。在整个进程中，我们可以划分为三个水平和四个阶段。

（1）三个水平

在小学教材中，学科思想方法具有层次性，以呈螺旋上升的形式进行建构。依据学生对某一种思想方法的学习理解过程，我们把课堂改革进程定位为三个水平，每个水平有其不同的目的，同时，三个水平之间具有螺旋上升的趋势，如图5-1所示。

图 5 - 1 三水平螺旋上升

①感知水平

当学生初次接触和认识某一种思想方法时，我们定位为感知水平。学生初步感受和体验这种思想方法，积累学习思想方法的活动经验。

②概况水平

当学生二次学习这种思想方法时，我们定位为概况水平。学生在初步积累思想方法的基础上，要更深刻地去剖析其内涵和本质，懂得运用这种思想方法解决一些简单的问题。通过一系列的学习，学生对这种思想方法建立起比较全面的知识结构，具备了一定的概况能力。

③变通水平

某种思想方法的学习过程可分为几次，类似期末复习这样的综合性学习会把几次的学习综合成一次，我们把这时的学习定位为变通水平。学生能够准确地运用这种思想方法去解决各种变式问题，形成灵活应用的能力。

（2）四个阶段

自2010年起，学校按照"以点引线、织线成面、构面成体"层层推进的工作思路，通过"明确基本点＋找准关键点＋抓好结合点"突破主题式课例研究。结合三个水平的定位，我们在探索课堂改革时经历了四个阶段，每一个阶段都有其目标和具体内容安排。

①阶段一：挖掘与渗透

教师挖掘学科思想方法，有目的、有意识地在课堂教学中渗透。具体内容包括以下几个方面：一是数学老师分工横向解读教材，整理出教材中蕴含的学科思想方法。二是数学老师分工纵向梳理教材，梳理出教材中蕴含的学科思想方法。三是基于横纵交错的教材解读，有目的、有意识地渗透学科思想方法。这一阶段的研究，发现教师们存在学科思想方法定位不准、整合性教学体现得不够充分等问题。基于这样的现状，我们决定以准确挖掘学科思想方法和整合性教学为突破口和着力点，在下阶段研究中让课题从迷茫走向清晰。

②阶段二：尝试与实验

教师具有强烈的学科思想方法挖掘和渗透意识，在准确挖掘的基础上，我们尝试性地进行整合性教学。具体内容包括：其一，开发体现学科思想方法的课堂观察量表，了解教师在教学中渗透学科思想方法的过程和基本方式；其二，初步尝试后开展理论学习，重新认识和深刻理解学科思想方法的类型、层次，并在课堂中实验整合性教学；其三，基于教师们的实验，在自下而上的实践探索和反思归纳中，初步梳理基于学科思想方法的整合性教学模式和教学思路。近一年的研究让教师们围绕基于学科思想方法的整合性教学模式和教学思路进行了大量的案例教学和实践反思。课题组通过课例研究、专家指导、学月小结、专题会议、专家讲座等方式形成多方面的研究资源。但是，不同学科思想方法的教学策略是什么？究竟该如何体现学科思想方法的分层教学？这些问题需要课题组进一步研究、提炼和总结。

③阶段三：建构与提升

教师建构基于不同类型的学科思想方法的分类整合性教学策略，总结基于不同层次学科思想方法的分层整合性教学策略。具体内容包括以下几个方面：其一，在大量教学实践的基础上，分类建构不同类型的学科思想方法的整合性教学策略；其二，根据教学案例，分别总结初次学习思想方法、循环学习思想方法、综合学习思想方法的整合性教学策略；其三，基于前期的挖掘与渗透、尝试与实验和现阶段的建构与提升，总结和归纳课题研究的理性认识和实践成果。为期三年的课题研究，课题组形成了较丰富的研究成果，课堂教学质量得到显著提高，教师的学科思想方法挖掘意识和能力显著提升，学生的学科核心能力有明显改善。下一步研究的方向是把握学生学习学科思想方法的特点及其应用规律。

④阶段四：导向与参与

基于各学科的学科本质，教师激发学生参与学习的热情，探索出引导学生从主动参与到深度参与的导学策略。具体内容包括以下几个方面：其一，在不同的学科领域，分析不同学科的学科本质；其二，基于各学科不同的学科本质，通过观察学生参与学习的外部活动和内部活动，探索学生深度参与的特征；其三，以前端分析、目标导引、问题驱动、活动促进、评价激励为探索主题，研究促进学生深度参与的导学策略。

4. 策略：螺旋式教学策略

20世纪60年代，美国心理学家布鲁纳提出了"螺旋式课程"，是指与儿童思维方式相符的形式将学科结构置于课程的中心地位，随着年级的提升，不断拓宽和加深学科的基本结构，使之在课程中呈螺旋式上升的态势。而螺旋式教学更注重知识的阶段教学，在一阶段内只学习某一知识的一部分，在后续的教学中逐步地加深和拓宽，达到不断拓宽强化上升的结果。（路文柱，2012）[1] 可见，螺旋式教学在数学学科思想方法与能力培养、降低学习难度等方面都有明显的效果。通过前文对学科思想方法的分析和数学思想方法在课堂教学中的整合途径，学校基于数学学科思想方法的整合，在课堂中建构了螺旋式教学模式。

（1）螺旋式教学的特点

①螺旋式教学减小了学习的难度

"螺旋"是什么意思呢？通过字面来理解，就是顺着弹簧螺旋方向绕行一圈，不知不觉中推进一段距离，不仅省了力，而且向目标扎实推进。这个过程有两大特点，一是在旋转过程中不会用太大的力；二是一旦达到目标后，不会轻易地退出，非常的牢固。螺旋式教学就像这样，不仅能减小学习的难度，而且使学生学习的知识更牢固。

②螺旋式教学符合课程的设计思路

数学学科的特点是难度相对较大，对学生思维能力要求较高。从学习内容框架来看，它是按照数与代数、图形与几何、统计与概率、综合与实践四大板块进行教材的设计和编排，这种设计思路从小学一直到高中，其实质就是采用了螺旋思想，在内容和深度上体现层次性。从学生认知发展顺序和数学学科特点来看，这样的设计是科学合理的。

③螺旋式教学可以通过深度、广度、应用三个维度逐步完成

螺旋式教学是根据教学内容上的广和深，又有课程实施安排上的密度和适度，还有课程组织落实上的力度和效度进行教学。螺旋式教学，是对教学内容进行梳理提炼，去芜存精，突出有效信息，把复杂的问题简明化，把抽象问题具体化。螺旋式教学可以通过深度、广度、应用三个维度逐步完成，而并非仅限于深度、广度两个维度。可比深度与可比广度的恰当平衡，兼顾深度、广度和应用多个维度的适度深化、稳步上升，是理想的教学设计的关键。（路文柱，2012）[2]

④螺旋式教学体现了学习的层级性

螺旋式教学主要应用在同一个学习内容的不同层次之间，这个层次主要体现在学习内容的深度和广度上，要求不同阶段在深度和广度上适当加深。例如，同一个主题的学习，不是简单地再现或重复，我们可以在内容的难度或思维上加深，也可以在它的广度或学习媒介上进行改变。

（2）螺旋式教学的原则

在课堂教学中运用螺旋式教学方式时，应注意以下四个原则。

一是差异性原则，即相邻两次循环之间必须有质的区别，而不是简单的重复。

二是多维性原则，即教学内容的深度、广度、应用都可以作为螺旋式教学的维度。

三是具体性原则，即不同的教学内容需要具体问题具体分析，适时选用恰当的螺旋式教学方式，而不同的螺旋式教学方式必然造就不同的内容设计和内容编排风格。

四是时间和空间原则，即哪些内容适宜于组合成一个螺旋，每两个螺旋之间的时间跨度以多长时间为宜，螺旋式教学的具体方式方法有哪些必须进行深入细致的探讨和具体的分析。（路文柱，2012）[3]

（3）螺旋式教学的策略

在数学课堂中，我们如何基于学科思想方法进行螺旋式教学呢？学生的认知过程是螺旋式上升的，那么，我们的教学设计就应有分明的层次，做到分段进行，又要环环相扣，使学生在接受知识的过程中能有一个逐步积累深入的过程。具体来说，教师通过前期教材思想方法的分析、教学内容的设计和课堂教学的安排等，在具体的课堂教学中随着学生对概念理解的不断深入，让学生接触并理解到更广泛的层面上。在这一过程中，教师

一定要把握好尺度，引导学生从较低的层次开始，经过几次重复、逐步提高，这样既不加深难度，又能充分拓展学生的思维。

螺旋式教学是由浅入深、由易到难，由简单到复杂、由抽象到具体的一整套螺旋上升形式的教学思路。因此，对于数学思想方法的理解应随着各种形式的教学活动以螺旋上升的形式递增，直至学生掌握并运用去解决问题。如何来实施螺旋式教学呢？我们以《小学低段——对应思想的螺旋式教学》为例，探索如何在一个学段中进行思想方法的螺旋式教学。此外，我们以《点阵中的规律》为例，看如何具体在一节课堂中进行思想方法的螺旋式教学。

【案例】小学低段——对应思想的螺旋式教学

1. 认识一一对应思想

一一对应思想是小学低年级数学教学中的一种重要思想方法，它是小学生分析归纳思想的雏形，是踏入数学逻辑思维的第一步。一一对应思想，是指一个集合里的某种元素一一对应于另外一个集合里某种元素的简称，两个"一"可以表示一对多、多对一或者多对多。在小学阶段，主要包含以下内容：一是数形对应。例如，11—20各数的认识中，教师可适时地在黑板上给出一条数轴，借助数轴使学生对读数、写数、基数、序数、后继数等概念分得清清楚楚。二是量率对应。这在分数应用题中十分常见，一个具体的数量对应一个抽象的分率，找出数量和分率的对应恰是解题之关键。三是量与量的对应。在应用题中也常见，如行程问题中，客车的速度与时间对应于客车所行的路程，而货车的速度与时间对应于货车所行的路程。四是函数对应。在小学阶段，函数的定义是建立在集合基础上，它把变量与变量之间的函数关系归纳为两集合中元素间的对应。

2. 梳理一一对应思想的教学内容

在认识一一对应思想的基础上，我们进一步解读教材。北师大版数学教材的各个知识点都是以螺旋上升的形式进行呈现，这使得各个知识之间的关联看似比较散，但实际上又有一条"线"将它们串了起来，这就是数学思想方法。我们首先梳理出教材中一一对应思想的典型教学内容，如表5-1所示。

表5−1　小学低段数学教材中一一对应思想的教学内容

教学内容	教材分布（教学内容所对应的课题名称）	教学内容	达成目标
生活中的数	认识数	利用画图来表示物体的数量，一个"○"表示一只鸟，体会"○"和鸟之间的一一对应	初步感知一个图形和一个实物的一一对应
	书写数学	经历用数表示数量的过程，体会数字与物体数量之间的一一对应	初步感知数与实物数量之间的对应
	比多少	通过两种物体之间的一一对应判断两种物体的数量谁大谁小	体会运用实物与实物之间的一一对应解决问题
加与减（一）	认识大于、小于、等于符号	通过两种物体之间的一一对应判断两种物体的数量谁大谁小，并用符号连接	进一步体会运用实物与实物之间的一一对应解决问题
	减法的意义	利用图形表示物体，初步运用两种物体数量上的一个对一个（一一对应）找出哪种物体更多，多几个	运用实物与图形的对应、图形与图形的对应解决问题
	用减法的意义解决生活中的简单问题	进一步运用上节课的一一对应思想直接画图解决"比较两个数量的多少"	进一步运用实物与图形的对应、图形与图形的对应解决问题

3. 分层次的渗透一一对应思想

根据上述一一对应思想在教材中的分布，我们深入课堂实践探索，在不断的反思总结中，我们提炼出在不同层次渗透一一对应思想的四个教学环节，如图5-2所示。

图5-2 渗透——对应思想在教学中的四个环节

环节一：情境感知——设置具体情境，理解题意初步感知对应思想。

情境教学有着"形真"、"情切"、"意远"、"理蕴"的特点，因此在小学低段的教学中，不管是数与代数、空间与图形，还是统计与概率、实践应用，均离不开生动的情境来进行教学。结合低段孩子的年龄特点，教师要设置有趣的、具体的情境，从具体的生活情境出发，将情境数学化，抽象出数学问题，从而解决数学问题，让学生在丰富多彩的情境中初步感知——对应思想。如在教学11—20各数的认识时，让学生借助数轴对读数、写数、基数、序数等概念进行认识了解、区分辨认，在具体情境中使学生知道有方向的直线上的每一点与数产生一一对应，如图5-3所示。

在（　）中填上适当的数

（0）（10）（　）（　）（50）（　）（　）（　）（　）（100）

图5-3 数轴上点与数的一一对应

环节二：操作理解——教师引导学生动手操作，初步意会什么是对应思想。

数学课堂既是学生求知的主阵地，又是他们陶冶情操、愉悦身心的舞台。低段孩子处于好动的年龄段，作为教师应树立"以学生为主"的思想，让学生"动"着走进课堂。教师应设计各种操作活动，充分调动学生口、眼、手等各种器官参与教学活动，让学生在"动"的过程中发挥他们的主动性、积极性，促进学生的思维水平的提高，培养他们良好的动脑、动手、动口的学习习惯。基于以上的认识，我们要求教师设计的操作活动一定要结合教学重点，并对活动的过程、目的等做出明确的要求，让学生在有序的组织下进行有目的的操作，理解——对应思想。

表5-2 "同样多"、"多一些"等问题中渗透——对应思想的活动设计

教学内容	情境设置	学生活动	教师引导	目 的
教学"同样多"、"多一些"、"少一些"时，学生理解起来可能有一定的难度。教学时，引导学生动手操作，理解一一对应的方法，运用一一对应的思想学习新知。	六只小松鼠围着餐桌准备吃饭，桌上摆放着一些碗、杯子和勺子。让学生观察、思考：怎样才能知道碗、杯子、勺子够不够？学生想出方法后，动手操作得出结论。	1. 观察情景图，汇报交流自己看到的数学信息。 2. 活动一：观察理解，如何才能更好地看出够不够？（一个对着一个地摆）引导学生说1只松鼠对1个盘子。 3. 全班动手操作摆一摆：用三角形代表松鼠，用圆片代表盘子，先拿出它们各自相对应的数量，再动手摆一摆。 4. 活动二：摆勺子和杯子。引导学生完整清楚地表达：杯子的数量比松鼠的数量多1个；松鼠的数量比杯子的数量少1个。	1. 观察主题图，说说你看到了什么？想到了什么？ 2. 有几只松鼠？几个盘子？谁能上台将松鼠和盘子摆一摆，看盘子够吗？ 3. 看着摆的物品，盘子够吗？勺子和杯子够用吗？用刚才的方法摆一摆，看一看，你想到了什么？怎么做，杯子和松鼠才能一样多？（去掉一个杯子）	提取信息并交流后发现餐具不够的情况。引导学生用一一对应的思想来进行比较。在交流中理解操作的方法与目的，理解一一对应的思想。让学生在动手操作的过程中，初步感知什么是一一对应的思想。动手操作，摆实物，能够清楚地表达谁和谁同样多、谁比谁多、谁比谁少，让学生初步感知一一对应思想。

环节三：画图理解——初步理解对应思想。

数学就是要引导学生逐步从直观的、具体的实物图中抽象出图形与符号，这一过程就是教会学生解决实际问题时的具体方法。例如，运用抽象的符号或图形来代替具体的实物图，用一一

对应的方法解决问题，在画图的过程中理解一一对应思想，如表5-3所示。

表5-3 "谁比谁多几个"数学问题中渗透一一对应思想的活动设计

教学内容	情境设置	学生活动	教师引导	目 的
谁比谁多几个？谁比谁少几个？	来了一群小朋友准备开会，会场摆放了一些椅子。要求学生观察情景图，找出数学信息：有11个小朋友来开会，会场有7把椅子。然后根据信息提出并解决数学问题。	1. 观察情景图，有11人开会，只有7把椅子？ 2. 用○表示开会的人数，用△表示椅子的把数。 3. 同桌间相互讨论一下，说一说11、7、4各表示什么。	1. 你发现什么数学信息？你想到了什么？ 2. 请你用准备好的图形来摆一摆或画一画。引导孩子说出○与△要一一对应，这样便于观察比较。 3. 观察一下所摆的或画的图形还缺几把椅子？怎样列式？	引导学生说出用图来代替人和椅子，用学过的一一对应的方法来理解题意。在交流中理解一一对应的思想。运用一一对应的思想从具体的图像中抽出符号、数字解决问题。

环节四：综合运用——利用对应思想解决实际问题。

数学的目的之一就是要培养学生能自觉地运用数学知识与方法解决生活中的实际问题的能力。因此，教师在平时的练习中要关注学生是否能够主动地运用一一对应的思想解决实际问题，提升学生运用一一对应思想解决问题的能力。例如，在平时的练习中，教师设计了这样的作业：

作业1：学校养了12只白兔，7只黑兔，白兔比黑兔多几只？

对于低年级学生来说，刚接触应用题，为了使学生明白谁多谁少的含义，教会学生分析问题解决问题的方法，可以画出实物图。如用黑圈表示黑兔，白圈表示白兔，则可进行形象、直观的对比（如图5-4所示）。使一只黑兔对着一只白兔，一一对应的部分是同样多的部分，学生会发现，有5只白兔没有黑兔与它们对应，由此启发学生理解白兔比黑兔多的含义。

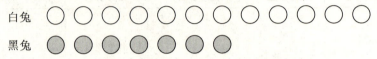

白兔 ○ ○ ○ ○ ○ ○ ○ ○ ○ ○ ○ ○ ○

黑兔 ● ● ● ● ● ● ● ●

图5-4　白兔比黑兔多几只实物图

作业2：淘气有18张卡，笑笑有10张卡，淘气送笑笑多少张后，两人就一样多？

这样的题对一年级的孩子来说，非常不好理解。教师会主动提示学生画图，用一一对应的方法画出两个学生的卡片，引导学生想一想，淘气送多少张给笑笑两人就一样多？学生画图并独立思考，再相互交流，学生理解得就很轻松，结合一一对应的图明白淘气要把多出的一半给笑笑，自己留多出的一半，两人就同样多。

3. 一一对应思想螺旋式教学的成效与反思

（1）增强学生的理解能力

对应的方法也是一种常用的数学方法，我们在教学中有意识地重视这种学习方法的引导，有意识地进行"对应"思想方法的渗透，使学生初步掌握"一一对应"这一数学思想方法。当学生掌握了对应思想后，他们就能在解决生活中的数学问题时，将较为复杂的问题化隐蔽为直观，化难为易，并迅速、顺利地解决问题。

（2）提高学生的计算能力

通过一一对应思想的渗透教学，我们发现，运用摆一摆或画一画等策略降低了问题的难度，使学生在对两个数量或三个数量之间的大小关系，数量之间的相差数及其算理理解得更深刻了，计算起来也做到了游刃有余。

（3）提升教师的数学素养

经过一一对应思想的实施与研究，我们认识到数学思想方法渗透的重要性，从而改变了以往只注重计算为主的教学，开始自觉地尝试数学思想方法的教学，提升了自身的数学素养。在教学中，老师们也更注重对教学过程的把握，同时经常写反思，提高自己的科研能力，促使自己的业务水平不断提高。

（4）促进课堂教学的有效性

基于一一对应思想的教学探索，我们把知识和思想方法目标、能力目标与情感目标进行了平衡与整合，使学生在获得知识的过程中掌握数学思想方法，并在下一步的学习过程中深化知识的理解、活化思想方法的应用。此外，我们也重视学法指导，在学生自主学习的过程中，教师实时启发学生、引导学生如何将复杂的问题转化为直观操作来进行理解。

在探索一个学段中进行数学思想方法的教学后，我们基于已有的经验，进一步去研究一节课堂中如何进行思想方法的螺旋式教学，真正落实孩子们对数学思想方法的认识、理解、掌握和运用，同时也为老师们提供一个可资借鉴的范例。

【案例】《点阵中的规律》——数形结合思想方法在一节课堂中的螺旋式教学

1. 数形结合思想方法的内涵解读

数形结合思想方法的内涵就是以"数"解"形"和以"形"助"数"，数和形是数学研究的两个主要对象，数离不开形，形离不开数。一方面，复杂的形体可以用简单的数量关系表示；另一方面，对于抽象的数学概念和复杂的数量关系，借助简单的图形、符号和文字所作的示意图可以使之直观化、形象化、简单化，从而促进学生形象思维和抽象思维的发展。由"形"到"数"往往比较明显，而由"数"到"形"则需要转化的意识，数形结合思想的使用偏重于由"数"到"形"的使用。可见，数形结合思想可以从两个维度进行具体分析。

一是以"数"解"形"：对直观图形赋予数的意义，用数学语言分析图形的特点，解释图形的规律，把直观的图形抽象为数学概念，体现"数"的严密。

二是以"形"助"数"：在理解数学问题的基础上，把抽象的数学问题用直观图形表示，即通过线段图、树形图或集合图来帮助学生理解数量关系，把复杂的数学语言展现为具体图形，体现"形"的直观。

2. 数形结合思想方法的主要内容

(1) 以"数"想"形"理解各种公式

在教学有关的数学公式时，如果只是让学生死记公式，这样只会将知识学死。学生碰到稍微有变化的图形问题，就不能灵活解决。用数形结合思想方法教学，借助具体的图形到抽象公式的理解，更便于学生理解公式、掌握与灵活运用公式。

(2) "以形助数"解决数学问题

"以形助数"在数学学习中非常常见，我们往往会借助线段图来理解题中的数量关系，从而来解决问题；特别是分数应用题的解决，让学生画出线段图，直观形象地解决问题。

(3) "数形结合"发展空间观念

儿童的认知规律，一般来说是从直接感知到表象，再到形成概念的过程。表象介于感知和形成概念之间，抓住这个中间环节，促使学生多角度灵活思考，大胆想象，对知识的理解逐步深化，让学生学会运用数形结合的思想方法去解释和处理事物的数量关系、空间形式及数据信息，从而发展学生的空间观念。

3. 数形结合思想方法与课堂教学各要素之间的整合

(1) 数形结合思想方法和教学目标、教学策略的整合

新教材的内容安排以两条线来贯穿，一条明线是学科知识，一条暗线是学科思想。而学科思想的教学渗透于整个学科知识内容中，教师对学科思想的凸显可以使学生更好地掌握知识，使学生通过贯通知识间的联系来建构学习体系。因此，教师要深钻教材，分析教材，挖掘潜在的学科思想，结合教学内容、目标、重点难点等基于数形结合思想方法与教学目标内容进行整合。

(2) 教学方法策略和学生已有知识能力的整合

在建构主义看来，学生的知识都是在原有知识和能力的基础上建构起来的。因此，教师要探知学生的已有知识与能力，把教学活动建立在学生运用已有学科思想解决问题的基础上，通过合作学习、探究学习的方式获取新的知识，提升学生运用数形结合思想方法解决问题的能力。所以，结合学情进行数形结合方法策

略的整合非常重要。

（3）数形结合思想方法与培养学生"数学应用意识"的整合

数学学习就是要构建学生的"数学应用意识"，让学生运用数形结合思想方法有条理地思维，学会抽象出事物的本质，运用数形结合的思想去解释和处理事物的数量关系、空间形式及数据信息，更好地理解和掌握数学知识，从而培养学生善于数学交流、善于思考、善于运用学科思想方法解决问题。

4. 以案例解析数形结合思想方法的教学

（1）学情分析

学生的知识基础：学生在数的方面认识了自然数和整数、小数、分数等，在形的方面认识了基本的平面图形，但学生对利用图形研究数、寻找数和图形之间的联系还有困难。

学生的能力基础：学生学过找规律填数、找规律画图和探索算式的规律，具备一定的观察能力、抽象概括能力、逻辑推理能力等。教材中许多抽象概念都是通过数形结合的思想方法来引导学生学习的，如通过画线段图、韦恩图、示意图以及表格等将抽象的数量关系转化为形象的数量关系。所以，五年级的学生具备用数形结合的方法分析问题的基础，具备动手操作、参与小组讨论、优化方法的能力。因此，对"点阵中的规律"这类的探索性问题，学生的学习兴趣特别高涨，表现欲很强。但个别学生从知识到实践的跨越还有些难度，思维能力较差，需要借助同学交流和教师的引导。

（2）教材分析

教学目标：第一，在观察和操作的活动中，学生能够发现点阵中隐含的规律，体会到图形与数的联系；第二，教师有意识地渗透数形结合的思想方法；第三，学生能够运用数形结合的思想方法去解决实际问题。

重点难点：通过观察和动手摆点阵图形的活动，让学生发现一些几何形数的特点和规律，并能把观察到的规律用算式表示出来，能用数形结合的思想方法解决实际问题。

（3）教学流程

本节课要体现数形结合的思想方法，因此要注意把教学环节与数形结合思想方法进行有效的整合。因此，我们设计了一系列活动让学生探究，使其经历以"数"解"形"和以"形"助"数"的过程，掌握数形结合思想方法，并能用数形结合思想方法解决实际问题。因此，我们建构了这样的教学流程图，如图5-5所示。

| 结合图形，感知规律——初步感知数形结合思想方法 | 动手操作，探索规律——理解数形结合思想方法 | 独立探索，相互交流——巩固数形结合思想方法 | 总结回味，归纳方法——强化数形结合思想方法 | 解决问题，拓展运用——升华数形结合思想方法 |

图5-5 《点阵中的规律》数形结合思想方法的教学流程图

①结合图形，感知规律——初步感知数形结合思想方法

学生通过看到图形找寻规律并用正确的算式表示，由"形"的直观变为"数"的严密，而看数字画图形是从"数"的严密再到"形"的直观。

师：图中有几个点阵，每个点阵各有几个点？怎么看出来的？用什么算式表示？与同桌说一说。（引导学生进行交流，初步感知由形到数的过程）

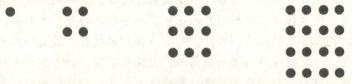

（一个"算"字，使学生的思维顺利地实现了由"形"到"数"的第一次转换）

师：照这样下去，第五个点阵有多少个点呢？你们能画出第五个点阵吗？（引导学生动手操作，初步感知由"数"到"形"的过程）

师：好像很有规律哦？谁发现了？（结合具体图形学生很容易就总结出"数形"之间的规律）

师：那第六个呢？第七个？第八个？第100个呢？那第n个点阵呢？（整个过程虽然简单，但体现了"数形"之间的转换，培养了学生主动进行数形转换的意识）

②动手操作，探索规律——理解数形结合思想方法

苏霍姆林斯基曾说，儿童的智慧在他灵巧的手指尖上。教师在课堂中充分调动学生的眼、耳、口、手多种感官参与学习，有助于他们正确、全面、深刻地理解数形结合的思想方法。

师：能不能换个角度观察？动手画一画，分一分，写出相应的算式。（引导学生从不同的角度观察点阵图，进一步让学生感受由"形"到"数"的过程，逐步构建数形结合思想方法）

③独立探索，相互交流——巩固数形结合思想方法

教师引导学生在独立思考与操作的基础上相互交流，让他们在思维碰撞过程中巩固数形结合的思想方法。

师：同学们发现了点阵中的规律，请在小组内说一说，从这幅图中你又发现了什么规律。（引导学生自主探索，进一步体会由"形"到"数"的过程）

④总结回味，归纳方法——强化数形结合思想方法

教师在总结和归纳方法时，让学生独自思考与合作交流，强化数形结合的思想方法。

师：一个正方形点阵可以写出三种不同的算法，看到 25 这个数字时，你想到了什么？

生：想到了 25 个点组成的正方形点阵图，想到 $1+3+5+7+9$，想到 $1+2+3+4+5+4+3+2+1$（斜着看，对角线方向），想到 5 的平方。（这一环节发散了学生的思维，培养学生多个角度看问题的能力，充分展示了数与形的互相结合和转化，强化了数形结合的思想方法）

⑤ 解决问题，拓展运用——升华数形结合思想方法

教师引导学生深入思考并解决问题，使学生不断完善自己对原有知识的理解与认识，把知识与解决问题有效地联系起来，提高了解题的技巧，升华了其对数形结合思想方法的理解。我们设计了这样的练习题：

练习题1：看算式想图形写结果：$1+2+3+4+5+6+7+8+9+8+7+6+5+4+3+2+1=$

练习题2：看到 $\frac{1}{2}+\frac{1}{4}+\frac{1}{8}+\frac{1}{16}+\frac{1}{32}+\frac{1}{64}+\frac{1}{64}$ 这个算式时想

到什么图形？（学生在解决问题的过程中活学活用这些规律，体会到刚才发现的正方形点阵中的规律，其实就是一个完全平方数的规律，它可以应用到所有的完全平方数，实现数形结合的拓展运用与提升，进一步升华数形结合的思想方法）

5. 初步形成数形结合思想方法的教学策略

本节课以"数形结合"为主线，把数形结合的思想方法与教学内容、教学目标、学生的已有知识能力等进行整合来设计螺旋式教学，着重让学生通过研究正方形点阵，发现相同数之积和连续数之和的特点；然后让学生在练习中感受到图形的直观形象和数的简洁细致；最后激发学生运用数形结合的思想解决一些有挑战性的问题。借助"数形结合"发展学生的空间观念，充分体现了以"数"解"形"和以"形"助"数"的数学思想方法。借助图形的直观，化难为易，学生清楚地发现了规律，能灵活运用数形结合的方法解决实际问题。

"数"和"形"是数学的两块基石，它们反映了同一个事物的空间形式和数量形式，二者相互对立，相互依存，由"数"思"形"，由"形"思"数"。在小学数学教学中，把数形结合思想方法与教学内容有效地进行融合，不失时机地为学生提供恰当的形象材料，将抽象的数量关系具体化、形象化，使代数问题几何化，几何问题代数化。教师让学生在观察、操作、猜测、交流、反思等活动中逐步体会数学知识的产生、形成与发展过程，感受数学的魅力，使他们能够创造性地思考，成为有数学智慧、能够自我调节的数学思考者和问题解决者，切实提高学生的数学素养。

数学思想方法是非常抽象的，我们认为要不断地加强学生的感性认识，才能理解和掌握某种思想方法。在教学中，可以从具体的例子出发，通过不同角度的表征让学生直观地认识它、接受它，再逐步找出它的特点，最后再总结提炼出思想方法。在实践中，这样的螺旋式教学大大提高了课堂学习效率，降低了学生的错误率。

（二）语文：基于教材结构的大单元整体性教学

通过调查我们发现，娇子小学语文教学存在以下几个问题：一是孤立，即在教学中就文教文、就文读文，缺乏联系；二是零散，即教学缺乏整合性和结构性；三是平面，即课时安排和教学内容缺乏层次性。基于以上问题，学校以大单元整体阅读教学为重点，推进语文高效课堂改革。一是基于教材结构进行单元整合点的确立，在课堂教学中真正做到教结构、用结构，借助于教给学生结构性知识训练其结构性思维，以结构的梳理和迁移培养学生语文能力的形成，解决了当前语文教学过于浅表、过于分散的问题；二是对单元整体教学的范围、层次、内容有了明确的限定，在本文中，"大单元"表明了范围，是大主题、大阅读、大课堂，"整体"表明整合取向，是从内容、层次、范围等各方面进行的整合。

1. 目标：化繁为简，厚积薄发

我们致力于探索基于教材结构进行大单元整体阅读教学的策略，重在打破教材中的单元界限，依据单元整合点，整合教材内和课外阅读材料，重组教学内容，精选并优化学习资源，构建大单元整体阅读教学，真正实现"减负、增效、提质、优化"。

2. 内容：大单元教材整合

立足于"单元"和"整体"，我们挖掘一个单元或整册教材的联系性、层次性和整体性，依据不同年段的教材教学目标，制订相应的教学训练目标，围绕目标将教材内的课文进行挑选、重组，并有意识地引入课外阅读材料，形成单元教学教材。每个大单元教学紧紧围绕这个相对聚焦的训练目标开展，整体推进，使各课时的教学目标之间建立一种内在的联系，成为一条螺旋上升的学习链。这样，课堂教学就从对一个文本的咀嚼变为同时指导三至五个文本的阅读理解，通过多种形式的重组，将听说读写、综合活动等加以优化整合，让学生在课堂内就能高效地掌握相应语文能力，获得语文感受，从而使学生的语文学习得到整体综合的效应。

3. 进程：由点到面

根据由点到面的研究思路，我们把基于教材结构的大单元整体教学的探索进程分为四个阶段，每个阶段有其重点的研究方向。

（1）针对训练点的单篇课文教学研究

此阶段是以训练点为核心，我们精心打磨单篇课文教学，要求每一节课设定一个语文核心能力训练点，并设计详细的训练点及突破策略。连续三年下来，语文组内每一位教师对所任教年级的语文知识能力训练点都有了清楚的认识，较为准确地把握了具体学段目标。同时，这一项工作也为后来梳理整合点、开展大单元教学奠定了基础。

（2）开展基于教材结构的单篇教学研究

2011年，语文教研组结合学科特点进行了"基于教材结构的整体性教学策略研究"课题的探索。教师在备课时立足于教材结构认真探讨，通过教学实践把教材结构分为三类，即知识结构、篇章结构和表意结构。教师在备课中对结构知识点进行一到六年级分布的纵向解读，并设计详细引案，进行重点课例研究。我们用了三个学期先后研究记叙文、说明文、散文三类文体，按年级分备课组来梳理全册的三类课文，完成了教材结构梳理表，详细分析了每篇文章的篇章结构、知识结构和表意结构。

（3）开展基于教材结构的单元整体阅读教学

我们探索了如何将教材结构的分析和单元整体阅读教学进行有机的结合。我们先将单元整体阅读教学限定在记叙文单元，找到一个单元设计整体性教学。同时，每个年级选出一个单元自行设计，上两节研究课。此时的单元整体教学还主要是以单元主题进行，对课外的资料融合的较少。

（4）开展基于教材结构的大单元整体阅读教学

在单元整体阅读教学中，我们发现教材固有的单元教学内容知识点、能力训练点很分散、杂乱，不好落实，为此，我们基于已深入研究的教材结构，找准结构整合点，以此重组单元教学内容，引入多篇课内外的阅读材料，进行大单元整体阅读教学。实践中，我们逐步依照"深入教材解读—定下整合目标—构建大单元教学—呈现重点课例"的步骤来实施，这一过程的关键是找准整合点，定好整合目标。

4. 策略：大单元整体教学

20世纪80年代，单元整体教学在我国的语文界兴起。单元是小学语文课程教学的基本单位，不同的单元教学方式和策略会导致学生思维方式和学习方式的不同，而单元整体教学的前后连贯性和一致性有助于学生形成整体思维方式和学习方法。在进行单元整体教学中，霍懋征老师从学生思想教育的需要和知识能力掌握的需要两方面出发，有意识地组织教材，从教材可能提供的条件和资源出发，适当地调整或补充课文。参考霍老师的观点，我们以教材结构为视角，给大单元整体教学下了这样的定义：教师根据教材的不同结构，有意识地整合教学资源，挖掘这些教学资源在知识、能力和情感等方面的作用，使得学生学习一段时间之后，能从整体上把握知识的结构和意义的一种教学策略。

（1）大单元整体教学的特点

①整体性

单元整体教学强调整体性，要求教师从整体上把握教材，理解教材，将教学内容看作一个相互联系的整体。通过教材结构，熟悉教材的内容、要求、作用、所要达成的目标和功能。另外，单元整体教学以具有内在联系的几篇课文为一个有机整体，将知识的学习、能力的培养和情感的体验相互融合，组成一个完整的、有层级的学习体系。

②整合性

前文对单元整体教学进行界定时提出，单元整体教学是教师有意识地整合教学资源，充分发挥这些教学资源作用的一种教学策略。那么，我们在具体开展语文单元整体教学时，教师可以根据教材的不同结构，在明确课文整合意图和训练重点的基础上重组教学单元。重组单元包括对原有单元内容的增减、不同单元内容的重新排列组合，以及课内和课外资源的整合。

③高效性

由于小学语文教科书的设计和编写以阅读为主，所以，在日常教学中，单元教学的大部分时间都用在了课文内容的分析上，教学容量少，培养学生的语文学习能力有限，其效果并不显著。另外，运用单篇课文分析的方法，每个单元教学大致需要7—10个课时，而运用单元整体教学平均只需要6个课时，加上拓展相关内容的阅读时间，最多只需要8个课时，教学效率明显提高。可见，单元整体教学克服了传统教学中教学内容少、教学进度慢、教学效果差和教学资源浪费的弊端。

（2）大单元整体教学的原则

①全面分析

我们从纵向和横向两个维度全面分析单元，以便整体把握单位的知识结构和意义。首先，从纵向来看，我们要分析单元的序列性。如果说整个教材的知识体系是一个由多根链条相互交织且不断上升的螺旋体，那么单元内容则是其中某根链条上的一节。分析序列性就是分析这些链节在某根链上和整个知识体系中的位置和作用，即确定听、说、读、写等内容的顺序、作用和逻辑关系。单元序列性基本上表明了从浅到深、从易到难、从已知到未知的学习规律。其次，从横向上来看，在单元之间的各种外部联系中，各个单元也有相对的独立性。每一册中的各个单元相互独立，每个单元都是一个完整且独立的听说读写系统。教师必须做到对整个单元内容心中一盘棋，弄清它在主题、体裁、知识点、能力点、主要价值观念等方面的不同之处。（孙丛丛，2014）[40]

②立足学情

小学阶段的学生正处于认知发展阶段中的具体运算阶段，这一阶段的儿童出现了逻辑思维，但是需要与具体事物相联系，需要直接经验的支持。因此，教学时首先需要给学生们提供丰富的知识背景，补充和增加相关的知识经验，加深学生们对知识的理解。其次，单元整体教学强调知识结构的完整性和系统性，在教学时也需要注意将新旧知识、前后知识相联系、相贯通，帮助学生促进知识迁移。此外，小学语文单元整体教学的最终目标是指向学生语文学科能力的发展。在单元阅读阶段，引导学生对整个单元的课文进行对比分析，理解几篇课文的共同特点以及个性特征，学会有效迁移，举一反三。在单元表达阶段，沟通单元内容有关读写的内容，联系实际生活，创设真实情境，在实践中积累素材，组织语言使学生学会写作，学会交流。在单元总结阶段，注重引导学生对单元内容以及自己的学习情况进行总结反思，通过检查反馈对自己的学习情况有所了解。让学生在学习知识技能的同时掌握学习的方法和技巧，逐步培养学习能力。（孙丛丛，2014）[41]

（3）大单元整体教学策略的探索

学校组织教师深入解读教材，把握教材的知识结构，以单元主题为切入点整合课内和课外资源，通过课型研究的方式探索大单元整体教学策略。由于低段和高段的语文教学目标存在很大的差距，因此，为了更具有示范性，我们具体按低段、高段来构思和设计课堂教学，下面以案例的方式进行呈现。

【案例】低段中的大单元整体教学策略

近年来，学校梳理出低段语文大单元整体教学的三种基本课型，即基础型、拓展型和实践型，如图5-6所示。

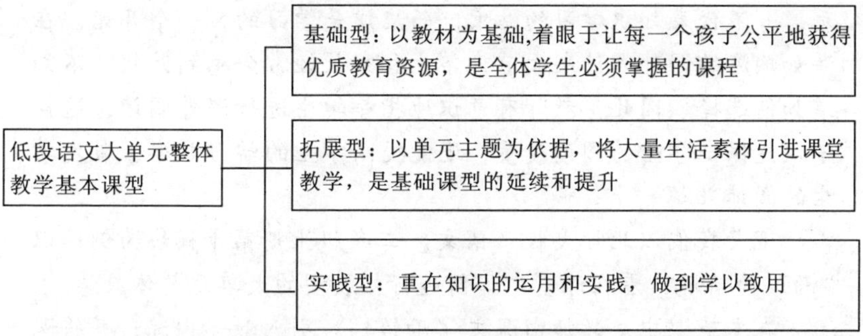

低段语文大单元整体教学基本课型	基础型：以教材为基础,着眼于让每一个孩子公平地获得优质教育资源，是全体学生必须掌握的课程
	拓展型：以单元主题为依据，将大量生活素材引进课堂教学，是基础课型的延续和提升
	实践型：重在知识的运用和实践，做到学以致用

图 5 - 6　低段中语文大单元整体教学的三种基本课型

第一是基础型。

以教材内容为基础，着眼于让每一个孩子公平地获得优质教育资源，是全体学生必须掌握的课程，是拓展型和实践型课程的基础，其主要目标是让学生掌握规定型教材的内容。基础型课程重在发挥教师的指导作用，主要采用"讲—练—训"的形式。大单元整体教学中的基础型课型突破了传统教学中单篇授课的模式，将同一主题单元中的几篇课文集中在同一个教学时间进行教学。

第二是拓展型。

拓展型课型是在基础型课型的基础上，将大量的生活素材引入课堂，拓宽教学内容的广度，丰富学生的语言积累。拓展型课型具体包括以下操作步骤。

一是确立大单元教学的整合点和教学内容。语文教材中的课文篇目多、内容广，体裁丰富，这就要求教师能从广泛的教学资源中准确地把握单元整合点。

二是开发语文课程资源，向文本和生活拓展。在课前预习时，引导学生收集信息资料，了解、感知教学内容。在课堂教学中，结合单元整合点，精心安排教学课时，设计教学步骤，将课文与语文天地整合、将课文与同步拓展阅读整合、将课文与课外阅读整合。教师提供大量的资源，丰富了学生的知识量，拓宽了学生的视野，帮助学生突破以书本为主的狭隘学习观，激发了学生的学习兴趣。此外，教师还注重对生活的拓展。让语文教学回归生活，让学生在生活中获取最本真的感受。

三是重视课后拓展，为学生搭建阅读的桥梁。学完一个单元，并不代表知识学习的结果，而应该是学习的又一个开始。在浩如烟海的课外阅读书面前，学生和家长经常会感到茫然，不知道如何选择。因此，教师有意识地指导学生进行课外阅读，这样不仅能保证学生的阅读质量，还能提高学生的学习效率，激发学生的阅读兴趣。

下面我们以北师大版《语文》二年级上册第十模块为例，以"雨"为情境，看在课堂中如何进行拓展型的大单元整体教学。

在本节课中，教师由课文《雨铃铛》引入教学内容，并将课外短文《听雨》拓展到教学中来，再创设多种情境，引导学生在具体的情境中有感情地朗读和"雨"有关的词语，积累和运用这些和"雨"有关的词语。学生在之前的学习中或多或少积累了一些词语，但大部分都是在课外阅读或生活中零散的积累，并未习得系统的学习方法。本节课通过向文本和生活的拓展，教给学生学习词语的方法，由教师引导学生进行词语的积累和运用，并借助具体的情境对词语进行相应的解释，借助图、句子等方式对词语进行运用。教学流程如下。

一、背诵《雨》，导入新课

二、积累表示雨声的词语

1. 初读：学生自读课外短文《听雨》，圈出生字并想办法认识。

2. 勾画：教师范读课文，学生边听边勾画表示雨声的词语。

3. 汇报：你听到了什么雨声？（师板书）

4. 品读：指导学生有感情地朗读表示雨声的词语。

5. 拓展：在生活中，你还听见了什么样的雨声？

6. 延伸：偏旁归类识字。

7. 运用：这些描写声音的词语不仅在描写下雨的情景时用到，在我们的写话中也可以用到，它们可以让我们的句子变得更加生动。教师用"哗啦啦"举例造句，指名学生用表示声音的词语说句子。

三、积累表示雨大小的词语

1. 创设情境，教师出示三幅雨图（小雨、大雨、暴风雨图），提问：这三幅图有什么不一样？出示四字词语，指导朗读。

2. 在具体的语境中选词填空，练习运用。

四、积累带"雨"字的其他词语

1. 出示漫画图，积累词语"挥汗如雨、泪如雨下"。

2. 教师提问：你还知道哪些直接带雨字的词语？指名学生有感情地读词。

第三是实践型。

在低段大单元教学中，实践型课程对于学生来说是最难掌握的一种课型。顾名思义，这一课型重在让学生运用所学知识，做到学以致用。在研究中，我们发现学生掌握单一的字词内容非常容易，但是要将学到的基础性知识进行灵活的运用却十分不易。根据学生在实践性课型中的表现和反馈情况，语文组结合大单元整体教学的思路探索出了实践型课型的实施步骤。

一是确立大单元教学的整合点和教学内容，明确在本模块中学生的重点训练内容。一个单元、一个模块的构成形式是基本相同的，即两至三篇主题课文外加语文天地。语文天地多以练习为主，即对课文中出现的重要的词语类型、句子、句式、学习方法等进行练习。因此，教师要从众多练习中确立重点练习，并在基础型课型和拓展型课型中进行相应的铺垫和准备。

二是开发语文课程资源，由课文向文本和生活拓展，再回到语文学科学习中来。在课型研究和设计中，我们要确保学生的积累是落到了实处，不仅仅是为了积累而积累，更是要将积累的东西运用到语文学科中。因此，教师一定要提供机会让学生自己进行理解和运用。

三是学生根据教师设计的学习活动进行资料收集。为了帮助学生更好地参与每一个活动，我们按照学生的个体差异对活动进行设计，然后再根据活动大范围地寻找资料，将形形色色的资料综合在一起进行筛选，这样经过精心筛选的材料对活动本身起到了重要的辅助作用。

四是教师紧密结合班级学生特点进行教材的解读和设计。语文课的教法、课程形态、活动设计等可以是千变万化的，教师要根据班级学生的特点设计出适用的活动，保证每个学生都能参与到课堂中，这样的课堂才是真正符合学生主体的课堂。当然，教师设计课堂的活动后，还要根据学生的实际情况和课堂的预设进行反复的调整和修改，这样才能保证课堂的趣味性，让学生收获满满。

为了解决学生理解和运用的难题，我们首先要明确的是，教师对什么内容进行引导、如何进行循序渐进的引导，这也是实践型课型在小学语文低段课堂教学实施的重中之重。因此，我们继续以北师大版《小学语文：第二册》第十模块的"雨"为例进行分析，看教师如何在前面学习的基础上进行实践型课型的教学。教学流程如下。

一、复习引入

1. 复习引入：教师出示词语，学生跟读。

2. 词语分类：对出示的词语进行用法的分类。

二、照样子写句子（大家一起编）

师：春天到了，大自然的动物、植物真高兴！它们可喜欢雨了！快来听一听，你都听到了什么？你听，小蜗牛正在说话呢！下雨了，小蜗牛说："不怕，我把房子背来了。"那其他动物和植物呢？它们害怕吗？为什么？我们一起去看看、去听听吧！

出示蘑菇、小草图片，指导学生模仿第一句说话。

学生自己仿写，再进行全班交流并读所写句子。

根据仿写的句子归类说明各种动物、植物不怕雨的原因。

三、段落练习（看图写话）

1. 我们的动物和植物有的做好了准备，有的拥有同伴的陪伴，还有的很需要雨水。看来它们都不怕雨，你呢？你怕吗？我们这里来了一些好朋友，他们可一点儿都不怕这雨，你来找找为什么。（学生观察图片）

2. 照上一活动说句子：下雨了，谁说："不怕，我……"

3. 观察雨的大小，想象雨水落下的情景，用上之前积累的词丰富句子：天空忽然下起了怎么样的雨，雨水打在哪里发出怎样的声音，谁说："不怕，我……"

4. 给出要求，加上写话中的四要素说一段话。（要求：一是加上故事的四要素；二是将刚才写的"天空忽然下起了怎么样的雨，雨滴打在哪里发出怎样的声音，谁说：'不怕，我……'"加入说话练习中；三是和同桌交流，说一段流利的话；四是可以根据老师给出的提示进行补充，也可以自己想想编一段对话。提示：什么时间，谁在什么地方干什么。天空忽然下起了怎么样的雨，雨滴打在哪里发出怎样的声音，谁说："不怕，我……"）

在本节课的教学中，老师设计的活动环环相扣，帮助学生在积累的基础上进行运用，通过图片、句式的提示解决枯燥、乏味的问题，降低学习难度，在学习信心上给予适当的鼓励，让每个学生都能参与到课堂中。在这样的课堂中，老师仅仅是一个引路人，引导学生在课堂中积极参与，体验学习的乐趣，在活动中有所学，有所得。

学校在小学高段语文教学中，以"提纲笔记"为切入点，研究大单元整体阅读教学的教学内容重组及其整合方式，旨在借助"提纲笔记"的整合，深化当前语文教学改革中关于大单元整体阅读教学的理论，提高学生的整体感知能力、理解感悟能力，进而实现自主阅读和自主习作。

【案例】高段中的大单元整体阅读教学策略

提纲笔记是一种概括性的纲要，即把文章的主要内容提纲挈领式地写出来。它有两个特点：一是抓要点，二是有条理。因此，在小学语文教学中，引导学生阅读时学会做提纲笔记，有利于培养学生的概括内容、感知文体、厘清结构等的能力。在这里，它主要包括文字提纲、图表提纲、画情节曲线等形式。那么，在语文教学中，我们如何进行大单元整体阅读教学呢？经过语文组的集体研究，我们探索出了高段语文大单元整体阅读教学的策略。

一、确定整合点，重组大单元教学内容

根据研究，我们按详略把提纲笔记分为两类：一是复杂提纲笔记；二是简单提纲笔记。简单提纲笔记只写到段，而复杂提纲应写到段和层。写提纲笔记有以下方法：第一，找出写同样内容的段落，划分部分；第二，概括各部分的内容，写出来；第三，在概括的内容上提炼关键词；第四，把握文章的结构和叙述顺序，概括文章内容。不同文章由于内容结构不同，可以采取不同的方法来列提纲，具体列提纲有以下方法：情节跌宕起伏的文章画情节曲线，记叙了多件事或选取了不同材料的文章可以列小标题和画表格。

其一，有些文章情节一波三折、跌宕起伏，适合通过画情节曲线的方法来厘清课文脉络，如五年级"学习画情节曲线"大单元整合教学中，我们选取了五年级的三篇记叙文《迟到》《成吉思汗和鹰》《诺曼底号遇难记》进行整合，这三篇记叙文均是按事情发展的先后顺序记叙的，篇幅较长，自然段比较多，各个段落之间衔接紧密，叙事紧凑，用画情节曲线的方法可以清晰地表示故事的发生、发展、高潮、结局，帮助学生把握课文的脉络。

其二，有些文章偏重写人或既写人又叙事，可以列小标题或者画表格来厘清脉络，如六年级"以小见大大单元整合教学"的《我的伯父鲁迅先生》《荷塘旧事》《花脸》三篇记叙文，记叙的都是过去的事，但各自的侧重点不同。《荷塘旧事》写景叙事回忆难忘的故事，《我的伯父鲁迅先生》侧重刻画人物，通过选择最能反映鲁迅性格、品质、思想的事件来表现鲁迅，要厘清这篇文章的脉络，可以给文章确立恰当的小标题，通过画表格的方法来列提纲（如表5-4所示）；《荷塘旧事》通过围绕"荷塘"、"旧事"梳理课文内容，同样可以通过画表格来提纲，厘清课文线索，把握层次结构。

表5-4 《我的伯父鲁迅先生》一课的画表格提纲笔记

事 件	表现的人物品质	表现的人物特征
谈书送书	爱孩子、严谨治学	慈爱
论现实	憎恨黑暗的社会	幽默、犀利
观焰火	向往美好的社会	热烈
救治车夫	关心劳苦大众	深情、冷峻
阿三的回忆	顽强忘我的工作	忘我

二、借助课例研究，形成教学策略

（一）采取同样方法写提纲笔记的教学策略

如果一些文章体例相似，均适合用一种方法来写提纲笔记，那么，我们可以将这几篇文章放在一起学习，例如，我们将五年级的三篇记叙文《迟到》《成吉思汗和鹰》《诺曼底号遇难记》

整合起来学习画情节曲线来呈现文章提纲。教学流程如下：

第一步，学习画情节曲线。

师：快速默读《迟到》一文，试试看，简单地讲述这个故事。

根据学生概述，教师板书，厘清故事顺序（板书：我小时候赖床、爸爸反复叫也不起、爸爸打我、坐车上学去、老师教导下默想认识错误、爸爸给我送夹袄、再也不迟到）。

师：这样太复杂了，能不能找到重点字词来概括一下？

学生发言，教师根据发言修改板书：赖床、反复叫不起、挨打、上学去、认识错误、送夹袄、不迟到。

师：这样一看清楚多了，能分清楚故事的起因、经过、结果吗？

学生发言，教师根据发言整理板书，将重点词分为起因、经过、结果三部分。

师：在故事的经过中，往往有一处或几处地方最扣人心弦，让我们久久不能忘记，这就是故事的高潮。看看《迟到》这个故事中，哪一处是高潮？

学生在老师的示范下画情节曲线。

师：那我们不妨试着用曲线来表示故事发展的情节。起因画得低一些，随着故事的发展，渐渐走向高潮，继续发展，最后回落到结果。

师：黑板上这些由曲线串成的故事情节，我们又叫情节曲线。

学生根据情节曲线概括主要内容，写出故事主要内容并展示。

师：学习一篇记叙文，把握整个文章的脉络很重要。大家看着黑板上的情节曲线，顺着这条线试着说说文章主要讲了什么。

学生借助情节曲线进行概述。

师：主要内容说得清楚又简洁，看来借助情节曲线概括主要内容的方法真不错，我们一起拿起笔，将《迟到》这个故事的主要内容写在预习单的后面，好吗？

第二步，回顾画情节曲线的步骤。

厘清故事顺序—提取关键字词—找准故事环节—画出情节曲线。

师：在记叙文的学习中，画情节曲线能帮助我们迅速弄清故事情节的起伏变化，把握主要内容，一般篇幅较长的记叙文有许多情节，它们体现了故事的起伏变化，情节从开始像爬坡似的一直发展，当发展到高潮部分出现了转折，而后直到结束。我们用曲线把这些情节串联起来成为情节曲线。

第三步，小组合作画情节曲线。

师：现在，试着为《成吉思汗和鹰》这篇文章画出情节曲线。

学生采用小组合作的方式来学习，并出示小组学习指南。

（1）浏览课文，说说课文写了什么事情？

（2）概括表示情节的关键词，按顺序写下来。

（3）找准故事的起因、发展、高潮、结果。

（4）共同画出一张情节曲线。

第四步，学生展示交流，并修改情节曲线。

（1）故事的各个情节是不是都写完了？

（2）在概括情节时，词语是否精练？

（3）是否清楚体现了起因、发展、高潮、结果几个情节？

（4）再次说说文章的主要内容。

师：顺着情节曲线把课文内容说一遍。

第五步，学生练习为《诺曼底遇难记》画情节曲线。

（1）根据学习指南画《诺曼底遇难记》情节曲线。

（2）学生展示，互相补充。

（3）总结写情节曲线的好处。

通过一个大单元教学的实施，学生在老师引领、小组合作、交流展示、自我完成的步骤下，一步步完成了教学目标，实现了语文能力从感知、学习到运用的阶段性提升。

（二）采取不同方法写提纲笔记的教学策略

在不同的文章中，有些偏重叙事，有些偏重写人，那么我们就可以采取不同的方法来写提纲笔记。例如，我们以六年级的

"以小见大大单元整合教学"的《我的伯父鲁迅先生》《荷塘旧事》《花脸》三篇记叙文为例，探索了不同方法写提纲笔记的基本操作模式：

第一，概括共同之处；

第二，了解课文大意，概括内容；

第三，根据题目判断文章是侧重写人还是叙事；

第四，写提纲笔记（列小标题、画表格）。

（三）高段中大单元整体阅读教学的成效与反思

①更新教师观念，提高专业素养。我们以"提纲笔记"为整合点，跳出教材以单元主题编排课文的框架，通过解读教材和重组教材，提高了教师优化课程资源、选择和设计教学内容的能力，提高了教师驾驭教材的能力，以阅读能力为训练点组织教学内容，以大单元、大整合、大阅读的视野进行教学，真正达到教语文而不是教教材。

②提高学生语文素养，提升语文学习效果。大单元整体教学保证学生能掌握基础性学习，通过运用巩固学到的语文结构知识，使其向能力转化，同时，多篇文章的阅读学习给能力强的孩子提供了更多的锻炼机会，保证其能力的进一步提升。

③实现阅读向写作迁移，提高写作能力。在开展大单元整体阅读教学课题前，一些学生在写作文不会列提纲。通过写提纲的训练，大部分学生能在写作前自觉书写提纲，学会了先确立作文中心，然后围绕选材，再确定重点、安排详略等。有了提纲的约束，学生按"计划"行事，写起文章就容易一气呵成，写出的文章容易做到"有中心、有条理、有重点"等要求，这样既节省了时间，又提高了作文的质量。目前，学生逐步养成"不列提纲不作文"的习惯。

④提高课堂品质，实现深度教学。当大单元整体阅读教学成为常态后，我们的研究由组内研究发展到组际研究，教师们都自觉地关注整体性的教学结构和整合式的教学方式。他们精选、优化学习资源，不仅使课堂教学内容更加有深度，也使教学时间得到优化，大幅度地提高了学生的学习效率。

　　低段和高段语文整体性教学策略的案例剖析，基于教材结构的大单元整体教学，给教师和学生都带来不同程度的发展，实现了生长课堂的建构理念。

　　语文教师实现了从"教教材"到"用教材"观念的根本转变。通过课题研究，教师对教材的解读能力明显增强，不仅能深入解读教材，将知识点分布在全册各篇课文中，抓好训练点，而且能关注单个知识点在教材中的整体性。此外，在解读教材时，教师也特别注意单元的整体性，关注课后题和"金钥匙"板块。在课堂整体教学时，教师也养成了整体、全面地解读课文三种结构的习惯，教学能力逐步提升。

　　　　通过参加基于教材结构的大单元整体教学研究，我们的整体教学意识有了明显提高。针对不同的文体，我们从整体感知，厘清脉络入手，迅速抓住文体类的特点，找出文章的写作顺序，比如散文的总分总结构、时间顺序结构，记叙文的事情发展顺序。同时，从其他老师的教学中，我们感悟到了教学的艺术，从对教材结构的梳理和对知识结构的分析中，厘清了很多知识及能力训练中的前后承接、螺旋上升的分布点，尤其是在品质课堂的高品质课例，任课教师的课堂教学水平、对教材的整体性及结构性的把握、评课教师紧扣研究课题的点评艺术、专家的引领等，更是让我们在这两年大开眼界，受益匪浅。

　　　　　　　　　　　　　　　　　　　——六（2）班语文教师罗燕

　　学生阅读素养得到提升，增强了语文学习的兴趣。通过大单元整体阅读教学，我们在保证全体学生掌握基础性阶段知识的情况下，在拓展性学习中，帮助学生运用学到的语文结构知识，向能力转化，保证了学生轻松地解决较复杂的语文问题，使其学习的自信心得到提升。在此基础上，我们在更高一级的探究性学习中，给予能力强的孩子更多的锻炼机会，激发了他们自主探究学习的积极性。经过这样的教学，我们不仅增强了全体学生的综合人文素养，而且更增强了他们学习语文的兴趣。

　　　　在以前学习时，我只是觉得学习的文章很美，但没有注意这篇文章美在哪里，该怎样品味一篇课文，现在我知道从几个方面

来评价了：可以看作者的写作顺序、文章的写作结构，比如总分
关系等；可以评价作者的写作手法，比如修辞、说明方法等；还
可以评价作者要表达的情感；等等。

——五（1）班学生岳琳琳

课堂品质得到提升，实现了学生学习的深度参与。当大单元整体阅读
教学成为常态后，我们构建了由一系列活动组成的分享式课堂，该课堂倡
导学生先练，教师后教，以练促学，实现知识的自主建构，真正达到能力
的正迁移。

在我校承担的锦江区品质课堂研讨活动中，我执教的是一节
大单元整体阅读教学课例《学写请假条》。该课文是一篇应用文，
而应用文重在应用，因此，课堂必须要促使学生在观察、操作、
比较、交流、情境应用中达成学习的深度参与。由于二年级上学
期学生学写了留言条，已有这一知识基础，掌握了格式和内容，
因此，我设计了几个活动，即"猜一猜、摆一摆、议一议、改一
改"，区别请假条与留言条格式的异同，帮助学生自主发现内容
上的特点。然后，再通过动手操作和阐述原因这样的练习活动，
以其亲身经历和自主交流实现了课堂的深度参与。

——青年教师许璐

（三）艺术：基于审美体验的鉴赏性教学

素质教育的根本任务是促进学生的全面发展，培养和提高学生的审美
能力也是素质教育不可或缺的部分。基于此，学校在开展艺术课堂教学改
革时，以审美能力为核心探索鉴赏性教学的实践方式，以美术学科为例。

1. 目标：形成审美趣味和提高美术欣赏能力

小学美术学科是提高学生审美能力、培养学生综合素质、实现美育的
重要课程。它通过有效的教育手段，培养学生感受美、鉴赏美、创造美的
能力，同时塑造学生具有人格美、道德美、修养美的基本能力。在娇子小
学的美术教学实践中存在以下问题：第一，学生对美术名作欣赏课的兴趣
不高；第二，学生对美术名作的欣赏能力欠缺，学生主要从个人的角度出

发产生对作品的浅显认识；第三，当前美术名作欣赏教学中缺乏表达和评述的平台，大都以教师讲解为主，师生之间和生生之间的交流非常有限，从而导致美术名作欣赏课并未真正发挥其作用。

为了解决上述问题，学校尝试运用计算机和网络进行美术教学，引导学生利用计算机设计、制作美术作品；鼓励学生利用互联网资源，检索丰富的美术信息，开阔视野；此外，借助网络平台展示他们的美术作品，扩大交流范围。在此基础上，加强学生对自然美和美术作品的欣赏和评述，逐步形成审美趣味和提高美术欣赏能力。

2. 内容：数字化环境下的审美体验

数字化环境可以为学生提供更为丰富的可供选择的资源素材，可以促进学生掌握自主建构评述作品的方法，可以为美术欣赏教学提供个性化的交流平台。因此，我们聚焦在"数字化"这一新的媒介工具上，运用这一工具将美术名家作品作为审美对象，引导学生体会其中的艺术美，旨在提高学生的审美素养，引导学生认识美、理解美、欣赏美，树立正确的审美观。

3. 进程：发现问题—明晰问题—解决问题

依据问题解决的流程，我们把基于审美体验的鉴赏性教学探索进程分为三个阶段，即发现问题阶段、明晰问题阶段和解决问题阶段，每个阶段都涉及具体的问题和相应的解决策略。

（1）发现问题

我们关注美术名作欣赏教学实践过程，分析、列举当前美术名作欣赏教学中存在的问题，从中选择最核心、最突出的瓶颈性问题。在这一阶段，美术名作欣赏教学中存在以下三大突出问题：一是学生参与美术名作欣赏活动的兴趣不高；二是美术名作欣赏活动缺乏展示与交流的平台；三是学生评述作品的能力不高。

（2）明晰问题

在明晰上述亟待解决的问题后，我们搜集美术名作欣赏教学相关研究文献、美术课程标准、当前教育教学改革趋势等相关资料，从中寻找解决上述三大问题的可能方向，寻找突破已有研究的新视角、新思路或新方法，并在此基础上形成较为完整的研究方案。

在本阶段，通过对相关文献的研读、梳理与反思，结合当前信息技术飞速发展的社会趋势，我们将目光聚焦到"数字化"这一新的媒介与工具上面，希望通过构建"数字化环境"及以此为基础的对"数字化环境下美术名作欣赏教学策略"的探讨解决上述三大美术名作欣赏教学问题。这主要基于以下三个方面的理由：一是数字化的环境可以为学生提供更为丰富的可供选择的资源素材，激发学生的兴趣；二是数字化的环境可以促进学生自主建构评述作品的方法；三是数字化的环境可以为美术欣赏教学提供个性化的交流平台。

（3）解决问题

我们的整个研究过程其实就是解决以下几个核心问题的过程。

问题1：学生兴趣不高，评述作品的能力不足，缺乏实现充分交流的平台。

对策1：从横纵两个维度解读、梳理教材，了解作为小学美术欣赏教学素材的作品的特点；引入互联网这一工具，让学生主动发现、欣赏自己喜欢的美术作品，激发学生兴趣；为学生提供形式多样的展示、交流平台，注重学生评述作品的方法指导，如班内的分享交流会、校内画展等。

问题2：网络环境下，学生搜集到的信息中包含不健康因素，不利于学生身心的健康发展。

对策2：尝试注册博客作为师生、生生之间的交流平台。这样既可以在一定程度上对网络信息进行过滤，也可以为师生、生生之间实现充分的交流提供媒介。

问题3：博客是一种对外公开的交流平台，因此，教师难以把握留言者的真正身份和言论的合理性，不能实现师生、生生之间的多维的个性化交流。而且，作为交流平台，博客还不完全具备被用作教学活动交流平台的某些功能。

对策3：思考、设计专门用于教学活动交流平台的校内网络平台，创建数字化的校园环境，为学生展示交流成果提供机会。

4. 策略：鉴赏教学策略

鉴赏教学自提出后，在语文、音乐、美术等学科领域得到快速的发展，成为培养学生鉴赏能力的一种重要教学模式。鉴赏教学以培养学生的想象能力为主要目标，以激活学生的情感经验、对文本进行个体性阐释为主要教学形式。它建立在学生体验和理解的基础上，以提升和发展个体的情感经验作为教学效果的标志。在鉴赏教学中，文本不再是教学活动的全部内容，在一定的程度上，教学要以挣脱文本束缚为暂时性目的，借此追求个体认识情感的扩散性发展，因此，鉴赏教学带有明显的个体求异色彩。（胡觉先，2001）

（1）鉴赏教学的特点

①审美性

人类文明的发展始终伴随着对美的向往，鉴赏教学的根本目的是引导学生用审美的眼光去感知、体验、联想、分析、判断事物和作品的形式，注意其形状、色彩、质地的特征、构成关系和细微的差异和变化，获得审美享受的过程。有了审美能力，学生就能抓住作品初步的感受，逐步开展对作品美点的捕捉，揭示其审美价值和意义。

②个体性

鉴赏教学是在主体参与下进行的，个人的视野和知识经验决定了鉴赏具有主观成分，这些成分造成鉴赏活动的复杂性。因此，鉴赏教学提倡学生个性的张扬，它从求同开始，诱导学生理解本文意义，提升认识，丰富情感经验。然后在同中求异，充分发挥学生在鉴赏过程中的能动作用。最后进行创造性发挥，形成各具特色的个体性成果。

③层次性

个体的鉴赏能力的培养是一个持续的过程，需要教育者在教学目标的设定和教学内容的安排上能循序渐进，使学生在审美体验、审美理解和鉴赏评述的过程中逐步形成个体的审美价值观。

（2）鉴赏教学的原则

①美育理念的渗透

美育教育更多的是通过艺术教学活动，培养其审美情趣和艺术鉴赏能力，树立正确的审美价值观。鉴赏教学是美育教育的重要内容或者途径。因此，鉴赏教学除了要让学生内心获得审美体验外，更重要的是传递人文精神，让学生体会美术创作包含的思想情感和艺术价值。教师在进行鉴赏教学中，要引导学生体会审美内涵，培养对美的热爱，学会发现美、创造美。

②鉴赏条件的创设

鉴赏的前提条件是学生具有大量的事物感知体验，通过这些体验引发大脑的逻辑思维，再结合视觉、听觉和动作等元素让学生融入作品当中。因此，在鉴赏教学中，教师要创设各种条件让学生积累感知经验，以多种途径去感受作品的内容、颜色、形状、线条等要素，在此基础上去理解这些要素中的意义和情感。

③教学环境的营造

不同的人对同一个作品的理解是不尽相同的，所以，在鉴赏教学过程中，不能以绝对正确或绝对错误去评价学生的答案。鉴赏教学的关键是引导学生敢于发挥自身想象力，因此，教师一定要营造一个宽松的教学环境，在保证每个学生正确认知的基础上，激励他们合作讨论，发表个人见解，创造性地分析和判断作品。

（3）鉴赏性教学的策略

根据鉴赏教学的特点和原则，学校以数字化学习为手段，设计丰富多彩的教学活动，充实学生的审美体验，提高学生的鉴赏能力。那么，鉴赏教学在实践中如何来具体操作呢？学校美术组在已有的教学实践经验基础上，探索出了数字化环境下美术名作欣赏教学的实践模式。

①教学目标设计

教学目标设计需要从三个方面进行思考：第一，教师调查、分析学生现阶段的信息技术能力水平；第二，组织教师分析《小学美术新课程标准》中对"欣赏·评述"板块的要求与取向；第三，分析学生在未来生活中对名作欣赏的需求，明确其需求主要体现在哪些方面。

②教学内容选择

教学内容的选择和组织需要通过三个步骤来完成：第一，借助网络资源，教师查找与主题相关的可供学生欣赏的作品；第二，整合课程标准的要求，教师对网络中的资源进行筛选，上传平台；第三，调查学生需求，由学生通过网络自主推荐可欣赏的名作，教师再进行筛选。

③评述平台的使用

评述平台包含了教学、练习和反馈等教学环节。平台内设有"名作欣赏"、"美术动态"、"作业展评"，并且根据不同年级的作品类型进行分类。具体使用流程包括以下步骤：第一，学生输入自己的登录名和密码后便能进入所在班级，找到并学习相应的美术作品欣赏内容；第二，根据自己的学习进度完成相应的检测，了解自己对知识的掌握情况；第三，上传作品或者点评他人的作品，这样不但能获得更多的积分，还能够加强同学之间的交流，提升自身的评述能力和水平。

在以上教学模式的指导下，我们继续深入课堂，思考在一节课中如何来进行鉴赏教学，下面以日本画家东山魁夷《四季的色彩》一课为例，具体分析鉴赏教学的实施过程。

【案例】《四季的色彩》鉴赏教学过程

1. 整体感知，寻找欣赏点

围绕欣赏主题，教师以数字化的方式呈现丰富的作品，让学生整体感知这些作品，并从作品中找到共同的欣赏点，领悟作品的精妙之处。在《四季的色彩》教学中，教师通过 PPT 给学生呈现不同季节的多组图片，围绕"色彩"这一主题，带领学生感知四季的主要色彩。

2. 重点突破，方法指导

以点带面，教师引导学生欣赏一至两幅名家美术作品，教会学生欣赏作品的方法，从哪些方面去领悟、体会画家绘画表达的情感。在《四季的色彩》一课中，教师主要引导学生从画面带给人的感受、画面主要的色彩、这些色彩带给人的感受及画面表现的内容四个方面进行欣赏。

3. 运用网络，自主探究

在教师的引导下，学生总结欣赏美术作品的方法后，带着自己未解答的疑问，在互联网中自主查询，得到答案。由于学生初次接触名家作品，提出关于作品的问题的能力还有所欠缺，所以，在《四季的色彩》教学中，教师根据这幅美术作品延伸出相关的知识，为学生提供了三个参考问题：第一，通过认识东山魁夷我们知道了日本画，什么是日本画？它使用的材料与我们了解的中国画、油画有什么不同？第二，东山魁夷是一位怎样的画家？除了绘画他还精于什么？第三，一年中除了春季还有夏、秋、冬三个各具风采的季节，画家们又用了哪些绘画色彩将它们表达出来？学生根据问题自行分组，通过互联网查询资料，小组合作完成问题。

4. 形成报告，上传共享

学生把自己在互联网中查找的图片和文字资料根据老师对欣赏要点和排版的要求进行整理，并上传至共享文档中。本课中，学生对东山魁夷的生平和日本画进行了了解，此外，有些学生对其他画家的风景绘画作品进行了分析，这些内容都收集在共享文档中，以供大家学习。

5. 网络互访，分享感受

由于每个小组欣赏的画家作品可能不同，所以，学生在课堂上完成了自己小组的欣赏交流任务后，可趁热打铁在其他组同学的空间中留下自己的看法，同时学习同学的作品分析。

6. 展示交流，相互评价

在评价环节，教师要充分发挥学生的评价主体作用，使评价结果更为客观，激发学生的学习积极性。评价主要内容包括课堂的行为记录、作业、学习态度等方面。学生自主评价的方式主要是浏览自己或同学的作业后，留下感受和体会。在《四季的色彩》这一课中，学生自主访问共享文档，浏览同学作业，找出自己认为有学习价值的欣赏评述作业，并保留在桌面上。接下来，同学间相互评价，发表自己的见解。评价过程中，教师鼓励学生大胆发言，充分尊重学生的看法。

7. 教师点评，总结提升

在进行了生生间、师生间的评价和讨论后，教师还要带领学生回归到美术学习的精髓，即艺术来源于生活，要善于从生活中发现美和创造美的真谛。

5. 以数字化为媒介的鉴赏性教学实施成效与反思

（1）学生兴趣的提升

在数字化环境的教学中，学生具有自主选择的机会，在明确了自己的学习目标后，便进入了自主学习、自主探究的阶段。在这个阶段，每个学生都能将自己独特的观点、不同于他人的思考方式、独特的体验以及与众不同的感悟、想象在数字化教学中展示出来。

（2）学习方式的改变

以往的鉴赏性教学主要是教师的讲授和个别学生的参与，缺少生生之间的互动以及自主的学习空间。在"数字化学习"环境下，每个学生都成为课堂的参与者，这不仅提高了学生的信息素养和学习能力，也大大提高了课堂效率。教师基于数字资源和网络工具设计学习活动，把现实的课堂空间和虚拟的学习空间融为一体，冲破了传统课堂的局限，扩展了课堂的时空界限，更有利于学生的自主学习。

（3）学生能力的提升

数字环境下的鉴赏教学是建立在学生对鉴赏方法的了解和资料收集的基础之上的，因此，它要求学生必须积极主动地挖掘相关的资料，拓展自己感兴趣的内容。通过一年的培养，学生自主探究的能力得到了普遍提高。而且，学生的信息技术素养也得到了提升。教师通过调整学科教学内容和方法，对学生进行针对性的信息技术技能培训，扎实有序地提高了学生的信息技术的操作和应用能力。

（4）评述平台的设计

依据"数字化环境下美术名作鉴赏性教学策略的研究"课题，信息技术组在学校新的计算机教室中搭建服务器，建设一个能够适应美术名作鉴赏性教学实施的平台，使每个学生都拥有了自己独立的文件夹，随时实现师生互动和生生交流。

[第六章]

三级三段渐进式的
教师队伍建设

党的十八大报告提出坚持教育优先发展，进一步强调了教育在国家战略中优先发展的地位。教师队伍的科学发展对于实现教育优先发展的终极目标具有直接的影响。因此，教师队伍的建设必须成为学校发展中被首要重视和解决的关键问题。

一、历史：从混沌到清晰

（一）混沌：教师队伍建设的提出

2003 年 2 月，原莲花池小学和伴仙街小学合并，同年 9 月更名为"娇子小学"。两校合并，虽然师资力量和生源有了大幅度的提高，但适应原有管理方式的教师在合并之后产生了不适应，部分教师过早地出现职业倦怠，工作流于形式，缺乏内趋力。基于学校发展和教师发展的需要，教师队伍的建设被列为学校发展的重要内容之一。

打造一支师德高尚、业务精湛、结构合理、充满活力的高素质专业化教师队伍，带领学校朝着理想和预期的方向发展，这无疑是一场只有起点没有终点的战役。由于每所学校的教师队伍构成不同，通过借鉴其他学校的方法似乎并不能解决娇子小学教师队伍所面临的问题，因此，我们一直在摸索中前进，在前进中不断改进，以期探索出一种科学有效的方法，建设一支专业化的高素质教师队伍。

（二）尝试："发展性教师评价模式研究"课题的引入

探索科学有效的教师队伍建设方法应该以什么作为突破口？通过全校教师的思考和讨论，我们一致认为"教师评价模式的转变"是展开教师队伍建设工作的首要环节。传统的教师评价是以奖惩、排序为目的，只注重结果的一种终结性评价，这种评价带来的最大弊端是无法调动教师发展的内驱力，而只是停留在表面敷衍了事。因此，面向未来并以促进教师的发展为目的，既注重结果又注重过程的发展性教师评价被引入学校教师评价体系中。

随着学校发展性教师评价模式研究的逐步推进，教师专业发展的相关内容被纳入了教师评价中，以完善和改进传统的教师专业发展管理制度。在锦江区教师进修学校的统率下，娇子小学提出了"发展性教师评价模式研究"课题，通过改进原有的教师教学评价体系，使其包含除教师教学成效内容外的其他教师专业发展内容，从多维度来评价教师的教学。教师管理制度的创新也是课题研究中的重要工作，学校先后建立了教学反思制度、教师专业发展的个别指导制度、教师成长档案袋制度、多方参与共同协商的教学反馈制度等，在完善和创新教师管理制度的过程中，学校教师的专业发展被自觉地纳入到学校管理的各项工作中，从而形成了学校有意识地管理教师专业发展的新格局。

（三）发展：课题研究成为教师专业发展的重要内容

为使教师队伍建设工作取得突破性的进展，课题研究被纳入教师专业发展的重要内容。课题研究可帮助学校和教师对教师个体的发展进行预测，同时对其发展起到导向作用。对课题研究的评价激发了教师的积极性，引导其朝着优秀教师的方向发展，不断提高自身的专业水平。同时，通过评价帮助教师进行诊断，以发现自身成长过程中的优势和不足，从而继续发挥长处，弥补缺陷。因此，在近三年的课题研究过程中，我们逐渐造就了一支蓬勃向上、对未来充满信心的优秀教师队伍，同时为学校教师专业发展提供了很多策略性经验。

（四）清晰：三级三段渐进式教师队伍的建设

在通过不断摸索和尝试后，我们在改进中得到发展，在发展中更清晰了学校教师队伍建设的路径，最终以一种渐进式分级分层的培养方式有效地促进了每位教师全面的发展。简单地说，"三级"是指按照"合格—特长—特色"的三个教师发展级别对教师进行分级培养；"三段"是指根据教师发展的不同程度把教师群体分为即将合格的教师群体、已经合格但特长不显著的教师群体以及已显现特长且具特色的教师群体三类进行分段培养。在实践过程中，这种建立在每位教师自身特点基础上的渐进式培养方式科学有效地促进了学校教师队伍的建设和每一位教师的全面发展。

二、目标：博＋雅

学校教师专业发展的终极目标是使教师成长为具有深厚的学科素养、教育素养以及优雅气质和雅正品格的"博雅"之人。

"博"，既指知识之广博，又指胸怀之宽广；"雅"，既指品行之雅正，又指言语之高雅。因此，"博雅"即广博雅正，与"广雅"一脉相承，具有异曲同工之妙。"博雅"一词的提出旨在提倡注重继承博大精深的中华文化的同时，积极汲取世界文化的精华，进而培养既有深厚人文素养又有开阔国际视野的精英人才。

"博"与"雅"，还是一种崇高的人生态度。"博"与"雅"，反映了人生境界的二重性。"雅"即向内——修身养性，具有健康和谐的身心、儒雅自尊的品格，以实现奉献社会的人生价值；"博"即向外——不断登高，汲取更多的知识，具有求真务实的精神、勤恳好学的作风，以实现天人合一的人生境界。

"博雅"教师，着重于三个方面的目标：一是确立坚定、笃行的教育信仰；二是培养宽厚博爱的人文素养；三是培养求真务实的科学精神。

（一）确立坚定、笃行的教育信仰

德国哲学家雅斯贝尔斯（1991）认为："教育须有信仰，没有信仰就不称其为教育。"可见，要办好教育，更好地发展学校，实现学校教育目标，培养高素质人才，就必须确立坚定、笃行的教育信仰。教育信仰即教育理想，它来源于现实而高于现实，是将有限生命向无限生命的提升，是由目前不完满状态向完满状态的不断递进。教育信仰表现在它是教师对未来教育的期望、想象和奋斗目标，它具有合理性、根据性，是建立在现实需要基础上的，也是经过教师们的不断奋斗和努力能够实现的。教育信仰指导教师在教育实践过程中相信教育的价值，追求教育的终极理想。

（二）培养宽厚、博爱的人文素养

教师不仅要有专业知识和传授专业知识的教学技能，也要有宽厚博爱的人文素养。"博雅"的教师，就是要成为文雅的有涵养的人，避免任性、粗野、庸俗、自私，而要自律、文明、高雅和大度，这种文雅的行为不仅表现在与家人同事之间，更表现在与学生之间的交往中。教师必须懂得如何待人接物、自尊自爱和规范行为，让自己的行为美成为学生效仿的楷模，才能在传道授业解惑的同时起到"育人"的作用，并用实际行动告知学生何为"博雅之人"以及如何成为"博雅之人"。

（三）贯彻求真、务实的科学精神

教育家陶行知先生将教与学的真谛明确地概括为："千教万教教人求真，千学万学学做真人。"要言不烦，一语中的。人民教师担当着"经师"和"人师"两种角色，肩负着教书与育人双重责任，既是学生学习科学知识探寻真理的导师，又是学生学习"学会做人"的榜样。因此，教师在传道授业上必须具有求真务实的精神，在铸魂育人上更需要具有真诚坦荡的情怀，在为人处事上秉承言行一致、表里如一的品德，这样才能以身作则培育出有责任心、有担当的下一代。

三、课程：素养＋气质＋品格

为促进教师的专业发展，学校从"学科素养、教育素养、优雅气质、雅正品格"四个方面进行教师教育，具体内容如下。

（一）学科素养

百年大计，教育为本，教育大计，教师为本。把每一个学生培养成具有综合能力的创新型人才，是每一位教师人生价值的最大体现，这就对每一位教师的学科素养提出了更高的要求。因此，在社会日益发展的今天，教师不仅要有丰厚的学科知识、良好的表达能力，还要具备先进的教学理念、先进的教学手段、灵活的教学方法、强烈的学生意识和较强的团队精神，这样才能真正做好教育教学工作，培养出优秀的人才。

（二）教育素养

教师的教育素养首先指教师对自己所教的学科有很深刻的认识，了解本学科最前沿的问题；其次，教师不再是教学过程中的主体，而应由单一的知识传授者转变成学习模块的构建者、学习活动的组织者和信息资源的提供者；最后，教师需要有较强的科研能力。时代和社会对教师职业的要求越来越高，专业化日益成为教师职业发展的社会趋势，"学科知识＋教育学知识"的师资模式显然已不能满足学生和社会对现代教师的要求。因此，教师要积极学习现代教育理论，用先进的教育理论做指导，步入"学理论—搞科研—提质量—增效率"的良性循环轨道，以研促教，有效地提升自身的教育素养。

（三）优雅气质

教师礼仪是每位教师上岗前应具备的基本气质，要求教师仪容端庄、言谈得体、举止文雅，教师礼仪对学生会产生重要的影响。其次，教师应具有广博的知识，了解除自身专业领域外的其他科学知识，根据自己的兴趣特长，通过广泛的阅读和钻研，提高自身的修养，积极参与学科教师间的教学合作，进而提高学校教育教学的质量。

（四）雅正品格

教师的雅正品格首先表现在爱岗爱生上，只有认识到教师职业的社会意义才能得到肯定性的自我评价，体验到教书育人的无上光荣才能产生自豪感，热爱学生才能激励自己不断进步，这些都是教师职业生涯中的动力源泉。其次，教师必须具有严谨治学、精心育人的工作态度。严谨治学，最重要的是实事求是的精神，具体表现在以下两个方面：一是刻苦学习、求知，勇于探求新理论、新知识，做到锲而不舍、学而不厌，掌握渊博的科学文化知识；二是认真细致地向学生传授科学文化知识，坚持真理、求真务实，做到诲人不倦，这是人民教师必须具备的思想和品德。最后，教师要踏实做事、诚恳为人，对"教书育人"做出最好的诠释。

四、路径：三级三段渐进式

在教师专业发展过程中，究竟是用专家的教育理论去指导和规范教师的实践，还是用教师自身实践所创生的理论去促进自身专业的发展？通过分析我们发现，用专家理论指导教师实践秉持的是一种理论优先性的观点；用教师自身实践所得理论促进自身发展秉持的是一种实践优先性的观点，而时代的发展和教师专业发展的客观现实要求我们必须跳出既有论争的束缚，回到教育理论与教师实践的原点去考查，确立并提升理论者的实践意识与实践者的理论意识，推进教师专业的有效发展，实现教师专业发展的终极目标。

（一）教师发展的三级模式

依据"合格—特长—特色"的三个教师发展阶段及所在学科组的不同，学校对教师分层次、分群体进行渐进培育，旨在帮助教师"发现特点、发展特长、形成特色"。在培育过程中，我们以学科组教师分层发展规划为杠杆，以主题式探究模式为着力点，通过各种小专题研究推动教师积极主动地解决学校文化建设中的各种教育教学问题，在校园内营造浓郁的合作与竞争氛围，从而扩充教师的理论视野和提高教师的教研能力，使每一个教师都能得到专业发展和自我成长。

1. 娇子小学语文组教师分层培养发展规划

为加快语文组教师队伍建设，尽快建立一支高质量的、能适应学校新课程改革需要的教师队伍，引导教师拔尖，促进教师成名，使教师能进一步发展自己的个性特长，具有鲜明的教育、教学个性，并创出自己的教育、教学风格和特色，成长为学校教育教学骨干的后备力量，学校决定根据教师个人特点，有目的、有层次地对他们进行培养，制订了《语文组青年教师分层培养发展规划》，具体流程如下。

教研组先对教师发放《青年教师个人发展三年规划申请表》，来了解他们的发展意愿，并根据调查情况，结合教师在平时的教育教学工作中表现出来的个人特点制订分层培养发展规划。由于教师的发展状态各有不同，因此对部分适应期、发展期教师的培养有相应的调整。

第一级：合格教师培养组。

（1）发展目标

掌握教育教学的常规要求和教学技能，在短期内成长为一名合格的语文教师，并向优秀教师奋进。

（2）实施措施

①交流谈心

通过在思想上积极引导和鼓励教师，使其了解教育工作的重要意义，并且帮助他们对自己的专业成长有一定的规划，为实现自身的目标而奋斗。

②狠抓教学常规

首先，"备课"是教师的一项必修基本工作，新课程要求教师从新课程理念出发，以学生为主体，引导学生自主学习、合作学习，以此调动学生的积极性，防止学生的学习活动流于形式，切实提高教学质量。因此，教师必须严格按照既定格式科学备课，教案中要包括教学内容、教学重难点、教学准备和教学过程四大板块。其中，教学过程需要详细到引入、新课、过渡语、小结和练习五个细节；教案本右面的空白部分需要对教案进行旁批和修改，课后要进行反思、总结，并把心得记录在教案本相应位置。

其次，"上课"是课堂教学的重要环节，新课程提倡自主、合作、探究的学习方式，教学方法是为目标服务的，教学方法应按照学生的学习起点、教学的内容与目标进行选择，力求灵活简便且实用。因此，教师需要做到以下几个方面：

一是上课时关注不同学生的情况，因材施教。

二是注重从学生的表现中获取信息，及时调整教学，对教学的设计再加工。

三是课堂上允许学生提出不同的见解，培养学生的开放性思维。

四是注意保护学生的创新意识，允许和鼓励学生提出质疑。

五是相信学生，尽量不代替学生完成任务。

六是重视评价，善于利用评价的激励作用组织教学。

再次，教师要学会听课，帮助自己成长。听课时先研读教参，做到心中有数，同时需要明确：听谁的课？为什么听？想解决什么样的问题？并且做到以下几个方面：一是记自己的随想，边听边记；二是注意环节，要注意教学内容和时间的关系；三是注意教学的真实性，真实的成分有多少；四是对学生的参与程度、学习态度、学习习惯有恰当的评价。

最后，通过参与评课，提高教师的思考能力。一节课往往因专业的评课而精彩，上课者因专业的评课而茅塞顿开，听课者因专业的评课而豁然开朗。因此，教师在评课时需注意以下几个方面：一是明确教学内容；二是认真听课，了解讲课教师的教学设计；三是认真揣摸讲课教师的设计意图，进行换位思考；四是毫不保留地发表自己的见解，在交流中与讲课教师共同提高。

③在专家的指导下，通过磨课得到收获与成长

④重视教学基本功的提高，在三笔字、普通话等方面反复锤炼，全方位提高教师的教学能力

第二级：优秀教师培养组。

（1）发展目标

经过锤炼，该组教师能胜任并出色完成语文教学工作，具有深度解析教材的能力，课堂高效扎实，教学工作务实、创新、彰显特色，并能成长为一名优秀的语文教学工作者。

（2）实施措施

一是抓好师带徒工作。在指导老师一对一的指导下，进一步提升该组教师的教学水平和科研能力。

二是抓常规促发展。在备课、上课、作业批改上面给予指导，使其工作落实有效。

三是提供外出学习的机会，鼓励教师利用各种方式自学，学校可提供名师教学光盘、优秀教学论文等资源。

四是提供赛课、专家听课机会，反复磨课，迅速提高教师分析教材能力与课堂教学水平。

五是提供参与校级及校级以上课题研究的机会，以提升教师的科学研究能力。

六是每期撰写一篇教育或教学论文，要求切合教育、教学实际，观点鲜明，有理论深度。

第三级：特色教师培养组。

（1）发展目标

经过锤炼能成为语文组青年教师中的领军人物，在语文教学上形成自己的特色与风格，积极参与各级各类赛课并取得较好成绩。能代表学校参与各类展示课，并努力朝名师的目标奋进。

（2）实施措施

一是交流谈心。通过交流谈心，肯定教师已有的成绩，保证教师有积极的心态迎接工作上的挑战，乐于接受学校的培养计划；带领教师对自己的职业生涯有一个较为合理的预期和规划。

二是抓好师带徒工作。学校安排有经验的教师指导青年教师的培养工作，在此过程中，不仅可以通过有经验教师的悉心指导缩短青年教师的迷

茫摸索期，而且可通过青年教师的创新思维为有经验教师的教学注入新鲜的血液，促进学校教学内容和方式多元化发展，进一步提升学校的教育教学水平。

三是抓常规促发展。在备课、上课、作业批改上给予指导，使教师的工作得到有效落实。

四是向教师提供外出学习的机会，鼓励他们利用各种方式自学。

五是提供名师教学光盘、优秀教学论文等教学资料，赛课、展示课、专家听课等机会，通过反复磨课，迅速提高教师分析教材的能力和课堂教学水平。

六是教师每学期要有一堂专业汇报课，以此了解该教师的发展情况，同时也便于调整学校的培养计划。

七是提供参与校级及校级以上课题研究的机会，以促进青教师科研能力的提升。

八是每学期撰写一篇教育或教学论文，要求切合教育、教学实际，观点鲜明，有理论深度。

2. 数学组教师分层培养计划

数学组主要对各具特色的教师制订有针对性的培养计划，使青年教师能尽快获得成长，做好数学组常规教研工作，并能担起组内工作的重任。

第一级：合格期教师培养组。

（1）现状分析

该组教师具有扎实的专业知识和专业技能，工作态度好，主动性强，但缺乏有效的课堂管理能力，在教学常规方面（备课、上课、听课、评课等）的规范性还有待加强。

（2）培养目标

第一，热爱教育事业，具有强烈的事业心和责任感，具有高尚的职业道德修养，敬业爱岗，教书育人，为人师表。

第二，具有扎实的教学基本功，能够熟练运用现代教育手段；具有扎实的基础理论和专业知识，具备一定的教科研能力，能够独当一面，胜任各年段教学工作。

第三，能够在区级以上学科竞赛等比赛中脱颖而出，能承担学校公开活动中的展示课任务。

（3）培养措施

①狠抓教学常规

其一，在备课方面，教师不仅要考虑到教材的重点难点，更要对学生已有相关知识的掌握程度进行全面的了解，以此作为课堂教学的出发点，更有效地完成教学目标；

其二，在上课的过程中，通过引导学生发现知识形成的过程，以此培养学生学会学习的能力，更有效地促进学生对知识的吸收和掌握；

其三，在听课前做好必要的准备工作，听课期间仔细揣摩，听课后认真总结，以此促进自身的成长；

其四，在评课方面，不仅能为上课教师提出宝贵的教学意见，更要结合自身的特点进行反思和自省，多方位提升自己的专业能力。

②交流谈心

青年教师入职时间短，容易受外界影响，对工作产生怀疑或失望。因此，相关人员要及时与他们沟通，使他们懂得教师工作的重要意义，唤起他们对工作的热爱之情，重新点燃激情，全身心地投入到教书育人的工作中。

③落实师带徒的工作

青年教师欠缺教育教学的成长经历和工作经验，必然要花费较多时间去摸索，因此，需要具有一定教育教学经验的老教师指导和培养青年教师，使他们尽快成长为优秀的专业教师。本学期数学组根据教学年段安排了师带徒人选，认真做好"师徒结对"工作，明确师徒职责，通过师傅的导育人、导教学、导科研，促使徒弟教学水平不断提高。师傅的任务很明确：每周一节随堂听课，并认真记录好听课细节，然后根据听课记录写出评价指导意见，并及时与徒弟沟通，保证教学质量；师傅必须全程参与到周一徒弟上课的各个环节，并收集好资料放入备课组思学册中。

④提供外出学习听课的机会

由于青年教师的可塑性较强，容易接受新的教学理念，因此，通过联系其他学校优秀教师等方式，向青年教师提供各种听课机会，使他们在专业发展方面能有较大的提升。

⑤提供参与课题研究的机会

提供参与校级及校级以上课题研究的机会，通过学习和研究，每期撰写一篇教育或教学论文，要求切合教育、教学实际，观点鲜明，有理论深度。

第二级：优秀教师培养组。

（1）现状分析

该组教师具有扎实的专业知识和专业技能，工作态度好，能有效地管理课堂，并做好教育教学常规工作，但对工作缺乏热情，忽视对自身发展的长期规划。

（2）发展目标

第一，热爱教育事业，具有强烈的事业心和责任感，具有高尚的职业道德修养，敬业爱岗，教书育人，为人师表。

第二，具有扎实的教学基本功，能够熟练运用现代教育手段；具有扎实的基础理论和专业知识，具备一定的教科研能力，能够独当一面，胜任各年段教学工作。

第三，在数学教学中展现自身的风格，在区级以上学科竞赛等比赛中能够获得一等奖，向区数学学科带头人发展。

（3）培养措施

一是肯定教师已有的成绩，保证教师有积极的心态迎接工作上的挑战，乐于接受学校的培养计划。带领教师对自己的职业生涯有一个较为合理的预期和规划。

二是尽量多提供外出学习的机会，鼓励教师利用各种方式自学，学校可提供名师教学光盘、优秀教学论文等资源。

三是多提供赛课、展示课、专家听课机会，反复磨课，迅速提高教师分析教材能力与课堂教学水平。每学期要上一堂专业展示课（汇报课），同时要勇于承担对外的实践课任务。

四是提供主持校级及校级以上课题研究的机会。每学期写出一篇教育或教学论文，论文要求切合教育、教学实际，观点鲜明，有一定的理论深度。

第三级：特色教师培养组。

（1）现状分析

该组教师具有广博的教学知识和丰富的教学经验，在教学风格上形成一定的特色，能积极参与校级及校级以上的教研活动，并且能带领本学科的教学团队出色地完成教学常规任务，但科学研究的能力还有待提高，不善于对教育教学活动中出现的问题进行深入的研究，以获得有价值的理论去更有效地促进教学。

（2）发展目标

第一，热爱教育事业，具有强烈的事业心和责任感，具有高尚的职业道德修养，敬业爱岗，教书育人，为人师表。

第二，具有扎实的教学基本功，能够熟练运用现代教育手段；具有扎实的基础理论和专业知识，具备一定的教科研能力，能够独当一面，胜任任何年段教学工作。

第三，在教学中形成自身特色，以骨干教师的身份在区、市内形成较好的影响。在科研中引领组内教师，多出优秀成果。在区、市成果评选中获奖。

（3）培养措施

一是提供参与品质课堂研讨的机会，让教师在研讨中多思考，多提炼。

二是提供更多的学习平台，学习国内教育发达地区的数学优秀教学经验，帮助教师形成自身教学特色。

三是在区、市级课题研究中担任主研人员，引领课题研究。

3. 娇子小学科任组教师分层培养规划

学校的发展必须由一支优质的教师队伍来作主要的推动和支撑。因此，为了促进科任教研组教师全面整体的提升，使每一位教师在自己的工作岗位上得到有效快速的发展，在学校整体的规划下，通过了解教师个人的发展意愿，研究教师的现状及潜力，制定"科任组教师分层培养规划"。

现状分析：按照资历将科任教研组的教师分为适应期教师、发展期教师两种：适应期教师主要指刚入职不久的新教师，该级的教师大都是刚从院校毕业的大学生，还不能完全适应由学生到教师的身份转换，对教育教学常规工作缺乏必要的了解，对自身在教师岗位上的发展缺乏深入的思考和规划；发展期教师有着丰富的专业知识和教学经验，并对自身在教育岗位上的发展有着长期规划，能在教育教学活动中通过不断创新实现自我提升，甚至通过自身的发展推动该学科乃至整个学校的发展。

分层培养计划：依据以上的分析，拟将本组教师分为四个梯次进行分层培养，使每一位教师均能在现有的基础上得到最好的发展。

第一级：合格教师培养组。

（1）发展目标

掌握教育教学的常规要求和教学技能，成长为一名合格的小学教师，并向优秀教师奋进。

（2）实施措施

①交流谈心

通过与青年教师交流谈心，主要起到两个作用：一是思想上积极引导和鼓励青年教师，通过对自身特点的分析，帮助他们树立发展愿景，使其对自己的专业成长有一定规划；二是了解青年教师的心理诉求，在合理范围内尽量满足青年教师的发展要求，以便为其塑造更理想的工作环境。

②狠抓教学常规

做好教学常规工作是作为一名合格教师应尽的义务和责任。本着对教学负责、对学生负责的宗旨，在备课、上课、作业批改等常规教学工作上给予青年教师必要的指导，使之工作有效落实。

③以磨课促成长

磨课是帮助青年教师发现问题、解决问题，专业成长的最有效途径。因此，青年教师需要在有经验教师或教育专家的指导下，每期磨好1—2节课，得到有效收获与发展。

④抓教学基本功

三笔字、普通话等是教师必须具备的基本功。因此青年教师需通过反复锤炼，全方位提高自身的教育素养和教学能力。

第二级：优秀教师培养组。

（1）发展目标

经过锤炼，能成长为一名较优秀学科教师，能胜任并出色完成学科教学工作。具有深度解析教材的能力，课堂高效扎实；能形成自己的教学风格教学工作务实、创新、彰显特色。

（2）实施措施

一是狠抓教学常规。在备课、上课、作业批改上给予指导，使之工作落实有效。

二是提供外出学习的机会，鼓励教师利用各种方式自学，学校可提供名师教学光盘、优秀教学论文等资源。

三是提供赛课、专家听课机会，反复磨课，迅速提高教师分析教材能力与课堂教学水平。

四是提供参与校级及校级以上课题研究的机会；每期撰写一篇教育或教学论文，论文要求切合教育、教学实际，观点鲜明，有一定的理论深度。

第三级：特色教师培养组。

（1）发展目标

在各自的教学岗位上进一步成熟，根据自身的优势结合本学科的知识结构形成别具风格的特色教学；能够带领本学科成为优势学科，并成长为区内有影响力的学科带头人。

（2）实施措施

一是进行关于教师发展的交流，梳理各自优势和不足，充分建立发展愿景，增强发展动力。

二是抓常规促发展。在常规教育教学工作中严格要求，完善学科教育教学管理体系。

三是聘请专家指导，打造精品课堂，促进特色课堂的形成。

四是提供专业有效的教育培训，提升教育教学素质和素养。

五是督促小专题研究的深入开展，在学习中成长为一名研究型的教师。

六是提供展、评平台，推广特色的教育教学和优秀的科研成果。

（二）教师发展的三段模式

根据教师发展水平的不同把教师群体分为以下三类：即将合格的教师群体、已经合格但特长不显著的教师群体以及已显现特长且具特色的教师群体。学校通过对不同类型的教师群体给予相应的指导和培育，以帮助教师获得自我成长和专业发展。对新参加工作、需要成为合格教师的群体实施适应性培育，指导教师参与学习《娇子小学博雅教师常规手册》，并积极参加教研组备课组研讨活动、心理维护、阅读活动等。对已经合格，需要发展自身特长的教师群体实施拓展性培育，指导教师参与常规研讨活动、参与各级各类赛课活动、在团队学习中引领教师的专业阅读和专业写作等。对在教育教学工作中已显现自身特长、需要形成特色的教师群体实施探究性培育，引导教师参与"1＋X"整合性课程群开发、承担项目的申报与实施研究。上述这些均是通过适应性、提高性及拓展性课程三段课程实现的。

1. 成都市娇子小学适应型教师培养课程

（1）培训目的

为提高刚入职教师的学校适应性，实现"新教师入职零缺陷"（"零缺陷"来自西方企业的质量管理理念，它强调预防系统控制和过程控制，要求第一次就把事情做好），建立一支高质量的师资队伍，学校开展了对刚入职的青年教师的培训课程，期望通过培训提高他们对教师工作意义和价值的认识，并掌握处理学校日常教育教学工作的基本方法。

（2）培训内容的适用范围：刚入职的教师群体

（3）培训细则

表6-1 娇子小学适应型教师培训细则

项目		师德修养	教学工作	教育工作	基本功	小专题
常规细则及学校支持	开学前	学习《中小学教师职业道德规范》。	成熟教师在开学前向新教师进行专门培训，内容包括9个"第一次"：第一次备课；第一次提课前准备要求；第一次上课；第一次布置作业；第一次批改作业；第一次课后辅导；第一次反思教学；第一次说课；第一次听课。	成熟教师总结班务工作经验，在开学前向新教师进行专门培训，内容包括7个"第一次"：第一次迎接学生；第一次指导学生做清洁；第一次组织学生列队；第一次组织学生开展课间活动；第一次组织学生午餐；第一次组织学生放学；第一次与家长交流。	语文教师普通话达到二级甲等，其余教师达到二级乙等。	

续表

项目		师德修养	教学工作	教育工作	基本功	小专题
常规细则及学校支持	每学月	遵守《博雅星级教师》中的礼仪要求。	1. 按照9个"第一次"的要求执行。 2. 成熟教师进行培训，梳理4个"第一次"：第一次组织单元检测；第一次批阅检测卷；第一次评讲检测卷；第一次填写《形成性质量分析》。 3. 定期将备课本、听课本交到教研组，由教研组组长查阅。	1. 按照7个"第一次"的要求执行。 2. 填写班主任工作手册，定期交大队部备查。	1. 勤练三笔字、普通话、简笔画、课件和教具制作。 2. 邀请专业教师进行普通话、三笔字、简笔画培训。 3. 定期交一份优秀的钢笔字、毛笔字、简笔画作品。	参与到小专题研究中去，与组内教师共同研究，学习研究方法。
	半期		与备课组内教师进行半期教学情况总结，以便调整后半期教学计划和内容，及时查漏补缺。	由有经验的教师培训第一次开家长会。		
	期末	进行师德总结。	1. 第一次组织学科的期末终结性评价。 2. 第一次进行学期教学工作总结。	进行学期工作总结。	参加教学基本功大赛。	学习小专题年度自评。

2. 成都市娇子小学提高型教师培养课程

（1）培训目的

通过理论学习、教学实践、信息技术运用、教育科学研究及专家指导等方式，培养教师的教育创新思维能力、学科知识拓展能力、信息技术运用能力和教育科学研究能力。通过课程培训充分发挥教师主体作用，激发教师参与学校管理的积极性，变学校管理为教师自我管理，实现学校管理的满覆盖。

（2）培训内容适用范围：有一定教学经验的教师

（3）培训细则

表6－2　娇子小学提高型教师培训细则

项目		师德修养	教学工作	教育工作	基本功	学校常规
常规细则及学校支持	开学前	学习《中小学教师职业道德规范》。	1. 学校组织教师梳理整册教材的方法，假期中梳理整册教材。 2. 填写《学科教材分析及教学计划表》。 3. 按照适应性教师培训课程9个"第一次"中对备课的要求进行超周备课。 4. 开学第一天交教研组组长处备查。	撰写德育论文，参加全国德育论文比赛。制定班级特色活动计划。	语文教师普通话二级甲等，其余教师二级乙等。	重温《娇子小学一日常规》和《博雅教师常规手册》。
	每学月	遵守《博雅星级教师》中的礼仪要求。	1. 按照适应性教师培训课程9个"第一次"的要求执行。 2. 在组内开展重点课例研究时聘请专家跟踪指导。 3. 组织单元检测；批阅检测卷；评讲检测卷；填写《形成性质量分析》。 4. 参加学校及区级飞行调研。 5. 交备课本、听课本到教研组组长处备查。	1. 按照适应性教师培训课程7个"第一次"的要求执行。 2. 填写班主任工作手册，定期交大队部备查。	1. 勤练三笔字、普通话、简笔画、课件和教具制作。 2. 邀请专业教师进行普通话、三笔字、简笔画培训。 3. 定期交一份优秀的钢笔字、毛笔字、简笔画作品。	严格遵守《一日常规》和《博雅教师常规手册》。

续表

项目		师德修养	教学工作	教育工作	基本功	学校常规
常规细则及学校支持	半期		与备课组内教师进行半期教学情况总结，以便调整后半期教学计划和内容，及时查漏补缺。			
	期末	师德总结。	学期教学工作总结。		参加教学基本功大赛。	

3. 成都市娇子小学教师拓展培训课程

（1）培训目的

按照学校的办学理念，为培养"博雅教师"服务，激发教师全面提升素质，满足教师自身可持续发展的需要，在与学生、学校共同成长的过程中感悟个人价值，体验精彩的人生，为学校的创新发展注入新的活力。

（2）培训内容适用范围：全校教师

（3）培训细则

表6-3　娇子小学拓展型教师培训细则

项目	读书	沟通技巧	礼仪	心理维护	教师社团
学校要求及支持	1. 提供温馨的阅读场所——教师博雅书吧。2. 提供提升教师自身修养的书籍，倡导自主阅读。3. 提供时间和场所举办各类读书论坛。4. 建立博雅网站，为教师提供读书心得交流的空间。	1. 开展"教师与家长沟通技巧"培训。2. 开展"教师与学生沟通技巧"培训。3. 开展"教师与同事沟通技巧"培训。4. 建立博雅网站，为教师提供交流的空间。	1. 提供礼仪类书籍。2. 邀请专业教师培训教师礼仪。3. 争创礼仪之星。4. 建立博雅网站，为教师提供礼仪交流的空间。	1. 对教师进行团体辅导。2. 推荐心理维护书籍。3. 提供心理宣泄场所。4. 提供心理专业学习机会。5. 建立博雅网站，为教师提供读书心得交流的空间。	1. 选择性参与学校开办的健美操、羽毛球、手工编织、舞蹈、绘画等博雅社团活动。2. 建立博雅网站，为教师提供社团活动交流的空间。

（三）教师研训的具体做法

教师专业发展不仅旨在提高教师所教学科的专业知识、专业技能、专业素养等，而且为教师了解和研究其他学科领域科学知识提供了机会，进而促进了学科内教师团队合作研究的同时，也为学科外异质性教师队伍的建设创造了有利的条件。

1. 学科内同质性教师团队的建设

学校在引领教师实现课堂教学真正变革的同时提升了教师的专业素质。以课例研究为载体，学科内同质性教师为主体，通过参与课例研究，培养其解释课堂教学设计的能力、课堂观察的技能、课堂记录的技巧、收集数据的方法、分析教学的能力等。

学科内同质性教师团队是指具有同一学科背景的教师，以备课组为单位，就课程的内容和结构在学科范围内研究探讨的学科研修共同体。学校以课题"基于学科思想方法的整合性教学策略研究"为龙头，围绕备课、上课、作业、辅导、评价等教学的各个环节，切实开展教学研究，深化同质性教师团队的建设。学科内同质性教师团队建设有以下几个具体步骤。

（1）确定主题，制订方案

在教研组的统筹安排下，课例研究小组开展调查研究，发现学科教学中遇到的具有挑战性、教师个体难以解决、需要同伴互助的"真"问题，并且把它提炼为课例研究的主题。通过共同探讨，制订包括时间、步骤、内容、人员及分工、成果和呈现方式等内容的课例研究方案。

（2）集体备课，撰写引案

课例研究小组内的学科教师一起商讨选定的课例研究课题，全体成员围绕主题和教学内容解读教材、收集相关资料，集体备课，形成引案。

（3）展开教学，观察跟进

为了不让研究只停留在低水平阶段，学校在进行课例研究的过程中，采取有别于传统的听课评课范式的教学研究形式——课堂观察技术支撑课例研究。课堂观察大致包括以下三个流程：课前会议—课中观察—课后讨论。

（4）同课重建，连环改进

备课组综合各方意见，再次对教案进行修改设计，在另一时段由组内另一位教师或前次授课教师本人进行第二轮的授课。在第二轮教学中，全体成员再次有目的地参与课堂观察，并做好相应的观察记录，同时跟进第一轮上课教师的课堂实录，着重检验经备课组讨论过后的改进方案是否更具合理性、科学性和有效性。根据研究的需要，有可能还将进行第三轮重建研究。

（5）提炼总结，形成课例

在第二次或第三次授课完毕后，教研组全体成员仍围绕该研究主题进行讨论，针对两次、三次上课情况进行分析比较，追踪反思，进一步明晰问题的解决策略，总结规律，形成经验，从而更好地指导学校改进课堂教学。同时，备课组再次根据教学情况、同伴意见对教案进行整理、修改，通过反思总结和提炼教学经验，形成课例。

2. 跨学科异质性教师团队的建设

博雅教育的精髓和实质在于"整合"，其目标是培养出"基础厚、能力强、品质正、气质雅"的"少年之君子"，而校本课程的开发无疑是其中最为关键的环节。基于以上观点，学校以成都市"十一五"规划课题"小学整合式校本课程的开发与实施策略研究"为抓手，落实校本课程的开发与实施操作体系。在校本课程的开发过程中，针对教师缺乏课程意识、缺乏课程理解和课程开发的能力的现状，学校教师通过相互合作、共同探究，实现了由个别教师"孤军奋战"的研究范式向跨学科教师共同研修的合作范式的转化，同时这种研究范式的转化推进了异质性教师团队的建设。

异质性教师团队是指具有不同专业背景且兴趣、能力及思考方式都具有鲜明个体差异性的不同学科教师合作开发校本课程所组成的研修共同体。正是这种教师个体的独特性与学科之间的差异性给异质性教师团队的建设提供了有利的前提条件，同时这种主题式的研究方式为学校课程的建设注入了新鲜血液。

学校开发的"蜀蚕吐绣"、"幽篁竹韵"、"川菜飘香"、"娇之雅韵"、"运动空间"、"迎新嘉年华"等校本课程正是由不同学科教师合作共同研究取得的成果。不同学科的教师组建为一个研修共同体，该共同体的老师们每月以交流的形式汇报自己在课程开发中的心得，在相互碰撞中，不仅提高了教师在自身领域的专业素养，还为其他学科教师的教学提供合理的建议。异质性教师研修共同体的研讨内容不仅限于简单的课时和学习人员的调整，而且关涉课程内容与目标的重新设计，学科教学与活动课程的有效实施。在此意义上，学校的跨学科异质性教师团队将视野从单一的年级、单一的学科转移到从全局和整体的角度，以此制订研究主题和参与设计学习活动。

（四）教师专业发展的成效

学校通过分层次分阶段培育教师、建设不同性质教师团队、开发特色校本课程等一系列措施，在促进教师专业发展方面取得以下一些成效。

1. 提升了教师团队的课程开发意识

在校本课程开发过程中，学校就校本课程的设置征求广大教师意见，教师们的主动性因此而提高。经过几个轮次的研究，各位教师对课程设置的问题提出了建设性的意见和建议，同时认真学习和参与了课程研发的全过程。

2. 提高了教师团队的课程实施能力

通过共同交流教学问题，大量搜集相关知识，集中交换对课程研发的认识，提出校本教材编写建议，共同参与开发校本教材，教师们站在学校这块基石上，借助国家课程和地方课程，确立了整合的教学理念，并且形成了基于整合的思想开展教学活动的思路和相应教学模式。

3. 培养了教师间精诚合作的精神

课程开发过程中特别强调教师间精诚合作，共同完成校本课程的建设。校本课程开发让学校学科组内的教师和跨学科的教师建立起了沟通的桥梁，有效地培养了教师间的合作精神，为今后教学活动的顺利展开奠定了坚实的基础，同时激发了教师的创新能力。

五、机制：扁平化管理——重构制度，推进教学管理人本化

学校扁平化组织结构，如果用一个多层圆来比喻：圆的中心是学生，第一层圆圈是教师，第二层圆圈是中层干部，最外的一层是校级领导和后勤人员。扁平化管理思想的核心是：减少中间环节，加大管理幅度；大胆放权，分块管理。当管理层次减少而管理幅度增加时，金字塔状的组织形

式就被"压缩"成扁平状的组织形式，其层层落实的机制，能提高工作效率而以最有效的管理层去实现学校的教学管理目标。

（一）扁平化管理的提出

教学质量是学校办学水平的一个重要的评价指标，也是社会评价学校的一个最直观的准则。教师是学校教学工作的主要力量，其工作态度、工作能力是提高学校教学质量和办学水平的首要条件，这就决定了学校的教学管理必须坚持以人为本的价值取向，只有以教师为本，一切从教师的实际需要出发，采用人本化的教学管理策略，才能有效地管理学校。

教学管理人本化是把教师作为管理的主体，充分利用和开发教师的潜能和自主性，从而为实现学校目标和教师个人目标而进行的管理。学校提出教学管理人本化，基于以下两个需求。

一是新课程改革的迫切需要。新课程改革对教师的教育观念、教学方式和教学行为提出了新的挑战，它需要一种全新的管理制度作为支撑和保障，而传统的教学管理制度束缚了课程改革向纵深发展，其不足主要体现在"三中心，三不足"：其一，以学校管理者为中心，制度的民主性、开放性和服务性不足；其二，以控制为中心，教师教学的自主性不足；其三，以中层机构为中心，备课组等基层组织的参与性不足。

二是教师发展的内在需求。马斯洛需要层次理论将个体的需求分为物质、自尊、成就需要三个层次，根据这一理论，合理地满足教师的多种需要是激发教师热情、实现学校发展目标的关键因素。

因此，学校提出了"重构制度，推进教学管理人本化"的管理思想，力图通过科学的教学管理制度促进教师和学校最大限度地发展。

（二）扁平化管理理念下管理制度的创新

"发展性教师评价模式研究"课题激发了教师内在的发展动力和发展需求，让我们看到了教师对民主、平等管理的追求。由此，学校提出了"重构制度，推进学校管理人本化"的管理思想，力图通过重建教学管理制度，人人成为管理者，使管理从经验走向科学，从科学走向自主，实现学校管理的变革。

扁平化管理理念下教学制度的创新主要表现在以下几个方面。

1. 重构管理思路， 以制度促进教师发展

完善和重新构建学校的管理制度就需要打破以"控制"、"管理"、"追责问题"、"被动服从"等为主导的传统教学管理思路，逐步建立起以"激励"、"引领"、"解决问题"、"民主参与"等为主导的现代教学管理思路。追求制度育人的效应，就必须着眼于发挥教师的主体作用，调动教师的积极性，开发教师的潜能，才能有效改进整个学校的教学管理。娇子小学在这一过程中实现了三个变化：变控制约束为积极引导，变被动接受为民主参与，变循规蹈矩为主体能动。

2. 重构管理机制， 以制度保证质量提升

（1）注重目标整合，激发内在潜能

由于个人目标与组织目标一致性程度低会影响教师的积极性和团体的士气，因此，领导者的职责就是要将学校目标的实现与教师的个人目标整合起来，实行参与式的民主管理。参与式的民主管理发动了教师参与制定目标、进行决策，增强了学校目标与决策的透明度，有利于创造一种良好的学校管理环境，使教师意识到学校目标与个人目标的一致性，以此提高教师接受与执行学校目标的自觉性与积极性。娇子小学实现目标整合的大致流程如下：学校在制订三年规划前，首先让每一名教师从自身发展优势、劣势、机遇和挑战四方面对自身进行分析；然后，相关人员通过对分析表进行梳理、归纳，找出教师发展中最亟须解决的问题，并以此作为设计规划的根本依据；最后，学校将制订好的规划反馈到教师层面中，在得到教师的认同后，基本实现了学校发展目标与教师个人发展需求相整合。由于个体目标与整体目标协调一致，这样的规划途径立足于根本，具有有效性和针对性，也在真正意义上体现了教师的主体性。因此参与式的民主管理充分调动了教师的积极性，其内在潜能也在学校规划制订过程中得以激发。

（2）明确职责规范，强化自主运行

传统的管理结构遵循着层层管理和上传下达的模式，使各个层面的主体作用不能得到充分发挥。在以人为本思想的指导下，我们对自身组织结构进行了思考和探索。为了改变陈旧低效的管理结构，学校将教导处权力下放，重心下移，以校长工作室、教导处为中心，明确教研组、备课组、年级组、学科发展中心的职责，让各部门共同管理教学日常工作，各部门具体工作有以下细则。

第一，校长工作室以校长和教科室为主，制订学校工作计划，直接领导年级组、教导处、学科发展中心；教导处收集学科发展中心、备课组、教研组、年级组、各个基层管理组织在工作中表现出的亮点和问题，进行梳理，与校长工作室共同提炼工作内容，协调组织各部门开展工作。

第二，年级组长联系本年级各科教师，直接领导本年级班科联系工作并向校长室、教导处反馈工作情况与问题；教研组、备课组则在年级组、学科发展中心的配合下负责日常教研活动，并向教导处反馈情况。

第三，学科发展中心是学校管理模式中的一个重要组织，它是学校在推进教学人本化管理过程中建立的教师自主参与教学管理的群众性组织。学科发展中心的构成是校内外资深教师、优秀教师和专业研究人员，它的基本模式是"发现问题—达成共识—确立主题—行动研究—解决问题"，主要职责是收集、整理教师对于管理的各种建议，并提出可行的改革措施；协助校长工作室、教导处对课程实施质量进行监控，及时提出教学中存在的共性问题，分析、研究问题，寻求解决方案，为教导处提供学术支持。学科发展中心的建立避免了学校传统管理模式中的行政权威色彩，激发了教师教学的自主性、创造性，强化了教师专业与学术在学校本应有的地位。

组织结构在明确职责规范后运行最大限度地体现了各管理层和教师之间的融合，充分发挥了各层面教师的主体作用，为教师发展提供温润的土壤，为重构制度、推进人本化管理提供了平台。

（3）加强反馈调节，推动持续前进

学校在重构制度的过程中加强了对各环节的执行、反馈、调节，从而推动重构工作的持续前进。

首先，学科发展中心采取自下而上的途径进行需求调查。在教师中发放调查问卷，让教师自主选择急需重构的制度，然后对教师的意见进行归纳整理，梳理制度的改进点。

其次，学科发展中心同样采用了自下而上的途径进行改进设计。学科发展中心组织教师参与到新制度的讨论中来，教师在其中充分享有决策权和发言权。经过反复论证，教师们达成共识，共同设计出可操作的措施。

最后，采用了自下而上和自上而下相结合的途径实施反馈。新制度在实施中，校长工作室和教导处对它进行了全过程的督导，在反馈中进行评价，在评价中调节，在调节中提升，以实现制度的更新和完善。

目前，学校通过教师的民主参与，已经修订了《娇子小学博雅教师常规手册》，内容涵盖课前准备、上课、听课、课后反思、作业设置与批改、学生辅导、质量监测等制度。教师自主落实常规，管理制度从传统的控制与约束走向了激励与引导。

3. 重构管理方式，以制度营造学校和谐

健全的管理制度有利于学校的工作统筹安排、协调发展，这是保证学校工作顺利开展的前提，也是构建和谐、宽松、民主、平等的校园环境的基础。在探索科学管理方式的过程中，经过反复的比较和分析，学校最终选择了精细化管理与自主管理相结合、统一管理与差异管理互补、刚性管理与柔化管理兼容的管理方式。

（1）精细化管理与自主管理相结合

所谓精细化管理，就是通过制度化、程序化、标准化、细致化和数据化的手段，使组织管理各单元精确、高效、协同和持续运行，做到管理责任具体化、明确化。它要求每一名教师第一次就把工作做到位，工作精益求精，每天都要对当天的情况进行检查，发现问题及时纠正、及时处理等。精细化管理中，"以人为本"是关键，学校以教师的发展为重点，以发挥教师的主观能动性为第一要素，同时使每位教职工自发形成脑到、心到、行为到的参与模式，把精细化管理的优势发挥到极致。

【案例】重构备课制度——思学册

教学调查量表的相关信息表明：教师们在传统的个体备课中视角狭窄，对怎样理解教材，怎样加工、重组教材，怎样呈现教材缺乏系统的认识。同时，在个体备课的传统模式下，同伴之间缺少相互的启发、新教师出现问题不能及时得到纠正、优秀教师的经验也不能得到有效的传承。而在一般性的集体备课中，教师的交流不够充分，大部分教师表示愿意改进集体备课的形式，使集体备课更具有系统性、连贯性。我们通过纵向横向的交流方式帮助教师梳理教材，厘清各知识板块间的关系，做好各知识点的承前启后。学科发展中心就"制度化的集体备课"这一方式开展了全员讨论，为教师提供交流的平台，这样不仅提高了教师参与教学工作改进的积极性和自信，还促成了民主参与由点及面的扩

展。最后，经过教师们的讨论和决定，新的备课制度得以产生。

这种民主参与的备课制度最终形成了物化成果，最后把这一成果取名为"思学册"，这缘于《论语》中"学而不思则罔，思而不学则殆"的启发，它不仅是教师们学习、实践、思考的记录，而且也为未来的任课教师、经验不足的教师提供帮助和启发。

【案例】重构看课制度——课堂观察

在重构看课制度的调查中，教师们认为传统的看课、评课只是从观课人自身的视角出发，存在一定的片面性，缺乏深入的指导和思考，不能很好地促进教师的专业成长。因此，教师们提出看课、评课不能只走形式，而要为提升课堂教学质量服务，真正成为课堂教学的有效诊断手段。学科发展中心就重构看课、评课方式开展了全员讨论，经过教师们的决议，构建了新的看课制度——课堂观察。利用课堂观察进行看课、评课具体分为课前分析、课中观察、课后反馈三个步骤。

课前分析：在进行课堂教学研究前，我们以备课组为单位召开课前会议，由授课教师分析自己在课堂教学中的特点和问题等基本情况，授课教师与听课教师针对存在的问题，确定观察目标和一个观察点，围绕这一观察点确定定量和定性相结合的观察方法，并进行观察量表的准备。

课中观察：教师们进行了听课的分工后，带着听课本和观察量表进入课堂，例如在关注学生学习效果时，将教师课堂提问是否有效作为研究点，设计量表，一部分教师按照专项内容进行观察并在量表上做好记录，另一部分教师对授课教师的课堂教学做翔实的定性记录。

课后反馈：听课完毕，以备课组为单位召开课后会议，授课教师在听课教师的帮助下对量表统计的数据进行分析，结合定性的记录找出自身的问题所在。接着教师们一起就提高课堂提问的有效性及创设师生、生生和谐关系等方面进行探讨，从细微的角度帮助授课教师改进不当的教学行为、提升课堂教学的效率、增强课堂教学的趣味性、提高学生学习品质等，并制订课堂教学改进计划。授课教师在跟踪听课、组内研讨、重点课例研究等环节中不断实现自我提升和超越。

观察量表在使用中也要适时进行调整，以满足课堂观察的需要，教师在运用过程中充分参与，提出意见，设计适应不同学科的观察量表。在这样的看课、评课模式中，逐渐形成了行政、教研组、备课组、学科发展中心、教师本人平行互动的研究共同体。

(2) 统一管理与差异管理互补

统一与差异是一对辩证统一的概念。统一管理是使组织中的人与物达到协调共处的状态，差异管理是承认差异、尊重差异，强调管理方式的多样化与针对性。学校组织具有开放的特点，其管理对象各具特殊性，为组织的健康发展，充分发挥组织成员的潜能，学校管理者必须综合运用统一管理与差异管理两种手段，以求得学校的和谐发展。为了提高刚入职教师的适应性，实现"新教师入职零缺陷"，学校展开了对新入职的青年教师的差异培训，重构了传统整齐划一的培训制度。

【案例】重构培训制度——重温第一次

学校学科发展中心与富有教学经验的老师在开学前梳理了教学工作九个第一次、德育工作七个第一次。这些"第一次"，作为对每一位新入职教师的培训内容，具体且实在，使新教师掌握了学校日常教育教学工作的一些基本要求和基本方法，能较快地适应学校教育教学工作，同时也提高了对教师工作意义和价值的认识。对于已入职的教师，在梳理中又重温了这些第一次，不仅是对常规进行重新梳理，也唤起他们对教学人生的幸福回忆，更点燃了教师的激情。

(3) 刚性管理与柔性管理兼容

刚性管理是一种以工作为中心，强调规章制度的管理模式。它通过制度约束、纪律监督、奖惩规则等手段对学校教职人员进行管理，并且在实际的管理活动中，一切照章办事，不讲情面，注重效率和实绩，以形成在制度面前人人平等的局面。而柔性管理的本质，是一种"以人为中心"的"人性化管理"，它是针对刚性管理过于死板和忽略人性的缺点提出来的，最大特点主要在于不是凭借强制性的权利（如上级的发号施令），而是依赖于员工的特殊心理过程及每个员工内心深处激发的主动性、内在潜力和创造精神，去完成工作实现管理目标的一种管理模式。学校是一个培育人的地方，它的特殊性要求管理者更应该用刚性与柔性相结合的方式去实现管理目标。

学校人本管理建立的是一种宽松式的、包容式的、理解式的学校组织文化，是为了实现学校与教师双方共同发展的目标，其构建的理念是基于教师劳动的特点和特殊性，但并不是为了取代、否定刚性管理，人本管理实质上是刚性管理的完善、补充。如果离开刚性管理，学校的运行将会陷于无序的混乱状态；离开人本管理，学校发展亦将缺乏动力和活力。因此，两者是相辅相成的。

学校实施的人本化教学管理模式现在还处于起步阶段，它需要在保障学校稳定秩序的前提下，在不断总结探索经验、修正不足的基础上，把这种从理论出发、立足于本校实际的探索，在更宽的领域内进行下去，追求教学管理的零缺陷。

[第七章]

校长领导力

在经济转型与变革时期，一个组织能否在当今多变的环境中取得成功，实现可持续发展，在很大程度上取决于领导者的领导力。领导者卓越的领导力，能够引领员工在复杂的环境下确定自己的战略目标，找准发展的方向，制定并落实发展计划。而在学校组织范畴内，校长便是领导者，学校的发展很大程度取决于校长的领导力。

一、思考与决策

校长，作为学校的领导者，对于学校的变革与发展，需要从学校的整体角度思考，围绕其办学理念与培养目标，把握好学校发展规划的大方向，对学校重大发展规划做出决策，为学校特色发展定位。而在这其中，娇子小学作为一所小学，想要打造属于自己学校的特色，我们必须要搞清楚其办学理念、培养目标与培养途径，即究竟办什么样的教育、要培养什么样的人以及如何培养这样的人。

（一）办学理念的确定：究竟要办什么样的教育？

学校办学理念是一所学校的办学哲学，理念是否清晰是学校办学成熟与否的分水岭。理念的确立标志着学校对于学校办学目的、办学理想的追求及围绕学校办学形成的观念体系的成熟。我们在确定办学理念过程中主要经历了两个阶段：一是博雅教育理念的形成；二是博雅教育理念内涵的丰富。

1. 博雅教育理念的形成

在2003—2006年，面对机遇与挑战，我们清醒地意识到理念的重要，领导班子的文化底蕴、思维方式决定一所学校主流文化的价值取向。那么，什么样的教育才具有可持续发展的可能？什么样的教育才能够最大限度地激发教师和学生的创造力？只要解开了这个问题，找到了解决问题的途径，我们的学校也就找到了发展的方向。为此，我们开始多方面研究有关学校持续发展的理论，学习和分析办学实绩突出的学校经验。通过这样一个过程，我们得出了这样一个结论：一所学校要想有源源不断的生机和活力，必须要有自己的特色，尤其重要的是要形成一种学校文化和校园精神，让这种文化内在的气质感染教师、学生、家长，甚至是整个社会。

那么，什么才是符合娇子小学发展的特色呢？为此，我们对学校发展历程和发展态势进行了梳理，并请教育专家和我们一起对学校的发展现状进行分析和求证，在综合分析了学校现有条件、生源、师资、家长各方因素后，在追寻教育理想的过程中不断摸索、在长期的办学实践中不断反思、在批判借鉴别人的成功经验的基础上结合自身实践不断创新，找到了学校教育理念形成的三个来源。

一是从传统文化中来。"博雅"，取自于《诗经》："雅者，正也。"解作"学问渊博，品行端正"。由博到雅，是一种品位，是一种境界。古人如此说，那么，引导学生传承学生传播传统文化的精髓就是我们的一项使命。

二是从学生生长需要中来。学校的一切是为了学生的发展而存在，而学校的办学理念是学校所有工作的灵魂，对儿童当下的发展需求、促进儿童的能力增长、帮助儿童适应未来的发展是需要通过办学理念的实施来实现的。

三是从学校发展需求中来。办学理念是学校所有工作的灵魂。学生是学校教育的客体，是教师的认识对象和实施对象，但也是学习的主体，这种主客体的复杂性决定了学校的办学理念必须充分关注到学生的生长需要。

在传承学校已有文化的同时，不断通过自上而下与自下而上相结合的方式总结提炼，慢慢去完善一种具有相对稳定性、延续性和指向性的理念体系。

2. 博雅教育理念内涵的不断丰富

正是基于以上认识，2004 年，我们提出博雅教育理念，之后的几年，我们着力于办学理念的清晰，在传承学校已有文化的同时，通过自上而下与自下而上相结合的方式不断地总结与提炼，逐渐形成一种具有相对稳定性、延续性和指向性的理念体系。从最初的"博学多才，文明高雅"到"着力铸造清雅的领导集体，打造博雅的教师队伍，塑造文雅的学生群体、营造风雅的校园文明"；再到把它理解为"从学的标准，做人的要求"；再到现在将其理解为对课程文化的追求。博雅教育理念在不断地丰富和完善。

（二）培养目标的确定：究竟要培养什么样的人？

培养目标就是培养什么样的人，"是各级各类学校对受教育者身心发展所提出的具体标准和要求"（郑金洲，2000）。它是各级各类学校及各个学段规定的应该达到的具体的教育目标。我国法定的基础教育培养目标是各级各类学校培养人才的质量总标准。它具有极强的概括性、统一性，在实际的教育过程中它只能起到一定的指导作用，而不一定适应所有地区的学校。因此，学校为了更好地促进教育，有必要确立体现自己学校特色的学校培养目标。在此意义上，学校培养目标是某一所学校对本学校的具体情况进行全面、系统的研究，在国家教育目的的指导下，根据不同地区、学校、学生的不同特点制定的体现学校特色的、要求受教育者必须要达到的人才质量标准。（席梅红，2006）

作为娇子小学的校长，为打造学校特色，需要从以下四个方面来思考学校培养目标的确立。

1. 从教育目的的变迁中寻找核心定位

新中国成立以来，我国教育目的对培养什么样的受教育者的定位有培养"劳动者"、"人才"、"建设者和接班人"、"公民"、"人"这几种典型的提法。培养"劳动者"是"文革"前17年最权威的一种提法；培养"人才"是"文革"结束到20世纪80年代期间一种比较普遍的提法；培养"建设者和接班人"则是90年代最为官方的一种提法；培养"公民"是90年代后期逐渐升温的一种具有浓厚政治色彩和道德意味的提法；培养"人"，则是"文革"后部分学者推崇的一种提法。（赵联 等，2010）各个时期的教育目的的表述不一样而已。尽管各个时期教育目的表述不同，但是实质的规定性并没有变化，培养全面发展的人的总方向始终没有变化，其原因在于教育目的的理论基础并没有变化，那就是马克思主义人的全面发展理论。

根据我国教育目的的变迁，我们寻找出学校培养目标的核心定位是培养全面发展的人，需围绕此定位来确定学校培养目标。

2. 从教育基本性质中去寻找基本规定

娇子小学，作为一个小学，其培养目标的确定必须符合基础教育小学阶段的规定性。校长在思考确立一校之培养目标前，需要明确基础教育小学阶段的基本性质，了解有哪些其必须符合的基本规定。而要了解基础教育小学阶段的教育基本性质需从以下两个方面来看。

首先，校长需要清楚小学阶段儿童好奇心、求知欲极强，需要我们在教育教学过程中竭力保持其好奇心。校长也需要清楚，由于小学阶段儿童年龄小、认知水平较低和人格发展的不健全，我们不可制定超出学生认知水平所能接受的培养目标，而需要制定符合其年龄阶段和认知水平的培养目标。例如，20 世纪 90 年代后，我国教育目的总要求是"培养社会主义的建设者和接班人"，这个目标很远大，而针对小学阶段来说，我们不可能直接拿"培养社会主义建设者和接班人"直接作为学校的培养目标，而是需要考虑小学阶段能为"培养建设者和接班人"奠定怎样的基础。

其次，在制定培养目标之前，校长还需要清楚了解基础教育中的"基础"是什么。而基础教育中的"基础"在导言部分有具体阐述，在此不再赘述。总的来说，小学阶段的基础教育之"基础"主要包括两个方面的含义：一是全域性的基础准备，这是由小学阶段的教育目标所决定的；二是多维度的基本素养，这是由小学阶段的教育内容所规定的。

因此，我们的培养目标是要通过实施"博雅教育"，奠定学生发展的基础。

3. 从社会共性要求中发现素质结构

关于基础教育应培养什么样的人的方面，国家会出台各类改革纲要，我们可以从中寻找发现学校培养目标的素质结构。例如，2001 年教育部印发的《基础教育课程改革纲要（试行）》要求"学生具有爱国主义、集体主义精神，热爱社会主义，继承和发扬中华民族的优秀传统和革命传统；具有社会主义民主法制意识，遵守国家法律和社会公德；逐步形成正确的世界观、人生观、价值观；具有社会责任感，努力为人民服务；具有初步的创新精神、实践能力、科学和人文素养以及环境意识；具有适应终身学习的基础知识、基本技能和方法；具有健壮的体魄和良好的心理素质，养成健康的审美情趣和生活方式，成为有理想、有道德、有文化、有纪律的一代新人"。又如，《国家中长期教育改革和发展规划纲要（2010—2020 年）》强调"坚持德育为先、坚持能力为重、坚持全面发展，全面加强和改进德育、智育、体育、美育"。我们从中得出基础教育培养的学生应德智体美全面发展，并且坚持能力培养的重要性。

4. 从教育理念内涵中去挖掘独有特质

校长应该清楚学校培养目标的确立需要从学校教育理念的内涵中去挖掘学校自身的独有特质，从而形成学校特色。娇子小学的教育理念是"博雅教育"。我们希望培养的学生具有广博的知识和多种才能，又具有高尚的德行。

在博雅教育理念下，我们最终确定的培养目标是通过实施"博雅教育"，奠定学生发展的"三个基础"：学会做人的基础、学会学习的基础、学会生活的基础，最终实现"少年之君子"——德智体美和谐发展、有教养的少年的目标。

（三）办学目标的确定：究竟如何培养这样的人？

当我们确定把培养"少年之君子"作为学校的培养目标后，接下来校长就得思考学校究竟要如何培养这样的人呢？我们是从教育理念的方向引领、培养目标的基本规定以及传统优势的持续传承三方面来考虑的。

1. 教育理念的方向引领

要将博雅教育理念具体实施下去，校长需要思考"博雅"教育这一理念对教师与学生的要求。首先，我们得思考什么样的教师才能培养出"少年之君子"？我们认为只有打造"博雅"型教师，并让教师理解博雅教育理念的真谛，才能更好地实践博雅教育理念。其次，我们要思考什么样的学生在博雅教育理念下更能充分得到发展？我们认为，学生需要坚持勤奋学习和有良好的言行举止，才能得到充分发展。

2. 培养目标的基本规定

根据我们学校培养目标要求"博"，即基础厚、能力强，"雅"，即品质正、气质雅。我们把人才培养模式确定为"广博 + 雅正"，即既有广博的知识与能力，又有优雅的品质与气质。

3. 传统优势的持续传承

在娇子小学的发展历程中，我们逐步清晰了娇子小学的办学传统：勤于求实，尚新达雅，即"勤奋 + 平实 + 立新 + 雅致"。具体来说，就是教师和学生在工作和学习中踏踏实实做好每一件事的"勤奋"；就是默默工作，慢慢积淀，不张扬、不喊口号的"平实"；就是在办学过程中的每个阶段，找准突破点，创造性地开展各项工作的"立新"；就是从校园环境、管理风格到师生气质我们都追求的"雅致"。作为校长，需要在学校的办学目标中把这些传统继续传承下去。

因此，我们总结教育理念的方向引领、培养目标的基本规定、传统优势的持续传承三方面，最终形成我们娇子小学的办学目标为：勤学致博，笃行达雅。通过勤奋的学习来提高学生广博的知识和培养综合性学习能力，学生通过坚持良好的言行举止来真正达到高尚儒雅和培养学生的优雅气质。

二、谋划与设计

校长对学校教育理念与培养目标进行确定，为学校特色发展定好位后，要想将其教育理念付诸实践，必须在理念之下，对学校的发展方略进行谋划，并对建设学校特色进行设计。娇子小学以建设"1＋X"课程体系作为学校的特色发展，因此，我们重点设计了博雅教育课程目标与博雅教育课程的总体结构。

（一）学校发展方略的谋划

学校发展方略是为了实现学校发展目标而制订的一系列方案。学校发展目标是学校对未来理想和长远战略目标所描绘的纲领性蓝图，也是全体师生的共同愿望。我们在对学校发展方略进行谋划时，着重思考了以下三个方面。

1. 重视发展目标的导向作用

在对学校发展方略进行谋划前，校长首先需要对学校发展目标有非常清晰的了解。因为学校发展目标对发展方略有方向上的指引。只有发展目标清晰了，学校的发展才拥有内在的灵魂，发展的方向和路径也能更加清晰。我们进行规划的出发点和归宿都是为了学生的全面发展，因此，我们围绕学生制定了"让每一个学生都成为博学多才、文明高雅，具有经营未来人生和推动社会发展能力的人"的发展目标。为此，学校着力创设优雅的人性化的校园文化，提供雅致的多元的课程、多样的活动，优化教与学的内容与方法，塑造"博雅"型的教师团队，让每一个学生都能在优雅的校园中自在地成长。

2. 确定发展方略的基本内容

通过分析学校发展目标，确定学校发展方略的大方向后，在分析、规划学校发展方略的过程中，我们成立了包括学校教师、学生、家长、教育行政部门人员、教育专家的全民总动员的规划研发共同体，历经自下而上和自上而下多轮磨合，对学校发展进行整体规划，最终确定发展方略的基本内容包括以下三方面。

（1）学校发展方向的总体思路

校长需要清楚学校发展方向思路的确定是实施教育理念的第一步。思路清晰了，之前所做的决策才能实践出来。娇子小学确定的学校发展方向总体思路是"顶层统领"。

"顶层"在认识层面揭示的是事物的本质、灵魂和核心，而对实践又起着两个方面的指导作用：一是对发展的根本方向进行规定；二是对系统的各个方面进行整合。顶层统领意味着，用学校发展的顶层设计去统筹、引领学校的发展。主要体现在三个方面：一是用核心教育理念营造受大家所认同的文化氛围，以增强团队成员的凝聚力；二是通过顶层设计来指明未来的发展方向，以为团队的实践探索提供指导；三是顶层设计引导学校进一步完善管理，规范全校师生的行为。

（2）实现发展目标的基本举措

从建校以来，我们一直寻求问题的解决之道，从课题研究和建设特色学校两方面进行考虑，要实现"让每一个学生都成为博学多才、文明高雅，具有经营未来人生和推动社会发展能力的人"的发展目标，就得实行"科研兴校"和"涵养特色"两个基本举措。

（3）践行学校举措的核心宗旨

无论是践行"科研兴校"还是"涵养特色"，教师在其中的主体地位都不可磨灭。因此，我们确立了以"教师主体"为核心的宗旨。具体表现为以下几个方面：第一，只有确立了教师在学校教育中的主体地位，才能唤醒他们自我实现的意识，激活他们的进取心，激发他们的主人翁精神；第二，我们在革新制度中始终贯彻一点，即变革过去校长、行政管理层与教师之间管理与被管理的关系，转换为服务员与主角的关系，培养主体意识、主体能力和主体人格统一的教师，确立教师的主体地位；第三，突出教师的主体性和个性，不是否定学校教育教学的集体性，而是强调个体应在集体中成长；第四，深化对教师主体性的理性认识，包括教师教育主体意识、教育主体能力、教育主体人格。

3. 实践方略谋划的基本策略

校长制定出发展方略谋划之后，需要考虑怎样才能将方略谋划有效地实施出来。我们实践方略谋划主要有三种策略：制定全域发展规划；坚持课题推动引领；注重文化氛围营造。

（1）制定全域发展规划：以三年规划为例进行阐述

我们将学校发展规划分为战略性规划和操作性规划。战略性规划是长期的，以提高和改善学校重要领域为目标的规划；操作性规划是短期的，注重细节的规划。这种动态的操作性和实践性使得学校的教职员工在发展自己领域内工作的同时，着眼于如何为整个学校的发展目标做贡献，这也更有利于学校提出的"人人都是规划主体，人人参与规划的制定"的实现。在学校发展规划的设计中，我们围绕目标进行分解，使目标具体明确、可量化，具有可达成性、现实性，有截止期限。学校发展规划是一个"制定—实施—评价"活动的连续体，因此，需要对这三个相互联系的活动作为一个整体来加以思考。

（2）坚持课题推动引领

从建校开始，我们就在尝试用课题研究的方法来寻求问题的解决之道。也即是从那时开始，科研已经在学校的探索之路上留下了深深的脚印，我们也以此为途径破解一个个难题。在这个过程中我们深深感到教育科研是学校突破问题、创新发展的基础，良好的氛围和宽松的环境是科研的基本条件，创新则是科研的生命所在。

（3）注重文化氛围营造

要落实博雅教育理念，首先要营造雅致的校园文化环境。对于可塑性大、正处于世界观和人生观形成时期的儿童来说，优美的校园文化是他们健康成长、成才的摇篮和沃土。为此，我们积极营造人文景观，发挥育人功效，建设科学精神与人文素质相统一的特色校园文化。整个校园充满了雅致气氛：灰白相间的教学楼的清新雅致与周围的葱郁相映成趣；"国粹廊"让学生初步感知中华国学之精；"戏剧脸谱"、"民间剪纸"、"小憩书袋"和"书画长廊"无不给学生以潜移默化的熏陶，感悟中华文明之雅趣。尤为可贵的是，在学校里，无论走到哪儿，都看不到一片纸屑；无论走到哪儿，都能听到学生们真诚的问候。

（二）博雅教育课程目标的设计

在多年办学过程中，我们通过对学校办学理念、培养目标的全面理解，认为课程是学校整体改革的重要载体，是促进学生发展的基本条件，我们坚守"科学与人文并重",以激发人的活力为根本,以建设课程文化为核心,形成"整合性、国际化"的课程理念,从而全面贯彻"博雅"理念。而在建设课程文化之前,校长需要对博雅教育课程目标进行设计。

在课程目标的设计过程中,我们也是逐步从实践存在的问题出发,慢慢摸索,经历了概念混淆、概念明确和概念规范三个时期。在概念混淆时期,我们尝试构建课程目标系统,包括学校发展目标、课程建设目标、教师发展目标,但我们还不能具体分辨这三者以及它们之间的关系;在概念明确时期,我们开始聚焦,从学校办学理念、培养目标和课程理念中找到依据,将重点放在课程建设目标,但这个时期我们对课程目标的主体并没有清晰;在概念规范阶段,我们通过多次与教师团队商讨,确定课程目标的主体为"人",包括学生与教师,最终我们确定了课程目标的总体目标与具体目标。

1. 总体目标

表7-1 娇子小学学校发展总体目标

项　　目	内　　容
学生培养目标	"博"——以多种形式的课程活动使学生打下扎实的基础,培养多样的兴趣、国际化的视野,形成良好的学科素养。 "雅"——以多种形式的课程活动使学生形成健全的人格、优秀的智能、文明的举止,具备良好的人文素养。 奠定学生学会做人的基础、学习文化的基础、学会生活的基础,最终实现育"少年之君子"的目标。
教师发展目标	"博"——增强教师课程意识与课程研发的动力和能力,拓宽教师国际化视野,提高教师专业素养和学科教学能力。 "雅"——加强合作式教研,激发教师从教育自悟走向文化自觉。 形成业务强、意识高、行为雅,主动、创新的教师文化,打造"博雅"型的教师团队。
课程建设目标	"博"——通过构建"1+X"课程群,为学生成长提供多元的课程群。 "雅"——在国际化视野下,建设整合性、精致化的课程群。 实现学校课程的核心价值——均衡性、综合性和可选择性。

2. 具体目标

这些年来，为培养基础扎实、特色鲜明、个性灵动的娇子娃娃，以校长牵头的教师队伍通过细化制定课程总体目标，确定课程具体目标，为课程的特色发展与内涵发展、以"1+X"整合性课程实施为着力点的课程建设提供理论方向。

"1+X"课程群的课程建设模式包括两个部分：核心+外围，主题+模块。学校的课程具体目标便是通过这两部分的四个方面来体现的，如表7-2所示。

表7-2 娇子小学博雅课程具体目标表

类别		课程	目 标
"核心+外围"课程群		核心课程	以《学科思想方法整合性策略研究》为载体提升国家课程教学质量，引导学生形成整体的学科思维。
		外围课程	挖掘课程资源，借由主课堂及课外延伸、学科与学科之间的贯穿与连通，培养学生的学科素养，让师生共同浸润在"多元化"的复合式教学效果中。
"1+X"课程群	"主题+模块"课程群	培雅育正	
		国际理解	提高本土文化认识能力。认识本土文化的精髓，增强对民族文化的认同，培养具有民族精神的"少年之君子"。
			增强异文化理解能力。了解世界多元文化，认识本土文化与异文化的差异，培养尊重异文化的"少年之君子"。
			提升跨文化交流能力。提高跨文化的语言运用能力、信息处理能力、沟通协调能力，培养善于交流的"少年之君子"。

（三）博雅教育课程总体结构的设计

我们要想将博雅课程目标付诸实践，就必须设计好博雅教育课程总体结构。而在设计过程中，校长要对构建学校课程的总体框架、明确各类课程的基本功能、厘清各课程之间的逻辑关系、规范课程结构的内容及表述四个方面进行把握。

1. 构建学校课程的总体框架

学校整体的课程结构在我们进行的一次又一次协商与实践过程中变得越来越清晰。在近四年的时间中，我们在全校范围内进行了学校课程规范的动态调整，逐步推进学校课程规划的优化完善。在实践操作过程中，我们以"博雅教育"办学理念为总体依据，历经了"基础课程＋特色课程"的"1＋X"课程群结构建设——→"核心＋外围"与"主题＋模块"的"1＋X"课程群结构建设——→"基础课程＋拓展课程＋融合课程＋创生课程"的"1＋X"课程群结构建设——→"'博闻强识'课程＋'博雅多通'课程＋'大雅宏达'课程"的"1＋X"课程群结构建设四个阶段。而校长需要做的就是在每一阶段发现一系列问题后，与教师团队进行一次又一次的讨论协商，厘清课程结构的思路，进行课程变革。

2. 明确各类课程的基本功能

校长只有引导教师团队了解并明确各类课程的基本功能，才能更好地认识各类课程，从而发现其中的问题并解决问题。

例如，融合课程是将两门以上相邻学科的内容进行优化整合，使其产生聚集效应，旨在促进学生的综合性学习能力，重在提升学生的综合分析能力与解决问题的能力，集中培养学生的科学素养、人文素养和专长素养。创生课程是基于学校实际资源和学生发展的需求，集中培养学生的整体性综合性发展和提升学生的创造性。这里的创生课程具体表现为国际理解课程。其中，本文化侧重文化认同，培养学生的文化主体意识；跨文化侧重文化交流，主要培养学生的跨文化交流能力；异文化侧重文化理解，拓展学生的视野，理解和接纳他文化。在这两类课程概念还存在不够清晰、有交叉的现象，都是多门课程的整合，它们之间的区别不大，还可以在概念上进一步统整。

3. 厘清各课程之间的逻辑关系

当我们构建出博雅教育课程总体框架，并明确各类课程的基本功能之后，我们与教师团队一道厘清各课程之间的逻辑关系，以便于学科教师在教育实践中能清楚他负责的课程在整个博雅教育课程体系中所起的作用，从而更加清楚明了自己的责任。

4. 规范课程结构的内容及表述

校长，作为学校建设的领头人，不是只把握学校发展的大方向和学校课程总体框架就可以了。所谓"细节决定成败"，如果我们课程结构的内容及其表述没有一点规范性，随意滥用词语，在教师理解课程并实施课程时，将造成一片混乱。

三、调配与实施

如何能有效地实施已制定好的学校特色建设的规划与设计，需要校长具备较强的执行力，调配好各方关系。我们主要从以下几个方面来领导学校规划与设计的实施。

（一）以明确方向为目的规划制定

我们在领导教师团队制定学校规划时，最为首要的任务便是明确我们规划的方向。

以娇子小学的德育课程建设为例，我们的目标是培养"少年之君子"。它的内涵是很丰富的，要达成此目标，也是艰辛的，但我们认为，尽可能为学生的发展打下坚实的基础，是我们的责任。在新课程背景下，为学生提供多元的课程活动，让学生自在成长，成为人格丰满、个性灵动的"翩翩小君子"，是我们德育课程建设的方向。在此目标的导向下，我们进一步开展学校德育课程的规划与实施。具体步骤是：第一年，我们进行了初步构想，从整体课程框架入手进行规划，初步梳理德育工作；第二年，根据培养目标的需要，从学科课程、活动课程、特色课程、隐性课程四方面进行德育课程体系的构建；第三年，我们以德育的目标、途径、评价三个分系统为纬，以德育工作三个子系统（校级德育、年级组德育、班级德育）为经，横向贯通、纵向衔接、横纵交织，进而构成了一个时间上具有全程性，空间上具有全面性，能够产生更大整体效应的德育系统——娇子小学学校德育课程。

（二）以合作为宗旨的研修共同体建设

教师是学校发展的主体、教学的实施主体、课程的开发主体。为了形成业务强、意识强、行为雅，主动、创新的教师文化，打造"博雅"型的教师队伍，能更好地实施博雅教育理念，我们认为建设以合作为宗旨的研修共同体十分必要。它能在民主对话的过程中以协商与问题解决的方式，化解学校的难题。

教师研修共同体，就是基于学习共同体的一种联合研修的模式。这种以同质促进、异质互补的原则建立起来的共同体，在学校内部根据各自学校的特色和教师专业发展的需求，联合互动，共同开展校本研修，从而形成一种任务驱动、资源共享、相互借鉴、协同研究、共同发展的良好机制。

校长需要明白，校本研修活动的设计，要从教师的内在需求来考虑，使教师能积极主动地参与每一项活动，注重营造变"要我学"为"我要学"的浓厚氛围。只有形成合作学习、平等对话、共创智慧的研修活动，才能有效地激发教师的内驱力，激活教师的灵动思维，为教师的专业发展提供帮助。

（三）以人本为核心的扁平化管理

作为学校教学质量管理的第一责任人，毫无疑问，校长必须明白质量是学校办学水平的一个重要的评价指标，也是社会评价学校的一个最直观的准则。教师是学校教学工作的主要力量，其工作态度、工作能力是提高学校教学质量和办学水平的首要条件，这便决定了学校的教学管理必须坚持以人为本的价值取向，只有以教师为本，一切从教师的实际需要出发，采用人本化的教学管理策略，才能有效地管理学校。

扁平化管理思想的核心是："减少中间环节，加大管理幅度；大胆放权，分块管理。当管理层次减少而管理幅度增加时，金字塔状的组织形式就被'压缩'成扁平状的组织形式，其层层落实的机制，能提高工作效率而以最有效的管理层去实现学校的教学管理目标。"（李红勇，2014）例如，我们在管理层中引入各类教师群体组织，使教学管理在原有轨道上运行的同时，将教导处和德育处权力下放，重心下移，以校长工作室、教导处、德育处为中心，通过教研组、备课组、年级组、学科发展中心共同实施扁平化的课程管理。

（四）以整合为特质的资源开发及教育教学工作

在实践"博雅"办学理念的过程中，我们抓住了"整合"二字，并以整合的思想整体推动学校的教育教学工作。这里的"整合"不仅是一种思想，也是一种方法。主要有两层含义：一指整合校内外各种资源，使其发挥整体效应，从而促进学生综合、整体、全面的发展；二是充分挖掘学生的潜能，让每个学生的优势能力得到发展，集中指向学生的核心能力和核心素养。它在课程中体现为"1＋X"的课程群建设构想，在教学中体现为基于学科思想方法的整体教学变革。我们希望以课程整合为突破口进行"1＋X"的整合性课程群建设，从而支撑特色学校建设，实现"博雅"办学理念。

四、作风与品格

校长是学校发展的"魂"，一所学校的发展，关键在校长。校长的作风直接影响着学校的校风，校长的品格直接影响着学校的教育品位。

（一）校长作风

校长作风是指校长的思想、工作、生活作风。如果校长公正、洁己奉公、作风民主，就会使师生感到亲切，受到尊敬；就会产生一种巨大的、无形的感染力，激励教师的工作积极性，促进教师自觉地围绕学校整体目标，调控自己的工作。如果校长言行不一，要求教师做到的，自己做不到，不能和教师打成一片，任人唯亲，以权谋私，教师就会敬而远之，甚至有的教师以校长的作风为参照系数，这样，势必要把学校搞得纪律松弛，团队涣散。所以，两种不同的作风就会导致两种不同的结果。

1. 民主

在课程建设、制度管理等几个方面，校长充分发挥群众的作用，听取教师与学生的合理意见，给教师自主管理的意识与权利。在课程建设方面，学校创建包括课程专家、学校管理团队、教师、学生、家长、社区人员以及教育行政部门人员在内的合作、互动、共进的研发共同体，在民主对话的过程中以课程协商与问题解决的方式，化解学校课程设置中的难题；在制度管理方面，校长将管理工作重心下移，提倡教研组、备课组、年级组、学科发展中心相互联动，共同对学校课程进行管理，从而最终实现全体教师的自觉自为的科学与人文管理模式。这种分工明确、多向互动的课程管理机制不仅加强学校领导层面与教师之间的交流互动与组织合力，而且通过基层组织在校长课程执行力的主导下的自主运行，激发了学校领导和教师的自主管理意识。

2. 和谐的人际关系

校长必须把建立、维护和改善良好的人际关系作为一项重要的管理工作任务，特别是以"理解、尊重、谦让、互助"为纽带，爱护师生员工、关心师生员工，以产生较多的"知遇效应"。同时，校长要经常关心教师疾苦，经常到教师家中走走，问寒问暖，及时帮助他们解决一些实际困难。这样能使感情得到升华，使教职工更加信赖校长，尊敬校长，把校长视为知心人。校长还可广泛开展谈心活动，鼓励教师在工作中大胆创新、改革；对教师政治上信任，业务上培养，都会使教师对校长达到心理上相容，产生心理共鸣。校长与教师的感情建立起来了，学校工作就不愁打不开局面。

（二）校长品格

品格即品行与风格。一个校长要全面提高教育教学质量，不仅要靠渊博的知识和科学的方法，更重要的是要靠品格的魅力。娇子小学校长品格主要有以下两大特色。

1. 实事求是

娇子小学"博雅"教育课程建设历经三个阶段：零散式的初级阶段、块状式的发展阶段、框架式的成熟阶段。每一个阶段都是学校教师团队的结晶，但都存在着问题。也正因为有实事求是的精神，才使校长能及时发现课程建设中的问题，并做出及时的判断。例如，在初级阶段的课程建设还处于萌芽状态，这一阶段的课程建设主要还是国家课程与学校兴趣活动的开发，校本课程开发缺乏体系。因而在块状式的发展阶段中，我们不再囿于课堂教学的限制，而以突破点状的常规课程思维和重构学校课程体系的方式，将国家课程做得更加精致，与此同时，学校不断开设更多的校本课程，以整合的方法实施博雅教育理念。

2. 不断反思超越自我

校长只有具备反思超越自我的精神，才能领导学校特色发展中的一次次变革。并以自我的人格魅力带动教师在课程设计、教学和科研中不断反思超越自我，从而达到博雅教育理念的有效实施。以"君子安雅"的整合式课程设计中的内容选择为例，随着融合课程梳理的逐步推进，课程带给校长和教师团队的思考和疑惑也越来越多。难道我们仅仅只能将"品德与生活"、"品德与社会"、"生命与安全"等课程内容进行有效整合吗？其实不然，我们通过不断的反思超越自我，再结合娇子小学学生需求和未来发展需要，补充了健康教育、心理教育、生活教育、体育逃生教育、手工艺教育、职业教育、文化教育（参观访问）等方面的课程内容。

校长，作为学校特色发展的掌舵人，在对学校发展建设过程中，需要具备领悟力、前瞻力、决策力、感召力、执行力。领悟力主要是对学校教育理念、培养目标有较强的领悟能力；前瞻力是指校长应当对当下条件学校最应该发展的方向与未来有较好的判断；感召力主要是在规划与设计、调配与实施时，校长号召教师、学生、家长共同参与进来，以此达到最有效的学校建设；校长执行力在校长领导整个学校建设中起关键作用，只有校长有较强的执行能力，才能将所有的规划付诸实践。而在这其中，校长的作风与品格形成的个人魅力也对校长领导教师团队进行学校建设起了较大的作用。

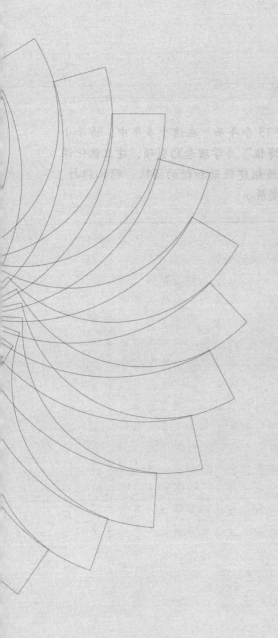

[结语]

反思与展望

从2003年的二校合并至今，已有13个年头。在这十多年中，娇子小学完成了一次又一次的蜕变。坚持"博雅"办学理念的引领，建立优化课程结构体系，组织管控课程实施，打造组建强劲和谐的团队。稳扎稳打、一步一个脚印地推进学校教育事业的发展。

一、过往的收获与遗憾

（一）课程再规划，构建生本型课程

基于学校的办学理念和人才培养目标，在学校新一轮三年发展规划的制定过程中，我们对课程整合、重组和创造，进行课程的再规划。在之前的课程建设过程中，我们经历了"1＋X"课程群结构的支架搭建和优化整合的四个阶段的变化，积累了丰富的经验。由此可见，学校已构建了较完整的"1＋X课程群"体系，但如果构建生本型课程，还需要在该体系下，对课程进行再规划，聚焦、细化各课程的培养目标和操作方案，使学校育人目标与课程目标充分整合，丰富课程内涵；还需要将课程融入学校文化之中，以文化养人，充分发挥学生自主学习和知识能力内化的积极作用，建立适应学生个性、多元发展的创造性的现代课程体系。

（二）诠释德育真谛，彰显"立德树人"

娇子小学的德育工作在不断摸索和长期的实践中不断完善并形成了指向明确、持续作用、相对稳定的德育课程结构。在不断的实践中，我们越来越清晰地认识到"立德树人"是教育的根本任务。立德树人，入心为要。面对多元的价值观和海量信息的包围，德育面临前所未有的挑战和机遇。2013年成都市教育局和市教科院品格教育项目的出现，让我们找到回归教育本质的有力途径。它同时也正是学校少年君子养成"品质正、气质雅"的载体和改变传统德育教学方式的途径。于是，我们用整合的思想、互动的方式从结构调整入手，在走向更优的道路上让品格教育与德育课程相互融合。随着工作的不断推进，我们发现学生成长了、教师发展了、学校的影响力也随之扩大。两年来，学校先后在锦江区德育现场会和成都市德育现场会上进行了德育课程建设工作交流、承办了成都市品格教育现场培训会、在锦江区艺术体育现场会上全面展示学校艺术体育工作，每一次的交流都是在帮助学校再次梳理经验，便于我们在实施中进行动态调整。

（三）探寻课堂精髓，指向学生生命发展

课程的实施靠的是课堂，要创建什么样的课堂才能达成我们的课程目标，才能让学生通过课程的浸润，既有广博的知识与能力，又有优雅的品质与气质，绽放生命的光彩？在新优质学校建设的道路上，我们进一步立足研究课堂来促进课程的建设。伴随着"基于学科思想方法的整合性教学策略研究"课题的深入研究，基于当前学生的课堂学习参与处于浅表的普遍现象，我们将视野聚焦到学生深度参与的理解性学习上来，申报了新一轮规划课题"促进学生深度参与的理解性教学研究"，以此探寻指向学生生命发展的课堂精髓。

在专家的引领下，娇子小学在近两年的课程教学改革、德育课程创新中高度重视学生主体性的体现和教育资源的挖掘，创设了更适合学生发展的课程结构。尝试着变革学生的学习方式和学习环境，促使学生在学习态度上从被动犹豫转变为积极踊跃，学习方式从被动吸收逐渐向自主建构转变，参与实践方面从被动实施开始向主动探索转变。学校的优质化发展之路是没有止境的，我们在前行中不断地反思，我们还将进一步聚焦课程目标，让它能更加明确地指向学校的培养目标，以此引领课程的深入实施；继续挖掘课程资源，保证课程的有效落实；加大对师资的培养力度，建设一支力求创新、教艺精湛的教师队伍。

二、眼前的机遇与挑战

如今的娇子小学可谓今非昔比，拥有先进的办学理念、成熟的课程结构体系、广阔的发展平台、规范的管理制度。其办学品质、美誉度大幅提高。但我们并不能满足于现在，学校未来的发展规划定当向更高一层次迈进。因此，我们需要冷静分析，辩证看待当前的机遇与优势以及所面临的挑战和问题。

在过去的发展历程中，娇子小学已经形成了自身特色，拥有丰富的经验和资源。在今后进一步的发展中，我们应清楚地认识到自己所拥有的机遇与优势：第一，学校被评为成都市首批新优质学校，拥有更加宽广的发展平台；第二，学校已搬入设施设备一流的新校址，创造了更为优质、优

雅、人本的教育条件；第三，学校的课程建设在成都市已具有较高的知名度，已形成了较为清晰的课程框架，已形成丰富的课程序列活动，教师已初具开发和实施课程的能力；第四，生源结构逐步改变，家长对子女教育的支持力度大幅提高，在课程实施中学生已初步展现出的"少年之君子"风貌。

学校未来的发展，机会和挑战是并存的，我们在认识到机遇与优势的同时，也应该意识到自己所面对的挑战与问题。学校自身、师资能力以及课程资源等方面还存在诸多的问题与矛盾，集中体现在四个方面：其一，博雅教育的办学理想与教育教学行为转变之间的矛盾；其二，学校的培养目标与各课程培养目标不聚焦的矛盾；其三，开放的课程理念与有限的课程资源之间的矛盾；其四，课程教学创新的现实需求与师资能力相对滞后之间的矛盾。

三、未来的诉求与冀望

回顾过去，展望未来。在博雅教育理念的引领下，继续发展学校教育事业。学校的博雅教育理念是以儿童为中心展开的，追求的是儿童行为上的规范、思维上的开放与创新。推而言之，"博雅教育"是以"人"，即儿童与教师为中心的教育，是"关注儿童成长、教师发展"的教育。基于这样的认识，我们提出以下三个发展目标：第一，着眼于对学生身心健康的深度关注，在新学校的校园文化打造中体现对学生的人文关怀；第二，着眼于学校育人目标的聚焦，进行课程再规划，聚焦"1＋X"课程群中各项课程对学生的培养指向，形成具体的学科课程纲要，指导课程的深入推进。第三，着眼于每个学生综合素养的提升和个性发展的需要和教师队伍的整体提升，建立一支能够支撑学校特色发展和课程教学创新的教师队伍。

在博雅教育理念引领下，沿用"整合"思想与方法，继续依托国家级课题"我国基础教育未来发展新特征研究"的子课题研究，将学生学科素养提升、德育工作创新、学校课程建设、教师队伍提升整合到"以学生的深度发展为核心"的发展目标中，"以课程的再规划丰富博雅课程内涵；以课程的深入推进深化博雅课程特色；以教师研修共同体支撑博雅品牌文化的形成"作为目标达成的重点发展领域，并且从各领域的愿景勾画、基本要点和操作策略三个方面进行规划。

（一）以课程的再规划丰富博雅课程内涵

（1）愿景勾画

在学校已构建的较完整的"1＋X课程群"体系下，对课程进行再规划，聚焦、细化各课程的培养目标和操作方案，使学校育人目标与课程目标充分整合，丰富课程内涵。

（2）基本要点

包括课程再规划、课程内涵再丰富、完善课程方案。

（3）操作策略

深入解读已有的课程体系和学校理念体系，以自下而上和自上而下相结合的方式丰富学校育人目标的内涵，对现有课程进行再规划、再丰富，使其真正服务于学校的育人目标。

其一，在教师和家长群体中再次解读和明晰学校的办学理念和培养目标。

其二，结合培养目标进一步厘清各课程目标，力求国家课程、校本课程目标与学校培养目标的整合，凸显学校育人特色。以此为依据制订各学科课程实施方案。

其三，在课程实施中调整、修改各学科课程方案，使之更具备课程实施的指导意义。

（二）以课程的深入推进深化博雅课程特色

1. 以品格教育与资源开发，增强德育育人效果

（1）愿景勾画

归纳出娇子小学学子需要形成的18个品格要素——专注、有序、友善、诚实、感恩、责任、坚持、守时、忠诚、宽容、勤奋、节俭、尊重、勤劳、创新、合作、思辨、实践。用研究的视角改良少年君子品格教育的路径，形成真实有效的品格教育环境，让每一位学生具备少年君子应有的品格，整合校内外能够推进课程深入实施的条件，着力打造娇子小学历史文化教育基地，深入挖掘"君子安雅"课程资源，实现对课程资源的调查与开发、分类与整合、优化与利用。

（2）基本要点

包括整合资源、品格教育、德育育人。

（3）操作策略

第一，通过课题研究的方式来研究如何整合资源改进品格教育的内容和方式，改良品格教育的路径，形成真实有效的品格教育环境。通过把品格认知、品格情感和行为训练有机地结合起来，把品格教育与课堂、教育活动和校园文化结合起来，把教师、学生、家长结合起来，形成多方位和多视角的品格教育顶层设计和实施策略，促进少年君子良好品格的形成，让品格的力量影响学生的一生。

第二，采用"自主申报"和"项目管理"的方式设计，完成娇子小学历史文化基地硬件打造。开发与素质教育基地相关的软件资源及软装资源。以历史文化知识为载体，让学生在潜移默化中接受民族精神教育，提高学生的综合素质和艺术修养，同时向国际友好学校学生传播中国传统文化。探索素质教育基地与课程建设的整合，促进学校特色发展，使学校能成为知名的特色学校。以素质教育基地的建设与使用作为学校走向教育国际化的一个切入点。

第三，用"研究"＋"项目管理"的方式推进"君子安雅"深入开发与实施，进一步整理开发并使用"君子安雅"课程资源形成校级"君子安雅"课程资源库。

2. 以课题研究，提升学生的学科素养

（1）愿景勾画

改变学生的学习方式，为学生营造良好的教室氛围，让教室成为学生学习、生活、交往的场所，更多地参与学习活动；教师更善于进行整合性教学，使学生思维发展的空间更加广阔。

（2）基本要点

包括自主性学习、学科思想方法、整合性教学。

（3）操作策略

切实推进课堂上学生自主学习方式的呈现，还课堂与学生。继续进行成都市"十二五"规划课题"基于学科思想方法的整合性教学策略研究"的课题研究，将教学与科研有机融合，推进国家课程的整合性实施。

第一，大力开展"学习共同体学习方式"的探究，在教室里建立以四人小组为单位的学习共同体，四人中按性别、学习层次进行均匀搭配，进行合理的分工，让每位学生在小组中都有自己的任务。四位学生在小组中相互引领、共同进步。开展有效的小组合作学习，体现少讲多学。打造真正的"自主、合作、探究"的课堂。

第二，在前期"基于学科思想方法的整合性教学策略研究"的基础上，着力研究"构建整合性教学的模式"，在有限的单位教学时间中，整合目标、内容、资源，达到有效甚至高效。

第三，深化国家课程与校本课程的整合，构建更为开放的教学内容与学习方式，拓宽学生的思维空间和学习视野。

（三）以教师研修共同体支撑博雅品牌文化的形成

（1）愿景勾画

组建不同形式的教师研修共同体，对教师进行培养，帮助教师"发现特点、发展特长、形成特色"，提高教师的理解力、互动力、包容力，形成共同研修的教研文化，培养"博雅"型教师队伍。

（2）基本要点

团队发展、课程开发、教学创新。

（3）操作策略

①构建教师共同体

采取教师"自主申报—集体推进"的方式，以项目管理推进基础课程和特色课程的深入实施，形成各课程的序列，为项目组提供所需的培训和展示平台，对项目组进行团队考评，推动教师的课程实施力在团队中提升；以教师个性特长、兴趣爱好为出发点构建教师发展共同体，以此增强团队凝聚力、提升教师的生活品质。

②设置教师培训课程

规定性培训课程：基于博闻强识、博雅多通课程，在本学科进行教师课程实施能力的培训；基于大雅宏达课程，开发跨学科的课程实施能力的培训。主要采取讲座、专家指导、教师沙龙、实际操作、课题研究等方式进行。

灵活培训课程：发挥教师的个人特质，为提升教师生命质量构建教师自主选择的研修课程。主要采取开展多样活动的方式进行。

③构建教师发展评价机制

研究能够促进教师专业发展的评价工具，以自下而上和自上而下相结合的方式对教师进行评价，重点以争创团队奖的形式激励团队发展，实现团队的共同发展。

娇子小学在经历了一次次变革之后，日趋成熟，犹如一颗冉冉升起的明星。秉承"博雅"办学理念，发挥创新精神，追求卓越办学品质。面对未来学校的发展，我们深知还有很长的路要走。但无论面临怎样的机遇或挑战，我们定当矢志不渝地坚持以"博雅"的核心理念为价值导向，以课程这一载体为抓手，完善课程结构体系，促进有效整合；以培养"少年之君子"为目标，严把实施环节，提升团队整体素质和凝聚力，勇于创新，敢于挑战。最终让博雅教育理念全方位覆盖学校教育，真正意义上践行于实际。

参考文献

陈鹤琴.1981.家庭教育[M].北京:教育科学出版社:序言.

杜威.2010.我们如何思维[M].伍中友,译.北京:新华出版社:114.

冯锐,缪茜惠.2010.高效学习与理解性教学:对话《高效学习》作者 Linda Darling-Hammond 教授[J].现代远程教育(3):11.

胡觉先.2001.从理解到超越:鉴赏性教学例谈[J].湖北师范学院学报(哲学社会科学版)(4):80.

季苹.2009.教什么知识:对教学的知识论基础的认识[M].北京:教育科学出版社:84-100.

李红勇.2014.学校扁平化管理的探索与实践[J].贵州教育(管理经纬)(14):4.

李松林.2014.深度教学的四个实践着力点:兼论推进课堂教学纵深改革的实质与方向[J].教育理论与实践(31):54-56.

李松林.2013.现阶段中小学校教育发展的四个方向[J].四川师范大学学报(社会科学版)(5):83.

李英.2001.体验:一种教育学的话语[J].教育理论与实践(12):1-5.

罗安宪.2009.孔子的君子论及其现代意义[J].探索与争鸣(3):63.

路文柱.2012.物理学科思想方法与能力培养之螺旋式教学[J].湖南中学物理(11):1-3.

梅逊.1984.西方当代教育理论[M].陆有铨,译.北京:文化教育出版社:198.

蒙台梭利.2004.童年的秘密[M].马荣根,单中惠,译.北京:人民教育出版社.

孟晓东.2014.生长课堂:从应然到必然[J].江苏教育(中学教学版)(4):64.

裴娣娜.2005.现代教学论生成发展之思:怀特海过程哲学的方法论启示[J].教育学报(6):5.

任钟印.2001.西方近代教育论著选[M].北京:人民教育出版社:129.

施良方.1996.课程理论:课程的基础、原理与问题[M].北京:教育科学出版社:131.

孙丛丛.2014.小学语文单元整体教学研究[D].武汉:华中师范大学.

苏强.2011.发展性课程观:课程价值取向的必然选择[J].教育研究(6):79-84.

王均霞,吴格明.2012."理解性教学"研究的哲学反思[J].河北师范大学学报(教育科学版)(8):73.

王玲.2005.学校愿景与执行力文化[N].中国教育报,2005-03-22.

夏雪梅.2009.从学校课程规划文本看上海中小学课程改革现状[J].教育发展研究 (Z2):78－81.

席梅红.2006.新课程背景下的学校培养目标研究[D].上海:上海师范大学:8.

雅斯贝尔斯.1991.什么是教育[M].邹进,译.北京:生活·读书·新知三联书 店:44.

闫德明.1996.学校特色的含义及其特征[J].中国教育学刊(2):54－58.

叶澜.1997.让课堂焕发出生命活力:论中小学教学改革的深化[J].教育研究 (9):5.

赵联,孙福平.2010.试论我国的教育目的及其完善[J].江西社会科学(8):243.

郑金洲.2000.教育通论[M].上海:华东师范大学出版社:209.

中国小学教学百科全书总编辑委员会教育卷编辑委员会.1993.中国小学教学百科 全书:教育卷[M].沈阳:沈阳出版社:4.

钟启泉.2003.现代课程论[M].上海:上海教育出版社.

朱永新.2004.新教育之梦:我的教育理想[M].北京:人民教育出版社:162.

附件：项目成员单位的组成

首席专家：裴娣娜
核心成员：

（1）来自 15 所高校及科研单位：

刘志军　张红霞　王振存（河南大学）；

项贤明（中国人民大学）；

劳凯声　孟繁华　张景斌　林培英　张　菁　吴晗清（首都师范大学）；

鲍东明　郑　葳　郭　华　桑国元　梁　威　綦春霞　刘夏蓓
李春密　王　蔷　俞子恩　王鸣迪（北京师范大学）；

王祖浩（华东师范大学）；

宋乃庆（西南大学）；

李松林（四川师范大学）；

郝京华（南京师范大学）；

邬志辉　秦玉友（东北师范大学）；

杨旭东（中国传媒大学）；

戴忠信（华北电力大学）；

李伟健　周跃良　张维忠　钱旭升　李润洲　李　伟　周国华
周晓燕　潘　涌　王国均　童志斌　朱　哲　杨光伟　唐恒钧
陈碧芬　陈秉初　黄　晓　林新事　蔡志良　郑流爱　李云星
陈伟强　张丽霞　夏洪文　龚　伟（浙江师范大学）；

刘　力（浙江大学）；

孙智昌　郑庆贤　杨　清（中国教育科学研究院）；

王　漫　许　艳（北京教育学院）。

（2）来自 16 个省市教育行政部门：

韩　平　方红峰　任学宝（浙江省）；

李　奕　桑锦龙　杨德军　马　可　李　政　江　峰　黄晓玲（北京市）；

陆云泉　吴颖惠　李艳莹（北京市海淀区）；

肖　汶　王　彪　王月胜　陆志望（北京市朝阳区）；

冯洪荣　周玉玲（北京市东城区）；

李永生　李东梅　白丰莲　刁致力（北京市门头沟区）；

吴海乐　贺　慧（成都市锦江区）；

刘子科　荆　华　孙岩梅　徐文虹　齐　华　石明晶（郑州市二七区）；
李开海　熊　瑛　谢桂华（四川阿坝藏族羌族自治州理县）；
张力鸣（宁波市）；
王幸平（嘉兴市）；
贺晓敏　丁初效　李建忠　鲍国潮　范信子（绍兴市）；
金毅伟（湖州市）；
戴冠福（台州市）；
朱福金（衢州市）；
范寿仁（丽水市）。

（3）中小学校长（来自100所中小学）：

来自北京（21所）：
王殿军　刘沪　郭涵　尹超　刘畅　景小霞　窦桂梅　王群
袁靖　田树林　张德庆　曲建华　刘国雄　蒋立红　赵欣　刘飞
陈立华　齐振军　祖雪媛　付晓洁　于冬云

来自上海（1所）：
张志敏

来自成都（8所）：
胡文武　何伦忠　阳波　赵万华　刘娟　秦梅　张璇　蒲春燕

来自郑州二七区（7所）：
李琳　郭军英　张艳丽　冯华　张卫东　贾勇　王任峰

来自浙江省（48所）：
其中，42所省高中课改实验基地校（第二届）成员：
叶翠微　吴金炉　周斌　申屠永庆　尚可　邱锋　周千红　吴国平
李永培　袁湛江　杨亢尔　孙国虎　陆炳荣　卢明　赵其刚　黄丽君
陆国民　朱建民　周国平　何通海　周生民　傅美华　王新伟　邓加富
张增明　戴一仁　刘定华　孙亦器　潘自强　程卫东　朱雯　杨军
张惠民　洪仙瑜　郑志湖　陈才琦　潘建中　李树河　叶文杰　黄发锐
刘习渊　方军
6所绍兴市柯桥区项目校成员：
李华琴　魏让尧　章国华　金明东　濮朝阳　傅海炎

来自四川理县（15所）：
高志全　周强　曾林　代祝康　王平　张世龙　张静秋　郭勇
杨步卫　周德瑞　赵兴文　宛永平　王建　陈蓉　王学军

这是一个由15所高校和科研单位、16个教育行政部门、100所中小学的核心骨干组成的跨校际、跨学科的优势互补的学术团队。

后　记

　　"博雅" 是娇子人共同的教育理想，也是娇子人在教育过程中始终坚持的信念。 "勤学致博，笃行达雅" 既是我们对博雅教育的解读，又是我们始终在诠释和传递的价值观念。 它不仅是对娇子学生行为观念形成的最终期待，而且还是全体娇子人对自己的要求。

　　十余年来，我们始终坚持用博雅教育理念指导我们的实践，致力于将 "勤学致博，笃行达雅" 的价值观念融进我们的教育生活。 虽然起点低，起步艰难，但是我们全体娇子人勤于思考、 勇于探索，敢于尝试，乐于创新。 于是， "勤奋、 平实、 立新和雅致" 的办学传统逐步积淀。 而且，为了记住我们留下的脚印，我们始终坚持边实践边记录，边总结边梳理，这本书的雏形便逐渐生成。

　　本书不仅翔实地记录了我们十余年来发展轨迹，还清晰地展现了我们所收获的丰硕果实。 非常感谢十余年来与娇子小学共同成长的伙伴们，正是因为有了大家在教育教学实践中的持续探索和及时梳理、 总结与反思，才使本书的出版成为可能。

　　本书编写委员会有以下成员：

　　梁伟虹、王红、谢云静、李静、贺慧、李茜、刘夏影、李堃、熊应龙、冯芊、许小平、高瑜、丁远凤、刘洋洋、周杰。

　　本书有以下人员参与编写：

　　"总角启蒙" 课程开发团队：陈斌、杨静、陈静、付美龄、李勤、罗燕 （语文）、赖妍；

　　"鸿鹄高翔" 课程开发团队：杨俐华、黄晓雪、刘军、廖惠、张琳琳、马光辉；

　　"雅行课" 课程开发团队：李国奎、杨静、韩梅；

　　"川菜飘香" 课程开发团队：任英姿、汪炯、林翔、李晓平、唐静

　　"幽篁竹韵" 课程开发团队：张礼坚、吴富菊、张熹、余雪莉、冯炜佳、罗燕 （数学）、揣少璐、叶妍伶；

"蜀蚕吐绣" 课程开发团队：周乐佳、张晓波、韩梅；

语文学科拓展课程开发团队：吴富菊、汪炯、杨杨、陈斌、杨竞；

数学学科拓展课程开发团队：陈静、李晓平、蒋洪、贺莉平、唐娇艳、余雪莉、秦薇；

科学学科拓展课程开发团队：周乐佳、张礼坚、张海英、邹琦；

"基于学科思想方法的整合性教学策略研究" 课题成果梳理协作人员：高瑜、陈静、贺莉平、李晓平、蒋洪、余雪莉；

"基于教材结构的大单元整体教学策略研究" 课题成果梳理协作人员：吴富菊、汪炯、杨杨、陈斌、杨竞、刘军、黄晓雪、许璐、熊立言；

"数字化环境下美术名作欣赏教学策略研究" 课题成果梳理协作人员：都华清、张礼坚。

事实上，本书不仅仅是全体娇子教育人集体智慧的结晶，其中，许多的课程与教学改革、课题研究都离不开国家社会科学基金教育学重大（点）课题 "我国基础教育未来发展新特征研究" 总课题组的引领和持续指导，离不开北京师范大学裴娣娜教授、四川师范大学李松林教授等专家的引领、启发和多次到学校亲临指导；同时还要感谢成都市锦江区教育局和成都市锦江区教师进修学校给予我们的理论支持和全面指导，我们才能有这样丰厚的成果；我们必须还要感谢教育科学出版社的编辑老师们以高度的责任感和专业性为本书所做的大量细致、烦琐的工作。正是因为有了以上各位的共同努力、帮助和支持，本书才能出现在读者面前。

当然，本书中的成果只是我们在追寻博雅教育理想、诠释和传递"勤学致博、笃行达雅" 观念过程中的前期尝试与探索，还存在很多不成熟、不完善的地方，期待得到同人的宝贵建议。在未来的道路上，我们将继续坚持博雅教育理念、整合的实践思路，更加全面地关注学校教育中的 "人"，努力追求学生、教师、课程三者的高度契合，实现学校特色新凸显、学校发展再提升。

蒲春燕

2015 年 12 月 1 日

出版人　所广一
责任编辑　杨　巍
版式设计　宗沉雅轩　杨玲玲
责任校对　张　珍　刘　婧
责任印制　叶小峰

图书在版编目（CIP）数据

勤学致博，笃行达雅：四川省成都市娇子小学课程
建设与学校发展研究/蒲春燕等著．—北京：教育科
学出版社，2015.12（2016.6 重印）
　　（"追梦者的探索：读懂学校的变革性实践"系列
论丛/裴娣娜主编）
　　ISBN 978 - 7 - 5191 - 0190 - 9

　　Ⅰ.①勤⋯　　Ⅱ.①蒲⋯　　Ⅲ.①小学—课程建设—教学
研究—成都市②小学—学校管理—研究—成都市　　Ⅳ.
①G622.3　②G627

中国版本图书馆 CIP 数据核字（2015）第 299034 号

勤学致博，笃行达雅——四川省成都市娇子小学课程建设与学校发展研究
QINXUEZHIBO, DUXINGDAYA——SICHUAN SHENG CHENGDU SHI JIAOZI XIAOXUE KECHENG
JIANSHE YU XUEXIAO FAZHAN YANJIU

出版发行	**教育科学出版社**			
社　　址	北京·朝阳区安慧北里安园甲 9 号	市场部电话	010 - 64989009
邮　　编	100101	编辑部电话	010 - 64981265
传　　真	010 - 64891796	网　　址	http://www.esph.com.cn
经　　销	各地新华书店		
制　　作	北京博祥图文设计中心		
印　　刷	保定市中画美凯印刷有限公司		
开　　本	169 毫米×239 毫米　16 开	版　　次	2015 年 12 月第 1 版
印　　张	18	印　　次	2016 年 6 月第 2 次印刷
字　　数	272 千	定　　价	46.00 元

如有印装质量问题，请到所购图书销售部门联系调换。